創見文化，智慧的銳眼
www.book4u.com.tw　　www.silkbook.com

財道聖經

千年來的致富指南只給
想改變人生的你看

打造**致富**的
**吸引力
法則**

世界八大明師 **黃仁志** / 著

WEALTH BIBLE

人人都要懂財商

「道，法，術，器。」這是仁志在這本書中，運用得最讓我印象深刻的部分。數十年來，看過不少探討財富的書，但這麼集大成並深入淺出從各個面向切入的書，還真就這麼一本，強烈推薦想要學習財商的讀者們都能入手。

這兩年，Covid-19疫情襲捲全球，各行各業都受到莫大影響，我們出版業也不例外。但是正如仁志在書中所提，唯有不斷讓自己學習進修，不斷讓自己更接近趨勢，更接近風口，掌握商機、掌握時機，運用過往所學的知識與專業，站穩腳步，向著逆風撐帆，乘風破浪前行。而這一切的一切都仰賴著我們持續地保持閱讀，持續保持開放心態終身學習。

財商，一直常被人們掛在嘴邊的，卻總學不到位。它似乎有一定的邏輯，有一定的理論，但又因應每個人所需所想，達成的目的不同，完成的目標不同，而有所不同，所以在最基本的情況下，我們藉由閱讀理解並學會基礎的邏輯法則後，「術業有專攻」，再來請教相關的專業人士，相信就能獲得專屬於自己的財務規劃，讓自己最終走向財富自由。

這本書在仁志嘔心瀝血，集結自己長達十數年行業內的智慧，用經驗、用實務寫下了十多萬字，相信每位讀者都能從當中汲取收穫，重磅推薦您來好好品味閱讀！

華人八大名師首席、采舍出版集團董事長　王晴天

結合專業與財商思維的「錢意識」

　　本人與黃仁志先生結識已六年，多年來他投入在財富管理的研習與培訓，不但自身擁有多張專業金融證照，更引領超過60位金融從業人員成為RFP財務策劃師，屢次在台灣最盛大的年度財務策劃師選拔賽當中脫穎而出，是一位極專業的財富規劃教練。

　　本人目前擔任美國註冊財務策劃師協會台灣管理中心執行董事，因2016年黃仁志先生引領30位學員一同來考取RFP財務策劃師而認識，進而了解黃仁志先生多年來堅持在專業學習和專業培訓上精益求精的理念，過去十年來，除自身於財經、財稅領域的進修外，更擔任專業講師提供稅務、信託等專業培訓課程，範圍之廣讓本人深感訝異，舉凡遺產稅、所得稅、信託實務、民法繼承、財富傳承、不動產規劃乃至於財務策劃書的撰寫都有著相當完整的培訓教案，如今再把專業與財商思維做結合出版本書，可謂彌足珍貴。

　　本書從各種不同維度來探討財富，清楚地傳達訊息，簡潔卻不失份量。書中更點出國人在財富上的普遍迷思，而財富絕不是光靠工具和商機就能獲得，更應該先從內修做起，讓自己擁有一顆守護財富的心，接續道法術器四個層次，絕對是一本值得推薦的好書，相信這本書定能喚醒更多人的財商思維，也期待黃仁志先生未來能為社會釋放更多正能量和正確價值觀。

美國註冊財務策劃師協會台灣管理中心執行董事　許煥泉

培養強大的投資心理

追求財富是人人都渴望的，但往往因為市場上過多的錯誤資訊而造成投資失利，還沒賺到財富就把身家財產全賠進去，最後在追求財富的路途中不是一朝被蛇咬，十年怕草繩，要不就是成為一名韭菜不斷地被收割，這樣的場景在投資市場上比比皆是。市場上永遠不缺的就是新鮮肥美的韭菜，反之最稀缺的就是「正確的投資觀念」，大部分的投資人滿腦子都是想著如何一夜致富，極少數人願意在投資之前花時間學習投資的知識，或許也是因為坊間與投資相關的書籍太多了，大多寫得太過專業，對於大部分準備進入投資市場的小白而言過於專業，絕大部分都是在講技術面，反而忽略了觀念以及心理層面，這邊我就要推薦黃仁志的新書《財道聖經》，此書是由老子道德經的精髓思想「道、法、術、器」引申而著，並與時俱進地運用在現代的投資環境中，講求的就是先要有投資的觀念以及強大的心理為基礎，這樣才能有強大的投資心理去面對迅息萬變的投資市場，並且你的投資策略也不會隨著市場隨波逐流。

我們要知道投資賺不賺錢只是一個結果，這個結果是由你投資什麼項目的行動產生出的結果，而投資什麼項目的行動是由你的思維來決定。當我們投資失利時第一時間會認為是投資錯了項目，於是開始找尋別的項目進行投資的動作，並期待會有一個賺錢的結果，這也就是目前市場上大多投資失利用的模式，而最終的結果十之八九也都是

繼續賠錢，因為你用同樣的行動卻期待會有不同的結果，這是不太可能的。

　　結果是由行動造就，而行動是由思維驅動，所以想要有不同的結果，你就必須從源頭開始改變，而這個源頭的養成及造就就極為重要，《財道聖經》就是一本幫助你打造正確投資思維的一本好書，絕對值得你詳細閱讀並且珍藏給下一代 ，在此祝福《財道聖經》的讀者，在投資這條路上堆金積玉、盆滿缽盈。

魔法講盟執行長
元宇宙(股)公司 CEO　　吳宥忠

用正確的角度和心態來學習創富

　　曾經聽過這麼一句話：「雞蛋，從外打破是食物，從內打破是生命；人生亦是。」挺有深度也極富張力的文字，你是否也好奇這是出自誰口？這是曾為亞洲首富並蟬連21年香港首富的李嘉誠說的一句名言，意思是說：從外打破的是壓力、從內打破的是成長，如果你只是等著他人從外打破你，你注定成為他人的食物；反之說，如果你能讓自己從內打破，那麼你將會發現自己的成長相當於是一種重生！

　　我從小就對財富感興趣，大學讀的是商學院，出了社會後投身金融業，前後考取了兩張國際理財規劃師的執照、海內外總共19張金融模組證照，多年來我總是不斷地在研究財富，有的人因為認真投入事業而變成富人，卻有人認真一輩子始終無法擁抱財富；有的人因為投資而變成富人，有人卻因為投資而家破人亡；有的人因為獲取到人生的機會而變成富人，有人卻一輩子沒什麼機會而窮愁潦倒。難道上述這一切都是天注定？難道上述這一切都是運氣？就因為上天注定我們窮，我們就會窮，如果你有些理性，顯然你會發現這是不合邏輯的，畢竟命運永遠是掌握在自己手上。那要如何解釋上述那些問題？財富到底是什麼？財富到底如何創造？究竟財富的秘密是什麼？這個問題讓我更加感興趣，也讓我開始去研究、去學習，很顯然，這個答案並不容易找，因為這絕不是一個單一答案，涉及到的範圍實在太廣泛，首先要看學習的財富工具和操作方法，什麼樣的工具能夠獲利，什麼

樣的操作方法適合我，能夠幫助我賺錢，過程當中我發現，當你能認識工具並學會運用工具的方法，你就能夠獲取財富，只是因為時代不斷在改變，經濟、趨勢、生活模式都不斷在改變，即便當下掌握了工具和方法，但是當環境一旦改變，那原有的方法就會無效，而當你還堅持不改時，那你原有賺到的財富就可能會付諸水流，也有不少人是賺到了外在的財富，卻因為自己財商的不足，很快地又把錢給虧了回去，就如同許多富二代，因為繼承而得到了大筆的財富，卻也因為財商的不成熟，很快地就把這些財富敗光。我開始意識到，財富絕不能只是獲得而已，當你獲得財富後，你還得學會維持，當你學會維持財富後，你還得學會把財富再變大，而到最後我們真正要的也不是財富，而是藉由財富來達到自己理想中的生活，這就是為什麼就算有錢也不一定會開心。看來財富的範疇是廣泛的，也因此我想把我多年來在實務上與學習的各種心得，記錄多年的財商筆記，透過這本書來整合，期待能讓更多人用更正確的角度和心態來學習創造財富；學習擁抱財富；學習透過財富達致圓滿人生，過上一個充滿愛的生活。

道 之 篇

法之篇

術之篇

器之篇

道之篇

Chapter

1

財商之道

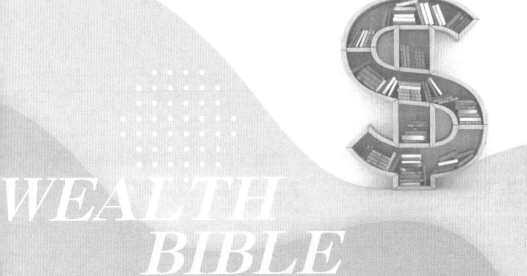

WEALTH
BIBLE

1. 用宇宙觀看世界

　　很多人都應該看過或聽過《笑傲江湖》吧，《笑傲江湖》裡面最厲害的武功就是東方不敗的「葵花寶典」，但是東方不敗的葵花寶典其實還有另外一本「闢邪劍譜」，被一個鏢局收藏了，但是非常奇怪，葵花寶典非常厲害，但闢邪劍譜卻一點都不厲害。闢邪劍譜其實不是不厲害，闢邪劍譜只有術，也就是只有招式，沒有心法，試想一個人要想練成絕世武功，光只會招式行不行？應該還要有上乘的心法吧，還需要深厚的內功，加上一把厲害的兵器。所謂的「道」就是心法，「法」就是內功，「術」就是招式，「器」就是兵器，當你有了這四樣東西的時候，你才能變成一名絕世高手。整個宇宙其實分為四個維次，宇宙觀、世界觀、人生觀和價值觀。宇宙觀就是「道」，世界觀就是「法」，人生觀就是「術」，價值觀就是「器」，全天下所有的課程或書籍也可以分為「道、法、術、器」這四大類：

★ **道就是講靈性類的課程**

★ **法就是激勵、勵志類的課程**

★ **術就是方法類的課程**

★ **器則是工具類的課程。**

　　有錢人跟普通人最大的區別是什麼？普通人做事情都是從單一維度來解決事情。而有錢人解決一個問題是通過道法術器四個維度來解

決，西醫把人體當成一個局部來治療，就是哪裡有問題就割哪，扁桃體發炎，就割掉扁桃體，闌尾有問題，就割掉闌尾，什麼都割，等到沒得割的時候，只能宣告不治。但有些醫生卻是這麼說的，生病有三種，一，它確實是物理層面上的病，傷風感冒，吃到不乾淨的東西。第二，情緒的病，經常愛發火，傷肝，情緒不改變，就永遠好不了。第三種，有一種看不到的東西叫因果，所以也常有這種狀況，這個病在醫院怎麼看都看不好，說不定是風水不好，找個風水師看一下竟然就好了，或是也可能中醫西醫全部都治療，再不然也可能到網路上買好的保健品，每一個方式都可能可以治好，有些病就是靈性上的病，你再怎麼治都沒有用，醫院都檢查不出來。但是有些病確實是物理層面的病就得用西藥，有些病是你體質的問題，就得用中藥。也就是說道法術器全都用上，總有一招適合你。然而普通人只相信一招，也只堅持用那一招，明明不是風水的問題，卻只相信風水，這就叫迷信，任正非說：「我做企業的目的就是為了通過企業來尋找宇宙真相，尋找宇宙真理，把人生活明白。做企業不是為了把企業做好，是為了把自己活明白。」所以道法術器每一個都好，任何事情只要把道法術器全對上，事情自然能夠解決。那到底什麼是道法術器？

▶ **道**：原理、規律、所有一切的起點，出發點，不了解「道」，我們站的位置就不對，事情就很難取得想要的結果。

▶ **法**：策略、方向、指導我們的原則底線，需要遵循，才能有效提高成功機率。

▶ **術**：具體執行的步驟和方法，沒有術，無法行動，對道和法理解

的再透，沒有實踐，又怎麼會有結果？

▶ **器**：工欲善其事，必先利其器，器指利用一切可以藉助的物質和
武器，比如：外貌、身材、金錢、工具、軟體，真正的高手
是不局限於物，草木竹石皆可為器。

假如我們今天要從台北開車南下去
高雄，一個開跑車，一個開普通房車，
請問誰會先到呢？大多人會說那肯定是
跑車先到啊，因為跑車比一般房車好太
多了，但實際答案可不一定！試想如果
開跑車的是個新手，而開一般房車的卻

是經驗老道的專業司機，那很有可能一般房車會先到。

那麼跑車和一般房車我們稱之為什麼呢？我們稱之為「器」。工
欲善其事，必先利其器，所指的就是這個「器」。比如曾經的撞球皇
帝亨得利橫掃全世界，所用的「器」就是他15歲那年的生日禮物，
一隻普通到不能再普通的撞球桿，價格五英鎊，但他卻拿著它攻無不
克，戰無不勝，橫掃全球！

話又說回來，老司機駕駛技術這個技術的「術」是什麼？「術」
是技術層面，是具體的方式，從道法術器可感覺出這個術明顯比器來
得厲害，所以老司機開再爛的車但因為技術好也可能先到高雄！那我
們再反過來說，如果跑車的司機是專業車手，而一般車是新手的話，
那跑車就一定會先到高雄嗎？那又不一定了，專業車手雖然車子好技

術好，但是他如果走的是平面道路和鄉間小道，一般車則是從頭到尾都走高速公路，那一般車仍然可以先到高雄，換句話說你選擇什麼樣的路就叫做「法」，就是方法路徑，正所謂方法不對，努力白費！

我們再假設跑車的車好，技術好，而且走的全都是高速公路，這三個條件全部具備了，那就一定會先到高雄嗎？還是不一定！如果他開錯方向的話，朝著基隆或台東一路開過去，你會發現車越好、技術越好，離目標就會越來越遠，背道而馳。所謂的道就是大方向，道不同則不相為謀，只會離成功越來越遠。

做事做人要以「道」為根本，講究方「法」和利用規律，採用最好的技「術」，配合最好的「器」具，來完成你要達到的目的！

成功會有很多維度，事業的成功、愛情的成功、家庭的成功、教育的成功等等。道法術器其實所有領域都適用，而本書是要跟你探討財富的成功。

自己追求財富這麼久，看到很多朋友的起起落落。為什麼有的人很努力最後卻還是失敗？為什麼別人成功的方法我全照做也還是失敗？所謂運籌帷幄，決勝於千里之外。決勝於千里之外是大家想要的，也是大家看得見的，而運籌帷幄之中是很少人關注的，也是大家看不見的。究竟要如何來運籌，有沒有一套具體的邏輯框架？通過多年來的學習總結失敗和成功，整理出來的就是道法術器。這也是中華文化和西方文化幾千年來形成的世界觀和方法論，是一種從上到下、由內而外的系統思維方式。

💲 道：是核心思想、理念、本質規律

「道」分為兩個層面，對外就是變遷循環中互古不變的規律，對內則是人生使命、理念、價值觀。那「道」是怎麼來的呢？太上老君曰：大道無形，生育天地；大道無情，運行日月；大道無名，長養萬物；吾不知其名，強名曰道。」這個「道」有人把它稱之為神；有人稱之為老天爺、造物主；有人稱之為上帝，它就是一套世界運行的規律，春耕、夏耘、秋收、冬藏就是一種規律，它不是被發明的，而是被發現的，你只能順著這個規律去做，你才有可能種得出稻米。

「道」有四步，悟道、入道、得道最後成道。所以佛陀成道以後，指著天上地下說：「天上地下唯我獨尊，因為我即是道」，耶穌成道後說：「我即是道路，我即是真理」因為我就是道。東西方文明對道的認知其實都是一樣的，所以我們一定得透過這宏觀的方式建立起自己的思維體系。

所有的變化都處於周而復始的循環之中，盛極而衰，否極泰來，樂極生悲，亢龍有悔。用《易經》的語言講，就是無極生太極，太極生兩儀，兩儀生四象，四象生八卦，周而復始生生不息。所以為什麼有人無論多麼付出卻總無法成功，答案很簡單因為背「道」而馳了，反之，有人怎麼看似毫不費力地就成功了，因為合「道」天承，一旦找到道，連上天都要幫你成功了。

💲 法：是方向、規章、方針、戰略

法是以「道」為基礎而制定的不可違背的原則，是在自然規則

的運行中尋找和總結出來的一種方法。法是對道的詮釋和總結。比如人類或動物選擇坐北朝南的方位建房、築巢，唯有這樣才能冬暖夏涼。「法」是一套規則體系和原理原則，是實現價值觀的指導方針和思路，可因事物內在的變化規律而變化，可通過對長期實踐的思考和歸納總結而得出。背道而馳的方法都是注定要失敗的。所以說得道多助，失道寡助。創業所要具備的能力，企業的戰略選擇和設計，都是法，都必須符合市場運行規律的道。同時因為道是不斷循環的，所以方法要與時俱進，比如馬雲在阿里巴巴這個商業模式成型之後，什麼時候做支付寶，什麼時候上市，是整體上市還是分拆上市，這都是戰略。戰略是時刻改變的，所以，他在淘寶面臨假貨泛濫的時候，又推出了天貓，還做了線下的淘寶商城、淘寶代購，這所有的戰略行為都只有一個目的，讓天下沒有難做的生意。

💲 術：是方法與技巧

術是以「道」為指導原則。也就是你在執行既定方法時的技術或者技能。「算術」「馬術」「法術」「武術」「劍術」等指的都是該領域的技能，「術」是在規則體系指導下的具體操作方法，只要指導原則（法）不變，具體方法可千變萬化，術可通過練習獲得，亦可通過對法的推理而產生。

💲 器：就是工具

器是用來體現道的思想，目的是簡化問題，更快達成目標，是體

現「器以載道」的應用。關公的青龍偃月刀以及赤兔馬；張飛的丈八蛇毛；劉備的雙股劍都是器。

任何事情只用單一個維度來看，是無法看清整個事情的全貌，只有用道法術器這四個維度才有辦法看懂事情的全貌，為何很多人這輩子賺不到錢，就是因為只用一個維度看事情，只想學習賺錢的方法，或只想找到賺錢的工具，但光這樣是遠遠不夠的，要想賺錢就必須要透過道法術器四個維度來看待賺錢這件事情，財商之道就是你的財商意識，如果你的潛意識是窮人，那你不管怎麼做都不可能富有，因為你有窮人基因，必須得先改變窮人意識才行。財商之法就是財商方向，就是財商思維，你的思維是窮人思維那你永遠賺不到錢，必須轉變為富人思維才行，財商之術講的就是方法，如何創業、投資、理財，而財商之器就是財富工具。

大多數的理財書籍講的都是單一維度的，有些書籍專門講道，又被稱之為靈性書籍，教導你內在豐盛外在才會富足；內在匱乏則外在就會貧窮。這絕對正確，因為這就是道，只可惜看這類書籍的人就只愛看這類書，如果你原本就富有，代表你原本已經有落地賺錢的法或術，如今再跟道結合，肯定越來越富有，但如果你原本很窮，代表你也沒有賺錢的法術器，那你看了以後只會更不落地，每天高來高去的，最終只會越來越窮。另一類書籍是講財商之法的，讓你有明確的方向，極其勵志，一定要當總裁、一定得創業、一定得買豪宅，這當然也很重要，但你一旦迷戀就完蛋了，每次看完就熱血沸騰，但三天過後立馬又打回原形一蹶不振，不是沒有動能，而是壓根不知道該怎

麼做，至於談理財之術的書籍又更多了，教會你看股市、房市、匯市、幣市的各種技巧、各種模型，還有直接給你工具類的書籍，也就是理財之器，換言之所有的理財書籍可以分為道法術器四種維度，而有一個很特別的現象，喜歡看相關書籍的人就只看這一類的書，他不喜歡看其他維度的，覺得太低俗了，而喜歡看術類書籍的人也只看這一類的書，一樣不喜歡看其他類的，覺得都講一些高來高去的東西，不切實際。這樣一來，如果要把理財的「道法術器」全部學起來，那不就要找到各種類型的書才行，難道沒有一本書可以把「道法術器」都涵蓋嗎？這就是這本書誕生的原因，人兩腳錢四腳，財富從來不是追求來的而是吸引來的，當你把這本書的道法術器都搞懂，學會用這四個維度來看待財富，那財富自然會源源不絕地向你靠近，這本書不是要教你財商，而是要透過「道法術器」四個維度來喚醒你的財商基因。

財商筆記：一套凌駕於三觀的宇宙觀，道法術器缺一不可

2. 智商、情商、財商

從小到大我們所接受的教育就是學校教育，學校教育交給我們的是知識，提高的是我們的智商。智商是美國史丹佛大學心理學家特曼教授提出的，衡量個人智力水平高低的指數。在學生時期，大家都在比智商。分數比別人高，考的學校比別人好，彷彿就能開啟無限人生機會，校園裡的生態就是這樣。智商主要反映人的認知能力、思維能力、語言能力、觀察能力、計算能力、律動能力……等。也就是說，它主要表現出一個人的理性能力。一個智商高的人，其最直接的表現就是聰明，善於思考，他們可以解出很複雜的數學問題，可以發現事物發展的內在邏輯，這些人在學校學習時成績往往會很好，處理事務能力也較強。

學校畢業後，剛剛進入社會的那幾年，大家開始比情商。很多人漸漸發現，智商只在學校管用，而走進社會，情商比智商更重要。什麼是情商，情商則是衡量一個人在情緒控制的指數，主要包括一個人在感受、理解、運用、表達、情緒、意志、耐受挫折等方面的品質，控制和調節自己情感的能力，以及處理自己與他人之間情感關係的能力。情商高的人說話做事考慮周全，較得老闆喜歡、有更多的升職加薪機會，也有更多人脈的連結以及貴人相助。而到了30歲之後，看一個人過得好不好，比起智商和情商，財商更重要。

　　財商是什麼？財商（Financial Quotient），一詞最早由美國作家兼企業家羅伯特.T.清崎（Robert T. Kiyosaki）在《富爸爸窮爸爸》一書提出。Financial 一詞，在英文中譯作「金融」；清崎老師的本意是「金融智商」，簡稱FQ，所謂財商是指一個人與金錢（財富）打交道的能力，說的是一個人創造財富和駕馭財富的能力。也可說是一個人在財務方面的智力，是理財的智慧。

　　財商包括兩大能力：一是創造財富及認識財富倍增規律的能力（即價值觀）；二是駕馭財富及應用財富的能力。懂得設計自己的人生（做局），財商不單單指的是投資理財，更多是對於金錢規律的了解，一種整體的財務價值觀。那為什麼這樣的價值觀，能取決我們擁有多少財富呢？美國心理學教授史帝夫‧丹尼許（Steve Danish）曾經研究一系列中樂透這種「意外之財」對得主的影響，發現這些人並沒有從此過著幸福快樂的日子，反而有些人甚至過得比以前更慘，不只破產，甚至負債、酗酒、自殺的也大有人在。多位NBA球星，正因為缺乏理財觀念，在退役後短短幾年便花光積蓄。最著名的例子就是在費城76人球隊有NBA戰神之稱的Allen Iverson，將2.5億美元（台幣70多億）的資產在短短10年內幾乎揮霍一空。最後在法庭現場落魄地說了一句：「我現在沒有錢了，甚至連一個漢堡都買不起。」

　　尼可拉斯凱吉在1995年因演出《遠離賭城》（Leaving Las Vegas），一舉拿下奧斯卡影帝，之後拍攝《絕地任務》、《變臉》、《國家寶藏》等多部全球賣座電影，單部片酬甚至高達2,000萬美金。但是根據美國財經網站《CNBC》報導，原本擁有高達約1.5億

美金資產的尼可拉斯凱吉，揮金如土，不僅砸大錢在世界各地買豪宅、城堡、島嶼，還曾買15萬美元的章魚哥、27萬美元的眼鏡蛇當寵物。花錢不手軟的他並不擅長理財，後續又因投資房地產失利，不到七年幾乎敗光家產，更因為財務吃緊的關係，被迫開始大量接片，電影作品參差不齊，票房慘澹、負面評價高，一度被媒體封為「爛片王」。

或許會有人覺得這種擁有巨額財富而後破產的例子太極端。畢竟大部分的人一輩子可能都很難有這樣的體驗，也並不認為非得一定要擁有那麼多錢才行。

那我們不妨換個角度去想一想。假設今天你和巴菲特、馬雲同時回到22歲大學畢業那一刻，身上一樣都有1萬美金，在家庭、人脈背景及其餘變數都相似的情況下，給你們同樣10年時間，你認為你們之間的財富會差距多少？所以，即便是相同的條件，時間一旦拉長，我們最終的財務狀況，還是會回歸到現有的能力標準，什麼樣的能力標準呢，這裡指的正是財商。好比裝水的容器，器量的大小決定了水的存量，多的水終究會滿溢出來，無法承受。

而財商是一種可被訓練的能力。從創富、維富、用富到守富、傳富，我們對於金錢整體的價值觀——財商，才是我們能改變財富的根本原因，當然你得從「道法術器」四個維度來提升它，所以如同本書書名，我們帶給大家的是財商的最高境界，也就是財道，將此植入你的潛意識，你將無所不能。

財商筆記：財商就是創造和駕御財富的能力

3. 錢從哪裡來？

　　我們先了解一下錢是如何產生的。在古代時期，貨幣是不存在的。直到人們開始進行交流以後，為了各取所需，先是以物易物，慢慢地發現以物易物容易有紛爭，到底是你的豬比較有價值還是我的羊比較有價值呢？就要有個統一，因此貨幣才產生。在古代夏商周的一千多年時間裡，貝殼就一直充當著貨幣商品的角色。貨幣的「貨」，發財的「財」，商人的「賈」，欠債的「債」，放債的「貸」，甚至連「買」「賣」這兩個動詞都帶有「貝」字，充分說明了貝殼的地位，不過後來住在內陸的認為這不公平，這樣住沿海一代的不都變富翁了，畢竟內陸沒有貝殼可以撿，所以又演變為金屬貨幣成為交易的錢，因為它便於攜帶、耐用、容易運輸，以及內生性的價

值。錢是因為我們生活、交易不便利，所以才產生，如今更隨著科技和時代的演變，錢還可以直接用網際網路或各式APP支付，甚至還虛擬化，也就是近年很熱門的虛擬貨幣，這些都是為了讓我們生活更便利的工具。然而如今卻有不少人在不知不覺當中，竟淪落成了工具的工具。對於大多數的人，工作是為了賺錢，而賺錢則是為了生活，但生活每一天又幾乎都在工作，這樣的循環周而復始，就變成了錢的奴隸。

就像老鼠籠子裡的小老鼠一樣，在籠子裡面跑啊跑啊跑，卻永遠都跑不出來，我們會以為是不是因為自己跑得不夠快，不夠賣力，所以逼著自己更勤奮地跑，但在籠子裡跑快跑勤又有什麼用呢？因此一定得學習財道、提高財商，才是脫離老鼠圈的不二法門。

💲 誰應該學財商？

為何有人學歷低，但成就卻往往比較好？我以前總納悶這個問題，因為筆者是政治大學商學院畢業，出社會後才發覺很多大老闆似

💲 財商筆記：窮人為錢工作一輩子成為了錢的奴隸

乎學歷都不高，鴻海集團董事長郭台銘的學歷是中國海事專科學校（簡稱中國海專）已經算是相對高的學歷了。坦白說以前我曾因為學歷不錯而有些自負，出社會工作了幾年年薪也破百萬，直到我認識了一位朋友，她可以說是顛覆了我的想像，她的學歷是高職肄業，我認識她時，她才21歲，我看她每天無所事事，以為她是不是不務正業或是富二代不愁吃穿，直到某次我鼓起勇氣詢問她的工作，才知道原來她年薪250萬！！令我震驚不已，因為當時周遭的親朋有這樣收入的真不多，就算有那也絕對是用生命、用時間換來的，而她看起來每天都很閒，原來她在某知名夜市有三個攤位，她只負責逛街進新貨還有收錢而已！我慶幸我認識了她，就是她讓我知道，原來我過往在學校兢兢業業、努力學習的知識，出了社會以後真的未必能跟你的財富成正比，正是因為她，讓我重新審視財富規律，顯然從小到大學校教給我們的，其實和財富沒有太直接的關聯。

所以很多人會問什麼樣的人需要學財商，是不是沒錢的，沒錯，因為學了以後你才能真正的認識財富以及理解財富的規律，你才會有錢。那已經有錢的還需要學財商嗎，那更要學，這本書也正是希望讓年薪百萬的讀者能夠覺醒，不要誤入財富禁區，這部分我們後面的章節會提到。真正的財富定義不是用錢的多寡來衡量，而是看當你停止工作以後你還能活多久。

財商把世界上的人分為兩種，百分之三的人和百分之九十七的人。百分之三的人叫領導者。百分之九十七的人叫被領導者，你不是領導者，就是被領導者。

百分之九十七的人大學畢業以後做的第一件事，就是找工作，找工作是為了賺錢，賺了錢就有消費欲望，譬如想買好衣服、名車、豪

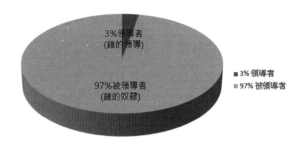

宅、美食、買名錶、名牌包⋯⋯等，而當欲望逐漸擴大，伴隨而來的就是恐懼，如果我房貸繳不起怎麼辦？如果我車貸繳不起怎麼辦？如果我之後沒有錢怎麼辦？恐懼油然而生，只好繼續更認真的工作，進而賺到更多的報酬，接著再升起更大的欲望，伴隨而來更大的恐懼，周而復始，永遠陷在這兩種情緒輪迴裡，形成一個負向循環，更別提退休，因為退休以後收入會中止，支出會上升，生活水平一落千丈，百分之九十七的人其實都被困在名為欲望和恐懼的老鼠圈裡不停地奔跑，所以百分之九十七的人為錢工作一輩子，成為了金錢的奴隸。如同前面提到的小老鼠，在籠子裡面無止盡地奔跑。牠認為牠跑得快，就能跑出那個籠子，結果牠跑得越快，那個籠子轉得也越快，永遠都跑不出來。這就是《富爸爸窮爸爸》系列書籍的作者羅伯特·清崎發明的現金流遊戲，也叫老鼠賽跑（The rat race），是由《富爸爸窮爸爸》系列書籍的作者羅伯特·清崎發明。

我們往往就是那隻在籠子裡的小老鼠。總認為只要能把收入提高，就能解決目前的財務問題，但到頭來發現收入增加，其實支出也會跟著增加，不過就是另一個負向循環的開始而已。

這個世界還有第二種人，也就是百分之三的人，每天睡覺睡到自

然醒，數錢數到手抽筋，平常什麼都不做，就只做自己有興趣的各種娛樂或消遣，有沒有這樣的人？還真的有，但為什麼他可以什麼都不做呢？因為窮人為錢工作一輩子，變成錢的奴隸，而富人不為錢工作，讓錢為他

老鼠賽跑

工作轉身成為錢的領袖，這就是有財商和沒有財商的巨大差別。所以一定要學習財道。人之所以窮，那是因為是窮人思維，把思維轉換成富人，就可以變成富人，因為你的思維一旦改變，你的行為就會跟著改變，行為改變了，結果也會跟著改變，所以財商是這個世界上唯一一個講思維的學科。財商不講方法，財商講思維。而財道更讓你認識財富的規律，當你懂了你才能合道天成。

　　馬雲把智商、情商、財商融為了一句話，「人的一生要苦練聰明才智，要多積善成德，要會賺錢致富」。成功離不開這三者能力的結合，而財商是一個最需要的能力而又最容易被社會所忽視的能力。對於個人來說，財商與智商、情商一樣重要，甚至有過之而無不及。貧窮還是富有，取決於你的財商。財商是可以透過後天學習的，學習財商有助於我們提升理財觀念和理財能力。這裡先送給各位一個成功方程式：成功＝（智商＋情商）×財商，無論有多高的智商和情商，都唯有透過財商才有機會加乘放大，塑造出成功人生。

財商筆記：富人讓錢為他工作成為了錢的領袖

4. what's your lucky number?

　　是否有人問過你，你的幸運數字為何？當然每個人不一樣，而且也沒有正確的答案，但我想要跟你分享一組非常神秘的數字，而且是跟你我息息相關的一組數字，這組數字就是28000，28000是一個非常神奇的數字，它代表什麼意思呢？它其實就代表了一個人平均能夠生活的天數，28000天是多久呢？大約是76.71年，我們就簡單一些，抓80年，這是一個正常人平均壽命。那這個28000天，我們可以用這樣來表示——

　　它可以分為四個階段，從零歲到20歲，然後到40歲，再到60歲，隨後到80歲，一般人從零歲到20歲之間都在做什麼呢？通常是先在家裡邊玩邊學習然後在學校邊玩邊學習，那20歲到40歲通常在做什麼呢？大部分是出社會開始賺錢，跟另一半步入婚姻，結婚、生子，買下人生第一台車，買下人生第一套房。那我們40歲到60歲在做什麼呢？可能買了人生第二套房子，買了第二部車，也

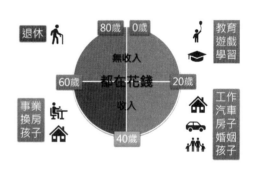

財商筆記：真正的財富是用時間衡量的

可能換了工作，更重要的是，我們的孩子正準備進入到零歲到20歲的成長階段。那60歲到80歲呢？這時正準備進入退休生活，開始享樂人生。

從上頁圖你可以發現，整個28000天的上半部，有一個很重要的共通點，那就是都沒有收入，0歲到20歲是求學成長階段，我們還沒有開始賺錢；而60歲到80歲，我們已經退休，換句話說也不再有工作收入，因為在這兩個階段都沒有收入，所以說我們雖然有28000天，但事實上，有14000天是沒有收入的，人生整整一半就這樣過了，我們總共只有另外14000天可以來實現我們自己的夢想，實現我們父母的夢想，實現孩子的夢想，不論有任何目標和夢想，每個人都只有14000天來實現它，這就是為什麼人們總說：「成功不難，貴在速度。」

在這辛苦的14000天當中，我們會有四個普遍的擔憂。第一個擔憂，我到底能不能一直順利工作到60歲？在這段期間會發生什麼疾病或者說意外，或是經濟動盪、疫情爆發等等，都可能因此導致我沒有辦法持續工作到60歲。這就是人們普遍碰到的第一個擔憂；第二個擔憂是：我到底能不能活到60歲呢？因為中間可能會有很多情況或風險的發生，如果假設說我們活不到60歲，那麼我的孩子，我的家人該怎麼辦呢？我如何確保我的家人不必擔心任何事情？這是人們普遍發生的第二個擔憂。而第三個擔憂，則是我到底能不能有足夠的退休金，從而能夠讓我在60歲到80歲期間沒有任何的擔憂？500萬退休金夠嗎？1000萬退休金夠嗎？還是需要2000萬才能讓我退休無後顧之

憂，能真的享樂人生。最後一個也就是第四個擔憂：如何能確保我的孩子能夠在一個好的基礎上好好生活，實現他自己的夢想呢？我們可以給孩子最好的生活基礎就是一個良好的教育。這就是我們多數人都會面臨到的四大擔憂。

而財商能夠如何解決這些擔憂呢？第一點，我們是否能夠真的好好的工作到60歲，不如換個更精準的問題，不管發生任何事情，我如何確保我的收入能夠至少持續到60歲不要中斷，那麼我們需要什麼呢？我們需要做好保險規劃，同時要創造非工資收入的現金流。那麼我們能不能活到60歲，這是我們的另外一個擔憂，如果活不到的話，對家人有什麼影響呢？我們同樣會需要規劃充分的人壽保險，那如果第三個問題，我們到底在退休之後能夠存下多少錢，讓我們能安然退休呢？與其說是要存到多少錢，不如想成該創造出多少終身俸，多少月現金流可源源不絕讓我們樂活人生，想想如果你為自己人生創造出終身每個月都有至少五到十萬塊錢的現金流，那人生是不是就可以過得很愜意呢？最後關於孩子的部分，我們就得知道我們要準備多少子女教育金，以確保孩子未來有足夠的人生智慧去開創屬於它的未來。

28000主要是要提醒我們所有人，人生真的不是只有投資賺錢那麼簡單，在不同的人生階段，都會有不同的人生擔憂，你的財商、你的工具、你的思維是否有讓你關注到這些不同的擔憂，唯有把所有擔憂都落地解決，我們才有機會過上一個真正的富足人生。那你現在正在哪個階段呢？而你正面臨著什麼樣的困擾呢？不妨試著把它寫出來，太多人這輩子無法做好財富規劃，最大的原因就是因為連自己該

擔憂的事都無法想清楚了，更別提還要面對解決？

　　花五分鐘仔細思考，你所身處的這個階段和下一階段各有什麼你會擔憂的事情，將它一一列出，同時也算一下，你還剩下幾天來面對和處理這些擔憂，不論剩多少日子，都不要擔心，開始正視和面對就是**最棒的開始**。

_____

_____

_____

_____

_____

財商筆記：財商是講思維的學科；學習財商，改變命運

Chapter

2

擁有一顆財富心

WEALTH
BIBLE

5. 跟著感覺走，一切全擁有

　　97%的人之所以窮，就是因為他們都是為恐懼而工作——害怕自己賺不到錢，害怕自己繳不起房貸，害怕自己養不起小孩，所以他們每一個人都被迫做自己不擅長、不喜歡或沒有感覺的工作，只是為了養家餬口。試想一下，如果你做這份工作，根本不是你內心熱愛的，你做起來一定會很痛苦，更別說還要把你的潛能發揮到極致，因為那根本不是你的人生軌道，而3%的人，他們這輩子工作只為一件事，那就是愛，就是熱愛。

　　1968年第19屆奧林匹克運動會是史上首次在拉丁美洲舉行，位處海拔逾2300米地區，空氣稀薄不利運動員發揮，對跑手影響尤其嚴重，50年前的運動科學水平相對落後，連歐美國家都對墨西哥城的高原氣候苦無對策，遑論相當落後的非洲各國了。來自東非的30歲長跑選手阿赫瓦里當年是首次參加奧運，他是住在非洲第一高峰——吉力馬扎羅山附近地區的農夫，空閒時才會進行跑步訓練。

　　賽事結果證明各國的憂慮不無道理，不少徑賽運動員成績都低於預期，而在馬拉松賽場上，75名跑手中更有多達18人因未能適應其比賽環境而退賽。而非洲冠軍級選手阿赫瓦里，雖然沒有選擇放棄比賽，但也在開跑不久後感到不適，慢慢落後。阿赫瓦里眼看形勢嚴峻，無懼抽筋的痛楚，決定加快跑速追趕領先的選手群，不料卻在接

近賽程一半的地方，因與其他跑手碰撞而倒地，阿赫瓦里不但肩部脫臼，右腳膝蓋也受傷了，傷勢相當嚴重。

在場的醫護人員都勸阿赫瓦里退出比賽，但他卻拒絕，經簡單包紮及治療後再上賽道，其勇氣獲旁述員如此評價，「有個聲音在他體內叫他繼續，故他未有放棄」。此時的阿赫瓦里已大幅落後，但他始終未放棄，強忍疼痛，一瘸一拐朝着終點前進。就在其他選手陸續越過終點，頒獎典禮結束後，天色已黑，觀眾們都以為比賽結束而逐漸散去之際，沒料到會場廣播卻宣布：還有一名選手仍在繼續賽事！

觀眾獲知消息後趕返會場，連攝製隊亦派人在賽道尋找這位「最後的選手」，只見阿赫瓦里由天亮跑到天黑，負傷的他雖已筋疲力盡，但仍咬緊牙關，步履維艱地緩緩前進。觀眾們看到如此情景都大受感動，紛紛給予最熱烈的歡呼打氣，伴隨他越過終點。阿赫瓦里最終以3小時25分27秒完成賽事，雖然成績墊底，但他卻成為這場馬拉松賽事的焦點人物。賽後有記者問他為何「在如此傷重的情況下仍堅持下去」，阿赫瓦里此時說出奧運史上的名言：「我的國家不是送我到五千哩外來開賽，而是來完成比賽。（My country did not send me 5,000 miles to start the race. They sent me 5,000 miles to finish the race.）」。

這一切仰賴的就是愛，是他對馬拉松的熱愛，是他對國家的熱愛，造就了他的傳奇。這世界上所有成功的人都是如此，NBA已故球星科比（Kobe Bryant）熱愛打籃球；他退休前曾說：「我真的想像不到籃球從我生命中消失，我活著還有什麼意思？」馬雲熱愛互聯網；

任正非熱愛華為；麥可‧傑克遜熱愛跳舞；張國榮熱愛拍電影，馬斯克、賈伯斯都熱愛改變世界，他們都是為熱愛而做，對吧？他們無比的熱愛，就像我也熱愛演講一樣，那你是為什麼而做呢？如果你是為了恐懼而做這份工作，不是熱愛的話，這份工作永遠不可能成為你的事業，你的那個事業永遠不可能變成你的資產。很多老闆創業都是為了養家餬口，都不是為了做愛做的事，這是一件非常可悲的事情，財道就是你的軌道，你一旦找到屬於你自己的軌道，那麼財富就會瞬間湧進來，是水到渠成的。但是軌道跟什麼有關？軌道跟感覺有關，軌道就是我們的使命。

請問今天我們容易餓死嗎？太困難了，反正餓不死，為什麼不選熱愛的事去做呢？3%的富人做事沒有一個是為了賺錢，徐悲鴻為什麼成為徐悲鴻，就因為他愛畫馬，什麼都不願意做就只喜歡畫馬，一畫就畫了30年，你如果什麼都不做，天天畫馬畫30年也能成為下一個徐悲鴻。97%的人為錢工作而3%的人因為熱愛而工作。那你的熱愛是什麼呢？

6. 沒有失敗，只有暫停成功

　　此刻，請對自己承諾：今後絕對不會自暴自棄，也不再怨天尤人，這並不是要你故意無視於所面對的困境，而是要你知道那種心態會阻止你拿出改變人生的行動。你要相信，儘管事情的發展再不順遂，但我們都具有扭轉乾坤的能力，這輩子每個人難免都會碰上各種狀況、問題、挫折或失望，如何去面對，就注定了我們會有什麼樣的人生。

　　在成功這條路上有一句很重要的話，叫做彎道超車，我相信大家都看過賽車比賽，直線前進時，沒有什麼技術可言，除非車子本體落差太大，否則在直線前進時，基本上很難拉開彼此的距離，換句話說在一帆風順的時候，其實很難翻轉自己的人生，所有的車類競賽，最刺激的永遠都是在彎道的時候，唯有在彎道才更容易展現出技術，唯有在彎道才更有機會拉大差距抑或是逆勢翻轉超前，所以真正的高手都是在彎道決勝負的。

　　而你有沒有想過何謂人生的彎道，你面臨的人生困難和挫折，那就是你的彎道，你可以在彎道超車，你也可以在彎道被人超越，這世界是公平的，當然也有一些是世人共同面臨的彎道，例如金融風暴，在金融風暴時雖然有無數人破產，但一定也有無數人在風暴中賺到一輩子的財富，因為當別人都在彎道恐懼害怕的時候，你勇於突破逢低

買入，這就決定了你的財富。例如2020年開始的疫情，疫情給我們狠狠的上了一課，無數企業甚至是百年老店都在這一波疫情下熄燈解散，也有無數人在疫情期間失去了自己的工作，像馬來西亞的企業和個人更是嚴重，幾乎封城了一年，對於所有人來說可說是一場夢魘。這波疫情對世人而言也是一個超級彎的彎道，但你一定也看到了，在這一波彎道當中，也有無數人逆勢超車，賺取到別人一輩子無法賺取到的財富，趁著所有人都在徬徨無助的時候逆勢崛起，因為彎道永遠代表著改變，改變越大彎道就越彎，威脅以及伴隨而來的機會也會跟著越大。不是有句話叫做亂世出英雄，歷史著名的三國魏蜀吳，如果不是當時時代的混亂，我們一輩子也不會認識曹操、劉備和孫權，就是因為亂世，他們才有出頭的機會。所以窮人總是抗拒彎道；而富人總是張開雙手熱烈歡迎彎道，因為彎道代表著財富重分配，彎道越多，獲得財富的機會就會越多。

跟各位分享一則故事。有一位年輕人想在音樂界發展，於是放棄了學業勇於築夢，但是一個沒有相關工作經驗且又高中輟學的人，想找份稱職的工作，實在是不容易，最後他只能將就在一些較低級的酒吧中彈琴和演唱來謀生。

想想看，這個年輕人對音樂事業抱著那麼高的憧憬，卻終日得面對那些無視於他存在且喝得醉醺醺的酒徒，那種沮喪和屈辱對他而言是何等的痛苦，也因為他沒有什麼錢，晚上只好在自助洗衣店裡打地鋪，幸好還有一位非常愛他的女友的鼓勵與支持，讓他能繼續走下去，可是有一天，就連女友也因為無法忍受而離去，這給他帶來更大

的打擊，覺得人生已無希望而想自殺。就在要付諸行動之前，他聯絡了一家精神病院，看看他們能否給什麼幫助，在醫院裡，他的人生發生了改變，不僅不再沮喪，甚而打消了自殺的念頭。他覺得問題全是自找的，意志消沉根本無濟於事，必須得竭盡一切努力，成為夢想中的成功音樂家。任何的失望，都不足以讓一個人選擇自殺，畢竟人生只有一回，值得為它好好珍惜。就這麼持續的努力，雖然未能馬上改變現狀，但最終他還是成功了。今天，他所作的曲子在全球每個地方都被播放著，這個人就是比利‧喬（Billy Joe）。請記住：「上帝並未來遲，只是還在等待時機。」因此別忘了，沒有失敗這回事，如果你的嘗試不見效，那就好好從其中學習，以便未來能運用得更有效，最終必然會有成功的一天。事實上，我就因為這句話的激勵，得以渡過過去那些不如意的歲月，成功源自於正確的判斷，正確的判斷源自於過往的經驗，而過往的經驗又多源自於錯誤的判斷。堅持到底！如果你有心想把事情做得更好，那就從錯誤中學習，因為那是邁向成功的墊腳石。

　　人生就是一場馬拉松，不管你跑得快還是跑得慢，只要你願意在賽道上繼續前進，哪怕你多慢，你最終一定會抵達終點，只是時間早晚而已，這也是我們從小聽到的龜兔賽跑故事，只要烏龜持續往前跑，遲早都能抵達終點。換言之在人生賽道上，其實是沒有失敗這兩個字，而是在邁向成功的賽道上，有人選擇停下腳步，甚至直接離開賽道，這並不叫做失敗，這叫做停止成功，所謂的失敗不過是逃避的藉口，不過是自己不願意堅持下去的理由，而唯一能讓自己停止成功

的人永遠都是你自己。多年來我都在帶領業務團隊，我看到無數的人離開了業務領域，都認為自己失敗了，更糟糕的是認為這個行業並不好，他只是不小心被騙進來，這種格局和視野真的是令人不敢恭維，有趣的是，我也認識非常多其他不同業務，我發現一個共通點，絕大多數離開業務領域的人，都沒有真的全力以赴地投入過，幾乎都是遇到困難後，因為不願意面對，然後就開始懷疑、恐懼，行動力就開始下滑，自然不會有什麼好成績，就這樣渾渾噩噩過了幾個月，從沒想過改變，直到發現自己的積蓄也燒得快差不多，然後就說服自己這個行業不適合自己、說服自己已經努力過了，不行就離開吧，總是用這樣的心態來欺騙自己。但是主管清楚得很，這些人從未認真面對過這份事業，這其實是一種價值觀，而價值觀是會跟著人一輩子，換言之這樣的人不管到任何一個領域，只要碰到困難、挫折，就會下意識地這樣反應，而且屢試不爽，因為當你無法跳脫自我來檢視自我的時候，人都會活在自己的慣性裡，這也是為什麼貧富差距會不斷擴大，富者越富窮者越窮。當你理解了以後，一定要告訴自己要勇敢面對，沒有失敗只有停止成功而已，所有事情一旦做了，就要全力以赴，所以我也常常告訴我自己，既然開始了，就不要停止。

財商筆記：沒有失敗，只有停止成功而已

7. 找到自己的軌道

　　天生我才必有用，上帝不會製造垃圾，我們每個人來到這個世界上都是有使命的，上天一定會給你一個技能，只是這個技能需要在後天的生活中，自己去尋找、探索，如果找到了自己的人生軌道，那你將無所不能。可惜的是多數人遲遲找不到自己的軌道，所謂軌道就是自己喜歡做的事，自己的特長，只有做自己喜歡的事才能發揮到極致。

　　每個人都有自己的軌道，知名鋼琴師朗朗，曾被多數媒體稱作「當今這個時代最天才、最好的偶像明星」，他是受聘於世界頂級的柏林愛樂樂團和美國五大交響樂團的第一位中國鋼琴家，朗朗的軌道就是彈鋼琴，他從小自卑內向不擅長說話，考試成績也不出色，是整個家族裡最不起眼的一個，對任何事情、任何人都提不起興趣，也因此特別不喜歡學習，有一次朗朗的父母帶他去聽一場演湊會，朗朗被舞台上的鋼琴家給吸引住，結束後朗朗指著台上的鋼琴大師，對他爸爸說：「爸爸我長大以後也要成為這樣的人」，結果一彈彈成了鋼琴大師。周潤發的軌道就是拍電影，結果一拍就拍成了世界影帝。我最欣賞的NBA明星球員黑曼巴Kobe Bryant的軌道就是打籃球，他說這輩子他就打籃球，除了打

籃球其他什麼都不做，結果拿下無數個冠軍。

　　如今多數人尚在迷茫中，不甘心領死薪水想創業，但是找不到好項目，沒關係，至少你有創業觀念，說明你是個有上進心的人。世界上的成功只有一種，那就是用自己喜歡的方式過一生。當我們找不到自己的軌道時不要著急，因為選擇很重要，成功跟努力沒有多大關係，做對選擇大於努力，選擇不對努力白費，人生第一智慧就是選擇，最大智慧就是做對決定。再來就是環境，環境改變思維，思維改變行為，行為產生結果，思路決定出路，觀念決定貧富。思維一旦改變，一切都是藍海，所以說當沒有好項目時也不要著急，但你得持續學習，讓自己不斷的成長，改掉不良習慣。成大事者得做到三個無情，第一是對自己不感興趣的事無情的放下；第二是對應該斷絕的朋友無情斷絕，物以類聚人以群分，給自己換換圈子；第三是對過去的事情要做到無情的放下，活在當下放眼未來。軌道就是方向，像一盞明燈指引你前行！讓你去體現自身價值，實現財富自由，過上富足人生。

　　那要如何找到人生軌道？財道就是你的軌道，而財法就是你的財富方向，那財法是什麼呢？財法其實就是你的夢想，人沒有夢想就像鳥兒沒有翅膀，無法飛翔。一個人如果沒有夢想那跟死了有什麼兩樣，很多人這輩子30歲就死了，只是等到80歲才入土，因為30歲以後就再也沒有夢想，窮人說做人不要有夢想，反正也無法實現；馬雲

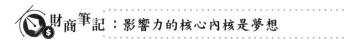
財商筆記：影響力的核心內核是夢想

說做人一定要有夢想，萬一實現了呢？阿里巴巴集團20週年時，馬雲在體育館對著所有阿里人說了這麼一句話：「20年前我們一無所有，只有夢想。」你的夢想就是指引你人生道路上的一盞明燈，你的夢想可以讓你找到你的軌道，那你的夢想是什麼？我要賺錢、我要成為億萬富翁、我要買豪宅、我要享盡榮華富貴，這些都不叫做夢想，這些都叫做欲望。

大多數人的夢想都是抄別人的，聽到別人說什麼，自己就跟著說，那都不叫做夢想，真正的夢想是發自內心的，夢想是你自己的，跟任何人都沒有關係，夢想是你自己想要的，夢想是為了這件事你可以犧牲自己的一切，夢想是哪怕這件事不能賺錢我也願意做，因為夢想跟錢沒有任何關係，如果你的夢想跟錢有關係，就證明這個不是夢想而是欲望，所以一定要釐清夢想跟欲望的差別，夢想會點亮你而欲望會反過來吞噬你。

為什麼不會成功，就是因為沒有找到屬於自己的軌道，你還沒有找到你是誰，你還沒有找到自己的使命，你更加不知道自己的天賦，那麼，要如何找到自己的軌道呢？

有兩個方法，第一個就是向內求，賈伯斯人生最重要的辦公室不是會議室，而是禪修房，馬雲也有達摩院，他打太極就是在向內求，唯有你向內求才有可能找到你的軌道，找到自己的起心動念，所以現在開始學習，開始提升自己的內在。第二個方法就是不斷嘗試，夢想

財商筆記：成功就是一種感覺

跟什麼有關，夢想跟見識有關，試著走出自己的舒適圈，透過不斷嘗試，找到你熱愛的事，是你擅長的、是有意義的，同時又符合趨勢，那這件事很有可能就是你的軌道。知名演員黃渤，他以前嘗試過跳舞但是不順利，嘗試過唱歌但是不如人意，做生意也不順利，結果當他挑戰拍戲時，他的人生開始發光，因為他找到了自己的軌道。

各位知道生命活著的第一層境界是什麼嗎？絕對不是來受苦的，如果靈魂知道自己會活成這樣，是不會有人願意來的。生命活著的第一重境界叫做享受人生，也就是做自己，而這一層境界99%的人都做不到，多少人這一輩子找了一個不愛的人，做了一份不愛的工作，虛度一生。

生命的第二重境界是什麼？就是找到自己的使命並且去完成它，就像Kobe找到籃球一樣，就像賈伯斯找到iphone一樣，就像麥可‧傑克森找到跳舞一樣，就像筆者找到了演講。

那麼，生命的第三重境界是什麼？就是開悟覺醒，每個人都會覺醒，只不過多數人是在要死的那一秒覺醒，在即將死的那一秒才明白，但為時已晚，還有人是在什麼時候覺醒，遇到了大災大難，經歷了生死關卡之時，難道非得要讓災難發生你才要覺醒嗎？你們知道生命這個遊戲的終極核心是怎麼設計的嗎？其實非常簡單，生活就是你最好的老師，如果你主動學習，生活不但不阻礙你，反而還會幫助你，但是你知道，如果你不學習會發生什麼事情嗎？生活會從右邊打

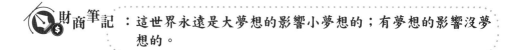

財商筆記：這世界永遠是大夢想的影響小夢想的；有夢想的影響沒夢想的。

你一巴掌，左邊打你一巴掌，你再不學，就打得更用力一些，這個世界上有兩種人，一種是主動學習的人，一種是被動學習的人，人生就像過關卡一樣，第一關只有30公分，你只要稍微用力就跳過去了，但是第二關有50公分，你如果不努力、不學習，就跳不過去的，就會卡在第二關，而卡在第二關會很痛苦，因為你會發現，你的人生就是如此，放眼望去，你身邊都是那些負能量的人在跟你糾纏不清。所以一定得主動學習跳過第二關，如果你不跳過第二關，生活就會在第二關不斷的踩躪你，欺壓你，目的就是為了讓你覺醒。曾經筆者也是一無所有，那真的是把學習當作修行一般，我不是在看書學習，就是在去跟老師學習的路上，才能養成如今一身的好本領，要知道沒有人天生就是高手，既然致富是一門科學，那我們肯定都能學會。

財商筆記：成功就是找到自己的優勢並發揮到極致。

財商筆記：找到人生軌道，你的天賦就是所向披靡的兵器。

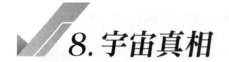

8. 宇宙真相

　　接下來的這一章節將會改變你的命運，如果你學透了，你所有的人生、所有的困難、所有的挫折你就會完全明白，完全放下。你是否曾想過，這一生會和誰相遇、發生什麼大事、遭逢什麼關卡，其實都是出生前計畫好的？你是否曾想過，與你有過最大衝突或曾讓你痛苦難過的人，其實是你最愛的靈魂家人，受你之託，此生來扮演你生命中的黑天使，協助你成長？有些人的人生平穩似溪水，安安穩穩細水長流地過著，但有些人的人生像蜿蜒的急流一般，前方突然冒出岩石或是突然有個瀑布在等著他。為什麼有些人可以平穩過一生？有些人卻會遇到足以改變自己人生的大事件呢？其實這些人生劇本都是你自己在出生前，就已經親手設計的。

　　首先一定要知道，沒有任何一個靈魂來到世上是來受罪的，如果這個靈魂來到這世界上是來受罪的，那他壓根不會來。假設有一個靈魂，他以前當過男人，所以他這次想體驗當女人有何不同；也有可能他以前是含著金湯匙出生的，所以這次想嘗試出生在窮苦人家，也就是說靈魂在出生前就已經給自己人生寫好劇本，你們可能曾有過這樣的體驗，就是這個人明明是你第一次見，你就感覺你見過他；這個地方明明是第一次來，你就感覺你曾經來過，因為這都是靈魂計畫好的，安排了這個男人做她的第一個情人，但是這個人會深深的傷害

她，接著安排了另一個女人做她最好的閨蜜，兩個人一起做生意賺大錢，然後這個閨蜜卻因為貪念欺騙她，捲款潛逃，最後安排了這個人做她的靈魂伴侶，互相扶持幫助彼此把事業做好，把家做好，兩個人幸福地一起走下去，這就是人生遊戲的三個關卡。當靈魂轉世投胎以後，她不會再記得這些計畫，她也真的會碰上安排好的這些人，請你明白：在這個世界上，你碰到的任何一個人都是命中注定的，都是安排好的。被拋棄、被傷害、被欺騙，這些都是注定的，你碰到的所有人，碰到的一切事都是注定的，只有一樣不是，那就是你的自由意志，上天賜予你最大的禮物就是自由意志，不管你遇到任何人、任何事，回應權永遠在你自己手上，被另一半拋棄，你可以選擇不原諒對方，甚至還要天天去找對方的麻煩，大不了玉石俱焚，可能因此一輩子走不出來，可能從此不再相信感情；但其實我們也能選擇用正能量來面對。最糟糕的是，只要你放不下，就算等這個男的消失了，下一個男的還是會進到你的生命當中，然後一模一樣地再次傷害你，兩次三次四次這件事只會不斷重複發生，這就像玩遊戲一樣，在任何一款遊戲裡，如果你沒有升級到第二關，那麼第一關裡面的妖怪或壞人永遠都會存在，唯有等你進入到第二關，那第一關的妖怪或壞人就會瞬間全部消失，緊接著就準備要面對第二關的妖怪或壞人了。

所以如果有一件事不斷重複發生在你身上，就證明那一定是你的靈魂課題，什麼時候這課題才會消失？當你能夠徹底放下對這個人禍、這件事的恨時，你就能夠拿到痛苦背後的禮物，你會發現，上天之所以讓你經歷這些事，是為了讓你做好事業，讓你不要把心思放到

情感上，你必須一心一意拚事業，活出自己的圓滿人生。你會發現，很多人曾經在你生命當中扮演過著重要的角色，然後突然間這些人就會消失，彷彿從來沒有存在過一樣，因為他的任務完成了。此刻你就來到人生的第二關，你遇到了一個好閨蜜，你們兩個人一起合夥創業，賺了很多錢，但是她卻把你的錢全部騙走了，這件事也是注定的，你可以選擇告她，然後這輩子再也不相信別人，或是選擇原諒她。如果不原諒對方，那麼遲早還會有一個人再一次欺騙你，只有當你完全放下，原諒這些人的時候，他們才會消失，你才能進到第三關，找到你的靈魂伴侶，彼此相愛共度餘生。但如果說你卡在第二關沒有完成任務，那下輩子投胎你就會從第二關繼續這個遊戲，所以遊戲要想過關，其實非常簡單。這個人生遊戲的第一個提示叫做「問題就是答案」，你在這個世界上遇到的問題就是你的答案。上天讓你經歷貧窮，不是為了折磨你，是為了讓你戰勝貧窮，並幫助那些跟你一樣正在經歷貧窮的人。上天讓你經歷疾病，不是為了折磨你，是為了讓你戰勝疾病，並幫助跟你一樣正在經歷病痛折磨的人。

💲 問題即是答案

　　曾經有一位大學教授，從小就對兒子特別嚴格，而孩子也沒有辜負媽媽的期待，國小國中高中都是第一名，直到大學出國留學，卻在學校宿舍結束了自己的生命，留下一封信給媽媽，信中他對媽媽說從小到大，他從來沒有為自己活過一天，小時候朋友相約去玩樂，就只有他一個人被逼著唸書；朋友下課後都可以一起玩，就只有他一個人

得去補習班，他從來不能做任何他想要做的事情，這輩子活著就只是為了活成媽媽希望他長成的樣子，他真的累了，所以他打算結束這一切，但他也希望媽媽不要自責，他知道媽媽是愛他的，只是他已經喘不過氣了。這位媽媽看了兒子的遺書後，整整把自己關在家裡三年，不出門也不與人互動，每天以淚洗面，無比愧疚。幾年後的某一天夜晚，她夢到兒子來到她的夢中，兒子告訴她說，媽媽妳千萬不要再自責了，其實我來到這個世上的使命就是為了喚醒妳，在我出生以前就已經跟妳簽訂了靈魂契約……於是這位教授隔天起床後開始打理自己，出門到各地去演講，她抱持著一個使命，要幫助所有正跟她孩子面臨同樣困境的小孩，要喚醒所有正跟她犯一樣錯誤的父母，她四處演講，剛開始每次演講每次以淚洗面，直到後來她真正的放下，每次演講都是抱持著感恩的心，用愛用使命來完成每一次的演說，直到現在，她仍然站在演講台上努力奮鬥著。

　　我們每一個人都是勇敢的靈魂，不管正經歷著什麼，那都是我們自己選擇的，目的是讓你被喚醒進而轉過身去幫助更多跟你一樣正經歷苦難的人，所以問題即是答案，擁抱問題面對問題，你就能找到答案。生命中一定都會遇到一些挫折，或是讓自己感到痛苦的事件，可能是在工作中遇到小人，處處針對你，找你麻煩，你會覺得很討厭，為什麼這件事會發生在我身上？但往另一個方面想，這個令你討厭的人，是不是要來到你的生命中教會你某件事呢？或許是要讓你知道，自己不要再忍氣吞聲而不為自己發聲；或是讓你了解到，自己真的不適合這份工作，而是應該去追逐自己嚮往已久的工作。每一個人生命

中出現的某一件事，都是安排好且是要教導你某件事的。最後，請將你身邊認為不好、負面的事件，用另一個眼光去看待它，並且試著從中去找出，它想教你的課題。

　　財富亦是如此，可能你常在思考為何我始終無法富有，為何我總是存不到錢？錢對人們來說是取得自己想要東西的工具，但窮人總會對金錢恐懼，害怕自己下一頓沒飯吃，害怕自己戶頭歸零，害怕自己投資失敗、創業虧損，這份恐懼完全出自於自己的內心，是自己在嚇自己，唯有全然地放下對於金錢的恐懼，才能夠療癒自己。那該如何放下對金錢的恐懼呢？就是思考錢對你而言到底是什麼？在尋找的過程中，你發現金錢不是髒的、壞的、負面的。它是為了支撐我們在這一世學習過程中，讓我們可以好好活著的工具，而非滿足自己欲望的手段。貧窮並不是一種懲罰，而是一種工具，沒有人注定一輩子貧窮，你的價值並不會因此受到貶低，你的心並不窮。如果你的頭腦清醒、你的心志很堅強，你一定會找到方法脫離貧窮。貧窮正是消除恐懼的好方法，當你經歷過某件你所恐懼的事，你就會學習到該如何面對這個情況，而恐懼自然也就會消失。要想擁有財富，想要過上圓滿人生，就得先學會面對恐懼，殺死恐懼你將無所不能。

財商筆記：問題即是答案。

Chapter

3

你有多少能量

9. 何謂能量？

接著我們要來談談能量。

窮人全是負能量，根據宇宙吸引力法則，能量低的人會吸引能量低的人和能量低的事進入到他的生命當中，進而形成一個負向機遇，相對容易遇到小人或遭遇到詐騙。而能量高的人，出門就容易遇到貴人，常常會遇到好事，可以說能量高低是截然不同的。你一定很好奇能量是什麼？能量看不到也摸不到，卻真實存在，就像冷氣一樣，你雖然看不到、摸不到它，但你卻可以感受到，尤其在酷熱的夏季，你還不能沒有它，永遠記得，很多東西看不到絕不代表不存在。這個世界所有的一切都是由能量組成的。量子物理學家已經證實，所有的物質，包括我們的手機，包括我們的身體，包括你能看到的所有有形的物質，它其實都是無形的，如果用最大的放大鏡把物質放大到極致，就會看到分子，再來是原子、質子、光子，最後則是夸克，而夸克則是由能量組成。所以這個世界的物理法則，第一條就是同頻共振，宇宙的一切都是由能量組成，一直引導著整個宇宙中的每一樣事物，作規律性的運轉，也引導著我們的日常生活運作，這種能量就是吸引力能量場。

吸引力法則無所不在，掌管宇宙一切萬物的隱性秩序。其作用範圍是覆蓋一切的時空界域：無始無終，無邊無際。它是宇宙的驅動程

式、宇宙的運行規律、宇宙的遊戲規則。它界定了宇宙間萬事萬物的內在聯繫與互動關係。吸引力法則告訴我們一個很重要的規律，那就是「你的想法是有一定頻率的能量波，而它會引起具有接近頻率的能量波的共振。」

　　跟什麼樣的人在一起，就會有什麼樣的人生。近朱者赤，近墨者黑。跟著蒼蠅找到廁所，跟著蜜蜂找到花朵。花若盛開，蝴蝶自來。人若精彩，天自安排。我們生命中的一切所願，其實不應該用追求，而是應該用吸引。世上萬事萬物，都是由能量組成，每樣東西都具有不同的振動頻率。無論是桌子、椅子等有形的物體，還是思想、情感、念頭等無形的東西，都是由不同振動頻率的能量所組成。它們像一排音叉，當你敲響其中一個音叉，它就會發出清脆的高調樂音，同時其它同頻率的音叉，也會發出同樣高調的樂音，彼此應和，產生共鳴。

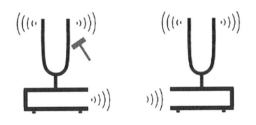

　　這就是吸引力法則，同頻共振，同質相吸。換句話說，振動頻率相同的東西，會互相吸引，進而產生共鳴。當兩個波能形成同頻時，會創造一個巨大力量，這種共振的力量會遠大於兩個頻率本身的能量，所以不論好壞，都能讓你清楚感受到。而我們的意念、思想是有能量的，腦波是有頻率的。因此它們的波動，會影響其他的東西。大腦就像是這世上最強的「磁鐵」，它會散發出比任何東西都強的吸力，對整個宇宙發出呼喚，把與你的思維振動頻率相同的東西吸引過

來。所以，你將會擁有你心裡想的最多的事物，你的生活，也將變成你心裡最經常想像的樣子。這就是能量，更是吸引力法則的核心！

你是負能量的人，你就會吸引負能量的人，你是正能量的人，你就會吸引正能量的人，所以我們必須要提升我們的能量，能量不提升，自然無法過上富足人生。很多人跟黃老師學習也是一樣的。看完本書後覺得：「哇！！黃老師太棒了，我想要跟老師持續學習，但就是怕學不會，怎麼辦？」這樣的想法就是負面思維，再加上他的負面能量，切記，負面思維加上負面能量等於負面人生。反之，正面思維加上正面能量就等於正面人生，所以必須提升自己的能量。

那如何提升能量呢？提升能量最快的方法就是跟能量比你高的人在一起，如果你身邊全是負能量的人，那你這輩子都不會成功，因為你的能量都被拉垮了。我們這輩子聽過的所有成功或勵志故事，都是主角一開始非常窮，最終選擇離開當下環境，去大城市發展，等到賺錢以後再衣錦還鄉；你絕不會聽到有人在一個非常窮的環境裡面致富成功。很多人問：如果我的另一半能量是負的怎麼辦？我的父母也是負能量怎麼辦？我身旁的親朋全都是負能量，我不管是創業、學習、築夢，他們不是嘲笑我就是潑我冷水，那你真的要下定決心離開他們出去闖一闖，小孝是陪伴，大孝是超越，是成為父母的驕傲。家裡都是負能量，就出門想辦法讓自己進入到正能量的圈子裡，你的能量就能夠被提升。

另外就是員工吸引員工，老闆吸引老闆，如果說你天天待在一個僱員的圈子裡，你的思維都會被僱員化，因為他們全是負能量的，如

果你能夠進入一個都是老闆，都是創業者的圈子，那個能量氣場完全不一樣。為什麼筆者那麼喜歡去外面學習、上課，其實有時候不只是為了去上課，更是為了在現場吸收正能量。因為願意花錢還千里迢迢來會場上課的人，一定都是正能量的人，我就是因為進入這種正能量環境，接觸正能量的朋友，我的能量才會越來越強。

財商筆記：宇宙所有一切都是能量構成的。

10.想知道你的能量等級嗎？

　　人為什麼會生病呢？先前提到能量，我們得知道能量是用情緒表達的，這個世界上的疾病70%以上都跟情緒有關，一個經常生氣的人一定特別容易生病；一個天天恐懼的人一定也特別容易生病；一個天天悲傷的人，也是一樣。因為這個世界上的疾病70%跟情緒有關，那情緒是由什麼產生的？情緒只是能量的一種表達方式，換句話說，其實疾病也是由能量產生的，所以你可以這樣解讀，能量基本上就是等於情緒。

　　美國著名的大衛・霍金斯博士（David R. Hawkins, Powervs. Force）與諾貝爾物理學獎得主合作，運用人體運動學的基本原理，結合使用精密的物理學儀器，經過近三十年長期的臨床實驗，其隨機選擇的測試物件橫跨美國、加拿大、墨西哥、南美、北歐等多地，包括各種不同的種族、文化、行業、年齡等多元性指標，累積了幾千人次和幾百萬筆資料，經過精密的統計分析之後，發現人類各種不同的意識層次都有其相對應的能量振動頻率物理學指數。

　　科學的有效性仰賴於資料測試的可重複性。對於意識能量層級的測試資料，霍金斯博士發現，結果無一例外，全都是一致的，而且是可重複的。科學實驗累積的上百萬組資料顯示，人的生命體會隨著精神狀況（意識）的不同而有能量強弱的起伏。霍金斯博士運用現代科

學的研究方法，發現了隱藏在我們這個世界的人類意識圖表。一個有關人類所有意識的能量級別水準的圖表。根據這個圖表，可以把人類的意識映射到1-1000的頻率標度值範圍，一共劃分為17個能級。

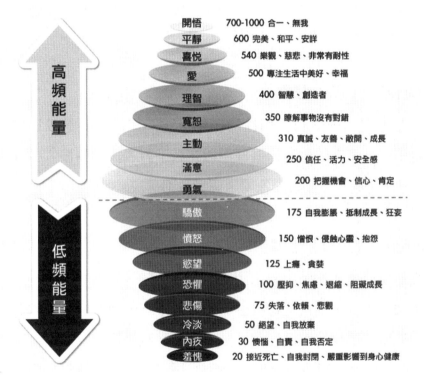

開悟　700-1000 合一、無我
平靜　600 完美、和平、安詳
喜悅　540 樂觀、慈悲、非常有耐性
愛　500 專注生活中美好、幸福
理智　400 智慧、創造者
寬恕　350 瞭解事物沒有對錯
主動　310 真誠、友善、敞開、成長
滿意　250 信任、活力、安全感
勇氣　200 把握機會、信心、肯定

高頻能量

驕傲　175 自我膨脹、抵制成長、狂妄
憤怒　150 憎恨、侵蝕心靈、抱怨
慾望　125 上癮、貪婪
恐懼　100 壓抑、焦慮、退縮、阻礙成長
悲傷　75 失落、依賴、悲觀
冷淡　50 絕望、自我放棄
內疚　30 懊惱、自責、自我否定
羞愧　20 接近死亡、自我封閉、嚴重影響到身心健康

低頻能量

① Shame：（20）羞愧

羞愧的能量級別接近於死亡，它就像是意識的自殺行為，巧妙地奪去人的生命。在羞愧的狀況下，我們恨不得找個地洞鑽進去，或者是希望自己能夠消失。這是一種嚴重摧殘身心健康的狀態，最終一定會導致身體生病。

② Apathy：（50）冷淡

這個能量級別的表現為貧窮、失望和無助感。整個世界和未來看起來已沒有任何希望。冷漠意味著無助，讓自己成為生活中各方面的受害者。缺乏的不止是資源，他們還缺乏運氣。除非有外在的守護者協助，否則很可能會窮困潦倒致死。

③ Grief：（75）悲傷

這是悲傷、失落和依賴性的能量級別。在這個能量級別的人，過的是消沉、喪志的生活。這種生活充滿了對過去的悔恨、自責和悲慟。在悲傷中的人，不管怎麼看這個世界都是灰黑色的。

④ Fear：（100）恐懼

從這個能量級來看世界，到處充滿了危險、陷害和威脅。一旦人們開始關注恐懼，就真的會發生無數讓人不安的事情。之後會形成強迫性的恐懼，這會妨害個性的成長，最後導致壓抑。因為它會讓能量流向恐懼，這種壓抑性的行為讓人們無法提升到更高的層次。

⑤ Desire：（125）欲望

欲望讓我們耗費大量的心力去達成我們的目標，去取得我們想要的回報。這也是一個容易上癮的階段，因為任何時刻一個欲望都可能會強大到比生命本身還重要。欲望意味著累積和貪婪。願望可以幫助我們走上有成就的道路。但是欲望卻隨時讓我們變成一個是非不分的

人。

⑥ Anger：（150）憤怒

如果有人能跳出冷漠和內疚的情緒，並擺脫恐懼的控制，那他就會開始有欲望，而欲望則帶來挫折，接著引發憤怒。憤怒常常轉變為怨恨和復仇心理，它是易變且危險的。憤怒來自未能滿足的欲望；挫敗感則來自於放大欲望的重要性。憤怒很容易導致憎恨，最終會逐漸侵蝕一個人的心靈。

⑦ Pride：（175）驕傲

比起其他的較低能量級，人們會覺得這個能量級是積極的。而事實上驕傲雖然讓人感覺好一些，但那是針對其他更低的能量級別而言。

驕傲是具有防禦性和易受攻擊性的，因為它是建立在外界條件下的感受。一旦條件不具備，就很容易跌入更低的能量層級。自我膨脹是驕傲自大的催化劑，而自我常常是易受攻擊的，因此驕傲的演化趨勢是傲慢和否認，而這些都是不利於成長的。

⑧ Courage：（200）勇氣

來到200這個能量級，動力才開始逐漸顯現。勇氣是拓展自我、獲得成就，堅忍不拔，和果斷決策的根基。當處於比200分更低的能量級別時，世界看起來是無助的、失望的、挫折的、恐怖的，但是來

到勇氣的能量級，生活看起來就是激動人心的，充滿挑戰的，新鮮有趣的。

在勇氣的層級，人們有能力去把握生活中的機會。因此個人成長和接受教育是此級別的人讓自己進步的途徑。

對於那些能夠打擊能量級別低於200的人的障礙，對進化到200能級的人來說則是小菜一碟。來到這個層級的人們，總是能迅速回饋大量的能量給這個世界。而低於這個能級的人們則是不斷地從社會中汲取能量，絲毫沒有回饋。

⑨ Neutrality：（250）淡定

到達這個能級的能量都開始變得活躍了。

低於250的能級，意識是趨向於分裂和僵化的，淡定的能級則是靈活和無分別性地看待現實中的問題。

來到這個能級，意味著對結果的超然態度，一個人不會再因經驗而感到挫敗和恐懼。這是一個有安全感的層級，在這個能級的人，都是很容易與之相處的，而且讓人感到溫馨可靠。因為他們無意於爭端、競爭和犯罪，這樣的人總是鎮定從容，他們不會去強迫別人做什麼。

⑩ Willingness：（310）主動

這個意識層次可以看做是進入更高層次的一道門，在淡定層次的人，會如實地完成工作任務。但是在主動層次的人，通常會出色地完

成任務，並極力獲得成功。

這個能級的人，成長是迅速且必然的，這層級也是人類能夠不斷進步的關鍵層級。

低於200能級的人，他們的思想是封閉的，但是能級為310以上的人們則是全然敞開的。

這個能級的人，通常是真誠而友善的，也易於取得社交和經濟上的成功。他們總能有助於人，並且對社會的進步做出貢獻。他們也樂意面對內在的狀況，也不存在較大的學習障礙。鑒於他們具有從逆境中崛起並學到經驗的能力，他們都能夠自我調整。由於已經超越了驕傲，他們更能夠看到自己的不足，並學習別人的優點。

⑪ Acceptance：（350）寬容

在這個能級，一個巨大的轉變會發生，那就是了解到自己才是自己命運的主宰，自己才是自己生活的創造者。

低於200能級的人則是沒有力量的，通常視自己為受害者，完全受生活所左右。這個看法的根源是，認為一個人的幸福和苦難來自某個「外在」的東西。

在寬容的能級，沒有什麼「外在」能讓一個人快樂，愛也不是誰能奪走的，這些都來自內在。寬容意味著讓生活過上它本來該有的樣子，並不刻意去塑造成一個特定的模式。在這個能級的人不會對判斷對錯感興趣，相反的，對如何解決困難他們則樂於參與。他們更在意長期目標，良好的自律和自控是他們顯著的特點。

⑫ Reason：（400）明智

超越了感情化的較低能量級別，就進入有理智和智能的階段。這是科學、醫學以及概念化和理解能力形成的能級。知識和教育在這裡成為資歷。這是諾貝爾獎得主、大政治家和高級法庭審判長的能級。愛因斯坦、佛洛伊德，以及很多其他歷史上的思想家都是這個能級。這個能級的人的缺點是，過於關注對符號和符號所代表的意義區分。

⑬ Love：（500）愛

這個500能級的愛是無條件的愛，是不變更的愛，是永久性的愛。這種愛不會動搖，它不是來自外界因素。愛是存在的基本狀態。愛是寬容，滋養和維持這個世界的根源。它不是知性的愛，不是來自頭腦的愛，它是發自心靈的愛。愛總是聚焦在生活美好的那一面上，並且擴大積極的經驗。這是一個真正幸福的能級。

世界上只有0.4%人曾經達到這個意識進化的層次。這裡的愛並非通常意義上各種媒體所描述的愛。通常意義上的愛，很容易就帶上憤怒和依賴的面具。這種愛一旦受到挫折，馬上就會轉變成憤恨，引發憤恨的愛是來自於驕傲而不是真的愛。

⑭ Joy：（540）喜悅

當愛變得越來越無限的時候，它開始發展成為內在的喜悅。這是在每一個當下，從內在而非外在升起的喜悅。

540能級是擁有治療和精神獨立的層級。由此往上，就是很多聖

人和高級修行者以及治療師的能級。這個能級的人的特點是，他們具有巨大的耐性，以及對一再顯現的困境具有持久的樂觀態度，以及慈悲。到達這個能級的人對其他人有顯著的影響。他們持久性的關注，會帶來愛和平靜。

在能級超過500的人看來，這個世界充滿了閃亮的美麗和完美的創造。一切都毫不費力地同時發生著。在他們看來是稀鬆平常的作為，卻會被平常人當成是奇蹟來看待。

⑮ Peace：（600）平和（安詳極樂）

這個能量層級和所謂的卓越、自我實現有關。它非常稀有，一千萬人當中才有一個人能夠達到。一旦達到這個能級，內與外的區分就消失了，感官被關閉了（《心經》：『無眼耳鼻舌身意，無色聲香味觸法……』）。

在能級600及其以上的人的感知如同慢鏡頭一樣，時空懸停了——沒有什麼是固定的了，所有的一切都生機勃勃並光芒四射。雖然在其他人眼裡這個世界還是老樣子，但是在這人眼裡世界卻是一個，和宇宙源頭進化一起協同舞蹈的，不斷浮動進化的流轉。

這是一種非同尋常、無法言語的現象，所以頭腦保持長久的沉默，不再分析判斷。觀察者和被觀察者成為同一個人，觀照者消融在觀照中，成為觀照本身。

能級為600到700之間的藝術作品、音樂和建築能臨時性地把我們帶到通常認為的通靈和永恆的狀態中，霍金斯博士遇到過的最高最

快頻率是700，出現在他研究德蕾莎修女（1910-1997年，獲1997年諾貝爾和平獎）的時候。當德蕾莎修女走進屋子裡的一瞬間，在場所有人的心中都充滿了幸福，她的出現使人們幾乎想不起任何雜念和怨恨。

 **Enlightenment：（700－1000）開悟**

這是歷史上所有創立了精神模範，讓無數人歷代跟隨的偉人的能級。這是強大靈感的能級，這些人的誕生，形成了影響全人類的引力場。在這個能級不再有個體與個體之間的分離感，取而代之的是意識與神性的合一。

這是人類意識進化的頂峰。來到這個能級，不再對身體有「我」的執著，不再對其有關注。身體成了意識降臨頭腦的一個工具，它的首要價值就是連接這兩者。

宇宙中造化的能量永遠是正性的，負面能量來自人類自己的意念。所以相比之下正向能量比負向能量強千萬倍。因此得出：越使用正面的能量與信念，能量越強大。遇到困難也就越容易解決，也擁有強大的力量可以修復自己與幫助自己。念力信念的力量無窮大，心存善念、相信自己的信念，我們都可以改變自己的人生，因為「念」轉「運」就轉。

佛陀在開悟以後曾說一句話叫「萬物本一體」，因為他發現組成人的材料跟組成這個世界的材料其實都是能量，所以提升自己的意識，提升自己的能量，物質就能立刻顯化，因為物質是能量的顯化，

所以要修能量，很多老師都說向外抓取是沒有用的，只有向內修才有用，古代人是不講學習的，以前講的都是修行，學習就是由外在學，進而向內在修行，所以易經、四書五經的開篇都是那一句，修身齊家治國平天下，你做任何事之前，首先第一件事就是修身。

　　你的人生一定有順遂的時候，那時的能量一定是在300分以上，而當你的人生在最不順的時候，你的能量一定在100分以下的，人這輩子修煉修到最後修的是什麼？其實修的就是能量，活在100分以下的人，這種人一定會負債；100分到175分，這種就是窮人，不會有錢，但是當你上升到200分到250分時，你起碼已經年薪百萬，如果能到300分，那你至少是千萬富豪，到400的話起跳基本都是億萬身價了，所以說修財富修到最後，修的就是能量，耶穌、佛陀都是到最後1000分的時候開悟了，1000分就是走路全身都發光的那種概念，《聖經》裡有過這麼一段故事：耶穌走在路上，有人說，救救我的孩子吧，我的孩子快死了，那個人都快死了，證明他身上可能已經只剩20分的能量，但耶穌是1000分，耶穌在那個人臉上一摸，那個人竟然活起來了，為什麼呢？因為當一個20分的能量，遇到一個1000分的能量，20分的能量會被1000分能量瞬間拉高，那個1000分能量也會瞬間被20分能量給拉低，到最後就是能量會同頻。97%的人，這輩子工作的唯一目的就兩個字，恐懼；而3%的人，這輩子工作的唯一目的就是一個字，愛，愛是你成為富人最大的動力，恐懼是你成為富人最大的阻力，恐懼只會讓你吸引更多的恐懼，而愛能讓你吸引更多的愛，為什麼馬雲能成為馬雲，是因為馬雲的出發點就一條，不是賺

錢而是讓天下沒有難做的生意，為什麼沃爾瑪能成為沃爾瑪？因為沃爾瑪也不是為了賺錢，它的夢想只有一個，那就是天天平價，讓每個老百姓都能買到最物美價廉的商品，就是這樣的起心動念和使命，讓他們成為了他們。

那如何才能提升個人的能級呢？道理很簡單，放棄低能級的東西，和高能級的東西待在一起。這包括具有更高能級的人，高能級的書籍、音樂、電影、畫像、工藝品、溫和的貓以及可愛的狗。因此，我們都要努力維持在200分以上，因為正面能量是可以互相傳遞與相互影響的。如果我們時時讓心靈的信念維持在正向，不僅可以幫助自己，也可以幫助身邊的人，這樣的能量源源不絕，永遠不會有用完的時候。

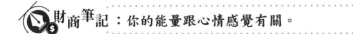
財商筆記：你的能量跟心情感覺有關。

11. 你會用吸引力法則嗎？

　　什麼是吸引力法則，就像是你今天突然想起了一個很久沒有聯絡的朋友，結果才想完沒多久，電話、訊息就來了；又好比你今天早上出門，看到晴空萬里，你感覺心情很美好，然後一整天做什麼都很順；反之早上起來看到陰雨綿綿，心情不好，結果一整天做什麼都不對，覺得自己運氣好，那你運氣就會越來越好，覺得自己運氣差，運氣就會越來越差，所以有句話叫做傻人有傻福，你腦袋裡面不管是好的念頭還是壞的念頭都會成為現實。

　　當我們理解了以後，接下來就得搞清楚到底要如何運用宇宙吸引力法則？宇宙吸引力法則有三個重要步驟，可以讓你得到你想要的所有一切。

💲 第一步：向宇宙下訂單

　　很多人會窮是因為他每天都跟宇宙亂下負能量的訂單，我為什麼那麼窮，我為什麼那麼倒霉，宇宙永遠聽到都是貧窮、負面字句，所以給你更多的窮、給你更多的倒霉。當然那你也會說，我常想的都是我想成功，我要成功，我要成為百萬富翁，我要成為億萬富翁。我相信大多數人每天都會送出這樣的訂單，但是為什麼還是沒成功呢？因為這訂單也不對。我要成功，當我對宇宙說「我要成功」的時候，這個「我要」是個正能量的詞，還是個負能量的詞呢？你可以這樣想，什麼樣的人會喊我要賺錢、我一定要賺錢？那一定是窮人才會這樣喊，也就是當你講「我要」的時候，你的潛意識會向宇宙發出一個訊號，一個能量波，說明你認為你沒有、你認為你匱乏，所以不能說我要，得把「我要」改成「我是」，「我是」才是全宇宙最強的正能量，當你說「我是」的時候，整個宇宙都在洗耳恭聽，當你說「我是」的時候你在向宇宙宣告你的身份：我是成功的，我是富有的，我是健康的，所以要說「我是」。這是人們運用宇宙吸引力法則卻沒有成效的第一個理由，就是下錯訂單，甚至還有很多訂單是更糟糕的，譬如我再也不要窮了！這句話是正能量還是負能量呢？你一定得理解宇宙是聽不到〈不〉這個字的，對宇宙來講沒有好壞之分，生命本來就是來體驗的，換言之宇宙只聽到我很窮，宇宙就會想這個人蠻特別、蠻有意思的，想要體驗貧窮，接著就讓你達成你的願望，你真的就越來越窮了。

　　那些經常說自己身體不好的身體也一定差，因為語言就是能量，

所以有句話叫做言即肉身，你說的每句話都會成為現實。我怎麼那麼笨、我怎麼那麼可憐、我怎麼那麼倒楣。越講越沒有能量，反之我是最棒的，越講能量越強，這是人們運用宇宙吸引力法則卻失效的第一個原因。而第二個原因就是你壓根打從心底不相信你自己，自己對宇宙發出的訂單自己都無法相信，正所謂天助自助者，你自己都不相信了，那你發出的要求不過是在跟宇宙開玩笑，不是嗎？所以宇宙吸引力法則的第二個步驟就叫做相信已經擁有。

💲 第二步：相信已經擁有

所有的成功都是從相信開始的，但這一步其實很困難，因為大多數人都是先看見後相信，但這個世界上所有偉大的企業家，所有偉大的發明家，所有偉大的科學家，不是因為他看到了，所以他發明出來，是因為他相信他能發明出來，所以才能成功。

你相信學習財商以後能實現財富自由嗎？相信就能，你不相信就不能，以下分享兩個例子：一名非常厲害的中醫，他治療的病患全都是被醫院宣判不治的，而他專門化腐朽為神奇，但是這中醫師很特別，一位被判定不治的女病患，各種治療都嘗試過了，最後來求診這位中醫師，醫師看了她的情況後，對她說：現在馬上拿出50萬，然後她就拿了50萬，這是第一步，接著第二步，中醫師拿著那筆錢看著病患的眼睛問：「你相信我嗎？」當他從這名病人眼裡看到一絲絲的懷疑，他就請病患拿著錢離開，不接這個案子，當時令我難以理解。另一個例子是非常知名的風水師，曾有大老闆拿了300萬現金找他，他

就問老闆一句話，你相信我嗎？這個老闆就也是有些懷疑，於是風水師就請老闆拿著錢離開。為什麼人家都願意給你錢，你還不幫別人，有人分別問了這兩位老師這個問題，這兩位老師竟然不約而同地說出雷同的答案：你信我就能；你不信神都不能。

周星馳演過一部電影叫「西遊降魔」，片中飾演孫悟空的是知名演員黃渤，黃渤當時被佛祖困在一個洞裡，他祈求佛祖說：「佛祖你到底為什麼不相信我，我已經改啦。」當時唐僧說了一句話，讓我非常震撼，唐僧說：「你讓佛祖相信你，那你相信佛祖嗎？」換句話說如果你都不相信佛祖，佛祖憑什麼相信你呢？

相信就是一種磁場，當你很信任一個人的時候，那個人也會信任你，而當你總是懷疑這個人的話，其實這個人心裡也是那麼想你的。你的人生沒有相信，你的人生就沒有開始經營，你試著想想健康是在經營什麼？是在經營相信。經營家庭是在經營什麼？也是在經營相信。經營事業是在經營什麼？還是在經營相信，就連經營身心靈也還是在經營相信。你會發現總有人身體不好，每天逢人就說自己這裡也痛那裡也痛，這有病那有病的，總是說自己身體不好的人，身體就真的一定不好，做任何事情前總是說我不行我不會的，就真的一輩子不會，你看現在科技日新月異，滑手機、看短視頻、上網購物已經是人們生活的日常，但至今仍有不少長輩，一看到手機就說我年紀大了我不會，一看到網路就說我年紀大了我不行，這種潛意識讓他深信自己不會，所以這輩子就真的都不會，可是這真的和年齡有關嗎？當然不是，目前為止我已經看到無數70甚至80歲的長輩早已對網路、手機

駕輕就熟，更別說還可以看到80歲老太太每天都在直播的，所以說當你不相信，你就已經關上了一扇門。

學習也是一樣，最糟糕的學習，就是在台下當評審，評論講師講的每一句話；評論講師的每一個觀點，這種學生大有人在，我不理解的是，你既然那麼不相信，那你為何要花時間在這堂課上呢？畢竟花時間對別人指指點點是絕不會進步。這就是現在很多人學習力非常弱的緣故。曾經的我，也是跟著老師學習，每次學習的時候都特別認真，完完全全地相信老師給我的每一個指導和教誨，100%相信老師講的每一句話，所以到最後我拿到了結果，一切從相信開始，你的人生沒有相信，就沒有開始，人生在世圖的不就圓滿人生嗎？家庭美滿、事業精進、良師益友、身體健康。

我們都知道一輛車絕對是四輪要比三輪來的更平穩，我把它稱之為生命飛輪，亦可稱之為圓滿人生。今天你事業做得再好，如果家沒了，另一半也離開你了，請問光有事業有什麼用呢？今天你的家庭和事業都很好，但你身體卻出狀況，那一樣不圓滿。換言之要讓生命圓滿，家庭美滿、事業精進、良師益友、身體健康可說是缺一不可。一樣的道理，要想把事業經營好，經營事業就是經營關係，經營老闆跟員工的關係，員工跟顧客的關係，顧客跟企業的關係，如果老闆不相信員工，員工不相信公司，顧客不相信企業，那這間企業一定會倒閉，老闆相信員工，員工相信老闆，顧客相信企業，這企業基本上已經成功了。顧客之所以不買單，台面上理由百百種：沒錢、已經有了、得回去跟家人商量……講到最後其實就只有一個理由而已，那就

是不相信。經營家庭一樣是在經營關係，夫妻之間叫兩性關係，跟孩子之間的親子關係，太太跟媽媽之間叫婆媳關係，你相信他，他相信你，彼此都相信，那這個家就圓滿了，太太天天懷疑先生，先生天天懷疑太太，那就完蛋了，感情勢必不長久。就連經營健康也還是在經營關係，很多人罹患癌症走掉，癌症多年來一直是十大死因排行第一名，也被大家說是不治之症，但癌症真的無法治癒嗎？柳傳志的女兒柳青，滴滴打車的總裁，日前罹患了癌症，創新工場的李開復，人稱創業教主，一樣罹患癌症，但他們如今卻都治癒了，為什麼呢？只因為他們相信。李開復曾因為罹患癌症而無法接受，認為自己為世界、為社會貢獻那麼多，為何罹患癌症的不是別人而是自己，為此消沉多時，直到最後開悟，他不再糾結，重新檢視並相信他的人生使命，過往是教別人創業追求財富；如今則是影響所有人去重視健康，當他找到全新的初衷並對這個使命深信不疑時，說也奇怪，他的癌症竟然痊癒了，他還出版了一本書叫做《我修的死亡學分》，也拍了一部紀錄片叫做《向死而生》。

其實到目前為止醫學家發現了一個驚人的祕密，那就是癌症患者都不是因為癌細胞病毒擴散到全身，讓器官衰竭而死，而是當自己知道自己罹患癌症以後，潛意識告訴自己一定會死，就是因為這樣所以才會加速病程，他們不相信癌症能被治癒，其實財富自由、心靈成長都是一樣。你都不相信你能覺醒，你又怎麼能覺醒呢，你都不相信你能得到，你又怎麼可能得到呢？換句話講，想要讓生命飛輪穩健前進，最關鍵的就是相信，經營企業就是經營相信，把相信推送到信

念，把信念昇華到信仰，如果連你都不相信自己，又怎麼可能有人相信你呢？想要賺錢，全地球有70億人，如果每人都給你一塊錢，你立刻就成為億萬富翁，如果你連你自己都不相信，別人也不會相信你，你天天懷疑這個、懷疑那個，別人也會懷疑，因為懷疑是一種磁場，相信也是一種磁場，永遠記得，相信自己是一種能力，相信別人是一種智慧。但有人縱使對宇宙下訂單，同時也100%相信了，結果相信之後，就終日待在家裡等著神蹟發生，那怎麼可能會實現，你還要去實踐才行，所以第三步驟就是滿心歡喜地接受。

💲 第三步：滿心歡喜地接受

指的就是去身體實踐，天下沒有白吃的午餐。你的思想，你的念頭，你的語言和你的行動就是一台3D打印機，如果你的念頭是負面的，你說的話是負面的，你越說就越不行，然後你的行為也會理所當然地負面，所以從今天起，一定要關注腦袋裡冒出的每一個念頭。每一秒鐘，一個人可以有84000個念頭，我們大多數人之所以每天過得不好，婚姻不美滿、健康亮紅燈，一切都看似一塌糊塗，運氣也差得不像話，就是因為你一秒鐘的84000個念，全都是負面的念頭，我行嗎？我可以嗎？這本書真的可以幫到我嗎？全是負能量的念頭，而負能量後就會顯化負能量的事和人進入你的生命當中，你出門會遇到騙子，而我出門則遇到貴人，最驚人的是我們碰到的竟還是同一個人，什麼意思呢，今天你出門遇到一個人，這個人把你的錢騙了，在你看來他就是個騙子，而我出門也遇到一個人，他卻剛好在我需要協助的

時候幫助了我，這兩個人怎麼可能會是同一個人呢？因為在這個社會上，一個人再壞，他還是會對另外一個人好，你的振頻是負能量，宇宙就會選一個負能量的人進入你的生命中，你的振頻是正能量，它就會顯化一個正能量的人來成就你。

地球有70億人口，在茫茫人海當中，我們卻能夠相遇，不是我把你吸引到了你的生命，是你把我吸引到你的生命，因為你對你的過去不滿意，你想改變，你向宇宙發出要求，因為你相信，所以你此刻正在看這本書，在書中與我相遇，而這將為你開創出許多意想不到的未來。當然如果你期待能與我有更多學習和交流的機會，那你可以掃描QRcode做更多課程端的諮詢，建議你從基本的財商之道開始學起，接著再學習經營之道。

吸引力法則三部曲

1. 向宇宙下訂單
2. 相信已經擁有
3. 滿心歡喜地接受

財商筆記：你的財富終究會回歸到你的能量等級

12. 巔峰狀態

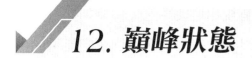

　　能量是一種習慣，而能量的創造則是來自於行動，你可想像一個正處於低能量的人，動作會是什麼樣子，當他走在路上，就會低著頭略微駝背的身軀，步伐緩慢，也就是所謂的垂頭喪氣；但一名處於高能量的人，則會抬頭挺胸、步伐輕快，所以我們往往能夠從一個人的動作來判斷他的狀態，能量就是狀態。

　　機器也是一樣，小時候我總是納悶一件事，就是我看到爸爸要出門，就問爸爸要去哪裡？爸爸告訴我說因為這陣子沒有開車，所以要去發動車子？我問他要開車去哪裡？他說沒有，他只是要去發動車子而已，然後就會回來。我聽了十分困惑，機器不是應該用太多、太久才會操壞嗎？那你這陣子都沒去用它，邏輯上不是保養得很好嗎？怎麼還要刻意去發動？直到我上了大學有了摩托車，有陣子剛好都沒有去騎它，當我需要騎的時候，發現發動不了，原來機器久久不啟動，

反倒會不能用，最好的保養，就是有規律地使用它，機器如此，人亦是如此。當我們都不動的時候，是沒辦法有效地產生出正向能量的，你光想像一個躺在病床上無法行動的病人，如何能有正能量，對嗎？這就是為何很多業務團隊，平常早上開工前都會引領業務夥伴跳晨操，一般人都以為只是在醒腦抑或只是希望業務員能更熱情，但實際上是藉由動作來產生能量，藉由跳舞或是歡呼，來訓練每個人的神經系統，充滿力量充滿精神，改變每個人腦袋運作的方式和情緒，進而改變行動，最終改變結果。

讓每個人每天早上都從滿滿的能量開始啟動，你說這樣的團隊績效能不好嗎？這是一個很簡單的邏輯，你每天早上的能量會決定你當天會如何？成功者因為懂這個道理，所以總會有意識地去調整自己到高能量，失敗者則是無意識地任由外在環境輕易地改變自己的能量，一出門看到下雨了，不由得抱怨幾句，或是出門前被家人嘮叨幾句，都是一些小事但就讓自己以負能量來啟動這寶貴的一天，所以有一句話是這麼說的，成功者像太陽，走到哪裡都發亮；失敗者像月亮，初一十五不一樣。就是這麼回事。生命從來都是操之在己，每一個人都具備使自己成功快樂的資源。

當你懂得這個道理以後，接下來要與你分享人生最棒的狀態，也就是巔峰狀態，也可以稱之為美麗狀態。每天處於這樣狀態的人，鐵定是個富足人生、圓滿人生的人。那什麼是巔峰狀態？如何達至巔峰狀態？

記得小時候玩馬力兄弟遊戲時，當你去跳躍撞擊磚塊，幸運的

話會跑出一顆閃亮亮的無敵星星，當你吃下它以後，不用再顧慮前面是否有壞烏龜還是食人花，只管拼命向前衝就對了，小時候最興奮的就是吃到無敵星星，因為當下瞬間整個無所畏懼，所有的壞人碰到你都會被你撞飛，這是在遊戲中所有人都有過的有趣經驗，然而現實生活中呢？當你把這個無敵星星的狀態搬到現實生活中，那就是巔峰狀態，你不會輕易因為任何事情的發生就負面抑或是因此降低自己的能量，無論何時，你總是抱持著高能量；處於高峰的狀態來迎接人生中的每一天。做任何事情，都會非常聚焦，如同超級馬力拼命向前衝一樣，而聚焦就會帶來效益。

　　同時高能量也總能夠吸引到更多同頻的人事物，也就是充滿著正向能量的人事物。有時候我們會羨慕別人，會覺得他運氣真好，要是我也有這樣的運氣，我也可以。但你一定得知道，運氣也是實力的一種，這是真的，因為運氣是靠你的高頻能量吸引來的；反之當你處於低頻狀態，不管你怎麼做，吸引到的全是負面的人事物，伴隨而來的只會是楣運不會是運氣。記得我在念書的時候，曾有一位朋友，不知曾幾何時，大家都覺得他是倒楣的代表，也幫他取了個衰神的外號，久而久之他自己也接受了這樣的稱號。說也奇怪，在學期間他還真的發生不少令人震驚的事情，比如曾經在夜市逛街，卻突然被流氓拿鋁棒擊中後腦勺，一頓海扁以後才發現原來認錯人，那時送醫院後才知道腦震盪，所幸後來沒事；另一次是在室內的體育館打球，有一

財商筆記：能量拉高一分，能力 N 倍裂變

隻蜜蜂早早就死在球場旁，沒想到他運動完到場下休息，坐在場邊兩手往後一伸，竟然手就這樣伸向那蜜蜂的尖刺，一刺下去立刻紅腫，當下馬上送醫院。諸如此類的事情不勝枚舉，整個求學期間我們都對此感到嘖嘖稱奇，直到後來我理解了狀態和能量以後，我才搞清楚這箇中的原理和規律，當周遭和自己都認為自己很倒楣的時候，就會呈現低頻能量，也就會吸引到低能量的人事物，那倒楣就變成理所當然的事情了，原來能量和狀態對我們而言是那麼的重要。

PS：當然現在他很好，大家不用擔心 ^^

　　既然理解了巔峰狀態，那我又該如何創造出高能量？又如何讓自己可以維持在顛峰狀態呢？

　　關鍵是「決定」，決定會決定命運，我得決定好人生的每一天我想怎麼去過它，不論發生任何事情，我都決定開心的渡過，也可以決定抱怨、負面的渡過，你說是嗎？當然這樣講得容易，做起來卻極度困難，因此我要跟你分享這其中的關鍵，我個人也是透過多年的訓練才讓自己能夠隨時保持正向、保持高能量，這其實是有訣竅和步驟的。

　　到底該如何時刻讓自己保持正向而不被負向念頭左右影響呢？其實要讓自己保持正向有三個非常重要的步驟，你得先知道你如果一開始就試圖讓自己永遠不出現負向的念頭，那是不容易的，畢竟思維的改變不是說改就改，那到底是哪三個步驟呢？

💲 第一階段：覺察時刻

檢視自己的行為、語言、思想是否負向，跳脫出自己來看自己是覺察的關鍵，這也是所謂的無意識負面和有意識負面的差別，當你連負面的時候你都不自知，那更遑論你還想改變，換言之改變的第一步至少得先發現自己負面吧，得意識到自己負面吧，剛開始我也不太知道怎麼辦到，但我開始練習隨時感受自己當下的情緒，有時候會發現，我現在心情蠻好的；有時也會發現，我現在其實很鬱悶、很生氣，而當我發現當下心情不好時，我就會去思考是發生了什麼事情，讓我心情不好，抽絲剝繭找出源頭，許多人這一輩子無法改變，任由負面踐踏自己的人生，就是因為連發現自己正處於負面狀態都辦不到，這樣的人生只能說堪憂，而當我能夠覺察以後呢，就進入到第二階段。

💲 第二階段：控制時刻

既然我已經發現我正在負面，我當下有負面念頭，那此刻我應該思考的是，姑且不論我當下能否立刻解決那件讓我負面的事情，我一定不能讓負面來影響任何我原本該做的事情，更不能在負面情緒之下做出任何決策，因為在這種狀態下所做的決策通常都是不經大腦的爛決策，我要控制住不讓負面的影響擴散，例如你感冒了，你得先從一些症狀來發現自己感冒，例如流鼻水、身體無力、咳嗽等，然後當你覺察到以後，是不是就得趕緊去看醫生或吃感冒藥，確保病情不要擴大，不要讓自己隔天得請病假，什麼事情都做不了。其實我個人已經

好幾年沒有生病過，但過程卻有好幾次我意識到自己有快要發燒的症狀，我都會立即吃感冒藥、沖熱水澡然後立刻睡覺，通常隔天就沒事了，這樣就成功控制了病情的擴散，是一樣的道理，只是現在我們談的不是感冒病毒，而是負向念頭。

當我能夠成功控制了之後呢，就要進入到第三階段。

$ 第三階段：超越時刻

也就是轉念，開心也是一天，難過、憤怒也是一天，既然如此，我何必讓目前發生的事情來影響我自己呢？為了一個不值得的人、一句不經意的話或一個你我都無法改變的事情，我就要一天甚至好幾天不開心，這樣真的值得嗎？

人一生平均只有28,000天而已，把握都來不及了，又怎麼可以把它過得不好呢？所以不論發生任何事情，我都會強迫給自己三個這件事情帶來的好處，最初在講的時候，我自己都覺得很牽強，連我自己都聽不下去，但必須要堅持這個做法，舉例：曾經有段時間我在做104人力銀行的人才招募，但卻碰到大量的放鳥，這讓我非常氣憤，是你要找工作又不是我要找工作，難道搞不清楚自己的狀況嗎？如果真的不能來，打通電話、傳個簡訊告知，難道不是很基本的？這些想法都對，但往往就是越想越生氣，甚至讓自己都無法靜下心來做其他事，就算做了效益也大打折扣，後來我就開始強迫給自己正向理由，例如謝謝他給了我額外的兩小時去做更有效益的事情，謝謝這個沒禮貌的人自己把自己從候選人名單裡面淘汰，不然要真的進到職場來合

作未來可能會衍生出更大的問題等等，就像是這樣強迫給自己找正向理由，也曾碰過更糟糕的事，我就告訴自己，這大概是老天爺給我的試煉，如果通過，我可能就可以朝夢想或圓滿人生再跨一大步，你會發現在當下對自己說這些話其實是不容易的，重點是說了以後還得聽得進去，我得試著接受這些論點才行，當我接受的時候，企圖把情緒控制下來，你一定知道這不容易，但這很重要。因為慢慢地你就會真的越來越習慣，最終你就會發現，大多數的事情已經無法再輕易左右你的情緒，更不會影響到其他你原本該做的事情，至此你就已經成功超越情緒、超越自我。我們的心智就跟肌肉一樣，是可以鍛鍊的，你越訓練它，它就越強壯，換言之，你就會越正面，畢竟成功的人生都從正面開始。

保持正向三部曲
1.覺察時刻：察覺自我負向狀態
2.控制時刻：控制負向狀態的負向影響
3.超越時刻：改變念頭轉負為正

接著我也想跟你說明為何巔峰狀態又稱之為美麗狀態，因為巔峰狀態還有一個非常重要的關鍵，那就是感恩，也可說是欣賞恩典。在我們的人生中總會發生大大小小的事，而我們常常匆匆地想要解決事情，而忽略了許多充滿愛的當下，唯有學會聚焦在你愛的事物，學會聚焦在感激感恩，你才會有正能量，但如果聚焦在壓力、懷疑、痛

財商筆記：真正的修行人修的第一件事是情緒

苦、失去、恐懼，那你只會被負能量纏繞。所以必須學會讓自己的生命充滿愛的節奏，注意，這並不叫做正面思考，而是學會有智慧地去看待人生當中的每一件事。人會有痛苦是因為我們會有三種想法，失去的想法；變少的想法以及我永遠無法的想法，這三種想法總會帶來痛苦，原因是因為我們總是對人生各種事情抱有自己的期待，正是因為有所期待所以才會帶來痛苦，一個人會受苦是因為他只把焦點放在自己，期待全世界照他的意思走，但我們都知道，這世界從來不是為了我們而旋轉，想要結束痛苦就必須把你的期待改為「感恩、成長、愛」的想法，那你就能維持美麗狀態。

 一切都是最好的安排

俗話說「人生十之八九不如意」，其實我一直覺得這句話是很負面的，代表著你都把焦點放在期待與現實的落差不是嗎？但其實還有十分之一二是很美好的，再者那十之八九也不代表真的不好，那只是沒達到你的期待而已，不代表沒有進展或沒有值得感恩的地方，對嗎？為此我要送你一句話，凡是發生在你生命中的事情必定有助於你，說簡單一些，一切都是最好的安排。以前有個故事是這樣說的，從前有一個國家，國王除了打獵之外，最喜歡與宰相微服私訪民隱。宰相除了處理國務以外，就是陪著國王下鄉巡視，他最常掛在嘴邊的一句話就是「一切都是最好的安排」。

有一次，國王興高采烈地到大草原打獵，隨從帶著數十條獵犬，聲勢浩蕩。國王筋骨結實，而且肌膚泛光，看起來就有一國之君的氣

派。隨從看見國王騎著馬威風凜凜地追逐一頭花豹，都不禁讚歎國王勇武過人！花豹奮力逃命，國王緊追不捨，狩獵過程中遭花豹反撲，使得國王的小指頭被花豹咬掉半截。

回宮以後，國王越想越不痛快，就找了宰相來飲酒解愁。宰相知道了這事後，一邊舉杯敬國王，一邊微笑說：「大王啊！少了一小塊肉總比少了一條命來得好吧！想開一點，一切都是最好的安排！」國王一聽，凝視宰相說：「你真是大膽！你真的認為一切都是最好的安排嗎？」宰相發覺國王十分憤怒，卻也毫不在意說：「大王，真的，如果我們能夠超越『我執』，確確實實，一切都是最好的安排！」國王說：「如果寡人把你關進監獄，這也是最好的安排？」宰相微笑說：「如果是這樣，我也深信這是最好的安排。」國王說：「如果寡人吩咐侍衛把你拖出去砍了，這也是最好的安排？」

宰相依然微笑，彷彿國王在說一件與他毫不相干的事。「如果是這樣，我也深信這是最好的安排。」國王勃然大怒：「抓去關起來！」過了一個月，國王獨自出遊。來到一處偏遠的山林，山上忽然衝下一隊臉上塗著紅黃油彩的蠻人，三兩下就把所有人五花大綁。國王這時才想到今天正是滿月，這一帶有一支原始部落，每逢月圓之日就會下山尋找祭祀滿月女神的犧牲品。他哀歎一聲，這下子真的是沒救了。其實心裡很想跟蠻人說：「我乃這裡的國王，放了我，我就賞賜你們金山銀海！」可是嘴巴被破布塞住，連話都講不了。當他看見自己被帶到一口比人還高的大鍋爐，柴火正熊熊燃燒，更是臉色慘白。大祭司現身，當眾脫光國王的衣服，露出他細皮嫩肉的龍體，大

祭司嘖嘖稱奇，想不到現在還能找到這麼完美無瑕的祭品！就在此時，大祭司終於發現國王的左手小指頭少了半截，忍不住咬牙切齒咒罵了半天，忍痛下令說：「把這個廢物趕走，另外再找一個！」

　　脫困的國王欣喜若狂，飛奔回宮，立刻叫人釋放宰相，國王一邊向宰相敬酒說：「愛卿啊！你說的真是一點也不錯，果然，一切都是最好的安排！如果不是被花豹咬一口，今天我連命都沒了。」宰相回敬國王，微笑說：「賀喜大王對人生的體驗又更上一層樓了。」過會兒，國王問宰相說：「寡人救回一命，固然是『一切都是最好的安排』，可是你無緣無故在監獄蹲了一個月，這又怎麼說呢？」宰相說：「大王！您將我關在監獄，確實也是最好的安排啊！」他饒富深意看了國王一眼，舉杯說：「您想想看，如果我不是在監獄？那麼陪伴您微服私巡的人，不是我還會有誰呢？等到蠻人發現國王不適合拿來祭祀時，誰會被丟進大鍋爐中烹煮呢？不是我還有誰呢？所以，我要為大王將我關進監獄而向您敬酒，您也救了我一命啊！」國王忍不住哈哈大笑說：「乾杯吧！果然沒錯，一切都是最好的安排！」

　　其實人生難就難在，全世界的一切，都會試著把你從美好狀態下拉下來，除非你能保持強大的信念，否則很難看到最終的美好。就像這故事中的宰相，有沒有可能他被抓去關的時候，因為一時氣不過而負能量爆棚，然後口出狂語，讓國王一氣之下索性殺了他，我相信在一般情況這也是很有可能發生的吧。至於為何全世界都會試著把你從

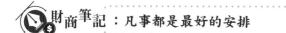

財商筆記：凡事都是最好的安排

美好狀態拉下來呢？這道理很簡單，聽過20/80法則嗎？這世界上會有20%的人，時刻保持著高能量，也讓自己過上理想中的生活，是屬於前20%的頂尖分子；相對的80%則是時常懷抱負能量，總是抱怨人生不如意，所以當你準備要躋身進到前20%的時候，就會有80%的人能量比你低，當你跟這些人有所交集時，能量就會容易被他們拖垮，不是嗎？所以故事看似簡單，但實際上卻有著極高的智慧在其中。

巔峰狀態兩關鍵
1.決定: 一切操之在我
2.感恩: 一切都是最好的安排

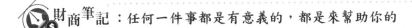
財商筆記：任何一件事都是有意義的，都是來幫助你的

法之篇

Chapter

4

新的決定決定
新的命運

WEALTH
BIBLE

13.成功得要先預見

　　成功的人都具有源源不絕的動力，他們越成功，就越想變得更成功，也越能找到成功的方法。同樣地，當一個人失敗時，就會進入一個下跌式螺旋，成為此人注定會遭遇的命運。那你一定很好奇，一個成功的周期到底是長什麼樣子？我們先來談談成功的軌跡，當人們為了一個目的去付諸執行，做出了行動，行動後就會產生出結果，而結果會為我們帶來信念，信念則是會影響到潛能，也就是隱藏在我們體內的無限能量，而這份潛能又再一次地驅動我們的行動，至此你可以發現這個軌跡，它已經形成了一個循環，只是這是一個什麼樣的循環呢？我們先來看看大多數失敗者的下跌式螺旋是怎麼形成的？

　　首先充滿不確定性的行動，會導致一個不確定性的結果，而當不確定性的結果出現以後，就會帶來消極的信念，而這份消極的信念會讓人們發揮不出潛能，也因為潛能發揮不出來故而就會採取更少、更不確定的行動，至此他就開始進入到下跌式的惡性循環，此時容易進入到渾渾噩噩的人生，想成功卻提不起勁；想努力卻始終無法持續。

　　你一定很好奇，既然如此我們該

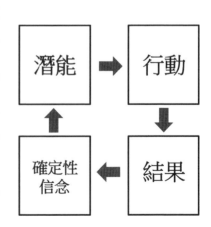

如何讓自己進入到正向的成功循環，許多人不得其門而入，其實關鍵在於預先創造結果，再說白話一些就是「預見成功」，透過冥想或想像，勾勒出一個正向結果，當我們腦海中已經提早預見成功（正向的結果），這就能夠為我們帶來較強的正向信念，而強烈的正向信念就能夠激發出更多的潛能，更多潛能勢必就能帶出更大量且更確定性的行動，進而帶出更確定性的正向結果，此時已經開始進入到成功周期。換言之要進入到成功周期，就得預先創造結果，世界知名的頂尖運動選手，他們在重要比賽之前都會先在休息室裡進行冥想，預先創造成功結果的畫面，進而讓他們在比賽時，能保有更強的信念、激發更多的潛能，更讓自己的每一次行動都能充滿無比的確定性。

你的過往不等於你的未來，除非你自己沉溺。只要善用這個技巧，就能夠隨時打破狀態，重新啟動成功周期。而在整個成功循環的過程當中，你也會發現「能量」是非常重要的。

我常常問學員一個問題：「101在蓋好之前長什麼樣子？」學員們紛紛回答：空地？平地？廢墟？草地……其實都不是，101在蓋好之前就是長成它現在這個樣子，為什麼呢？因為在工程師和設計師的腦海裡，早就有了101的藍圖，101絕不可能是邊蓋邊設計的，如果蓋到一半才發現什麼管線沒裝，什麼東西沒弄，哪豈不成了一場大烏龍。所以在設計師、工程師的腦海裡早已有一張清清楚楚的藍圖，詳細描繪著101的模樣，甚至是101的詳細結構，也因為這樣，最終101才能以現在這樣的樣貌來呈現。同樣的道理，你的事業；你的人生；你的目標、夢想不也都跟101一樣嗎？如果你無法清楚地把它勾

勒出來，那它如何有實現的可能呢？到最終只會無疾而終，或是做出個四不像。

我的老師安東尼·羅賓有一句話是這麼說的：「清晰就是力量。」很多人總是自以為是，以為自己能夠實現很多理想，其實最關鍵的是你內心深處真正想要的東西才是最重要的。當你很清晰地知道自己的未來理想是什麼的時候，你會發現你有滿滿的動力和幹勁，生活得也開心。對於未來人生的路途規劃就是你追求財富自由的良好開始，我也相信自己能夠做到這一點，能夠實現自己理想中的王國。當我知道我的財富藍圖的時候，我發現目前的很多事情都是很渺小的，它是為你未來的理想服務的，你要做的就是給自己一個明確的理由去奮鬥，不受到任何打擊而半途而廢，每天都要有清晰的思考力，對生活和理想付出一點點，這就是人生的美好歷程。「注入清晰思考力，發現自身的真相，把握人生的主線，成就美好的未來。」人生道路還很長，如果沒有一個清晰的藍圖，給你再多的時間也是沒有用的。

所以不管未來想朝哪個方向走，「心之所向，身之所往」，總要有個想去的地方，才能更確實行動到達，先從「想」開始。所以，你必須重新改變你的思維，建立一套清晰的財富藍圖。從設定產生想法，想法產生感覺，感覺產生行動，行動產生結果，如此藍圖就能夠真實地具體化。

財商筆記：成功從預見開始

14. 成功方程式

　　送給大家一個成功方程式：成功＝目標＋方法。

　　接著我想問大家一個問題，假設成功＝100分，以這個方程式來看，那你認為目標和方法各佔幾分？多年來我問過無數人這個問題，聽到過各式答案，其中最多的就是目標50分方法50分，不然就是目標20分方法80分，這是一個非常重要的問題，可以顯示你對成功的認知程度為何？先來解答一下，聽完你可能會嚇一跳，答案是目標100分，方法0分。你可能會質疑，這樣的答案是否太過於偏激，怎麼可能1分都沒有！讓我來解說一下。

　　首先，大多數的人之所以無法成功，就是因為總是把焦點放在方法的追求上，不論做任何事情，投資、考照、創業……任何事情，人們總喜歡追求速成的方法，以投資為例，不願意投資時間閱讀財經知識，增加自己的財商靈敏度；不願意去了解市場或趨勢；不願意去搞懂一個產業或一間公司的運作底層邏輯，更不願意提升自己的基本財商。反而總是喜歡問人，現在買哪一隻股票會漲？現在買哪一個房產建案會賺？這也造就了一個另類的商機，就是讓你花錢買明牌，讓老師成為你的股海明燈，叫你買什麼你就賺什麼，可惜的是，這個世界的財富之道並不是這樣運轉的，如果真的那麼容易的話，我相信世上早已處處充斥有錢人了，無奈的是，我們從小到大就常聽到投資失

利甚至被投資詐騙的案例，一切都是因為財商的不足以及被貪婪這個低能量影響著。不論在任何時代，總少不了詐騙，其實利用的都是人們心中的貪念和人們懶散想要不勞而獲的念頭，這就是第一種失敗樣態，想要不勞而獲。

而更多人是屬於第二種失敗樣態，就是要先看有沒有方法，再來決定要設立什麼樣的目標，試想我們是否也曾犯過這樣的錯誤呢？例如小時候想要考好一點的學校，但想了一下，跟我同屆的人數明顯比其他屆還多，因此競爭會特別激烈；又或者是我的英文一直是我的罩門，如果英文不好就進不了前三名的學校；那算了，不要那麼貪心，就直接鎖定五到十名可能容易一些，因為找不到好的方法，所以就放棄比較好的目標，退而求其次。做業務也是一樣，我明明想要月入十萬、年收百萬，但今年年初在設定目標的時候，總想著那我現有的客群足夠嗎？他們的經濟狀況好嗎？我的行銷能力夠格了嗎？我……，想完以後又是退而求其次，其實月入三萬月入五萬也不錯，各位，當人生的價值觀是這樣的時候，凡事都要退而求其次，就已經注定離成功越來越遠，更別提想財富自由。所以什麼是目標？目標就是你的渴望，目標就是你內心的那一份期待，那一份純真的盼望，跟其他一切都無關，有時那就是一種感覺，所以我常說跟著感覺走，一切會擁有。

再回到前面所說的成功方程式，為何目標遠比方法重要？我時常在課堂上問這個問題：「請問今天如果你要出去玩，你會搭乘什麼交通工具？」假如你立刻就回答公車啊、捷運啊，表示你已經掉入陷

阱，因為此刻你連最基本的目標都還不清楚呢！

　　如果你是要從台北到屏東玩，試問能搭捷運嗎？如果你想去鄰近離島玩，可能得搭船；如果你想出國，那可能得搭飛機。顯然如果目標不明確，那又該如何衍生後面的方法，一定要知道方法是因為有想要完成的具體目標才會有伴隨而來的做法。

　　接著我再問學員們下一個問題：「請問你今天工作了一整天，也累了一整天，終於忙完所有事務準備要回家休息，你會怎麼回家？」多數學員可能會說開車或騎車，好的，那如果今天剛好車子壞掉了，而且無法立即修好，那你打算怎麼回家？這時大家可能會說那就搭捷運，好的，但不巧今天電力出問題，捷運搶修中短時間內無法運行，那你打算怎麼回家？這時大多數人會說，那就搭計程車或公車吧，但屋漏偏逢連夜雨，近期因為政府油電雙漲的政策下，幾乎所有司機都上街抗議去了，今晚沒任何一班交通車行駛，那你打算怎麼回家？沒關係，既然如此那我可以打電話叫朋友來載我；我可以自己騎UBike回家；我可以跟警察局求救請他們護送我回家；如果全部都不行，大不了我就步行回家。筆者還問在場會不會有人因為太麻煩想說算了，乾脆到公園裡面當一天流浪漢，舖個厚紙板在地上就直接睡一晚，所有的學員此刻都會集體搖搖頭，顯然，在這個問題上，大家的目標非常一致，那就是「我要回家」，也因為這個目標非常的明確，所以無論發生再多的困難或阻礙，我們都一定會想出解決之道，絕不會輕言放棄，因為我的信念非常聚焦，目標非常明確，忙碌一整天，就是要回家休息。從這裡你可以發現，只要目標夠明確夠堅定，方法其實是

會自動想出來的。可是儘管如此，方法也不至於會是0分啊，這道理很簡單，成功的方式千百種，絕不可能只有一招，換言之，我們會根據我們的目標、根據我們的個性、現有資源……等一切的因素找出一種適合自己的成功方法，進而讓自己成功。所以只要我們能夠從無限多的方法找到一種適合自己的就能夠成功，如果你懂數學的話，無限分之一，算出來的答案是趨近於0，這就是為什麼如果成功是100分，那目標就是100分，而方法是0分。

我們套用這個觀念來看看在2021年創世界財富榜紀錄的世界首富馬斯克，馬斯克出生在南非，從小父母離異，孤單的他只能夠看書，他每天用十個小時閱讀書籍，他最喜歡看的是哲學、宗教，還有跟宇宙相關的書籍，所以當時他就做了一個決定，那就是他要成為影響世界的人，他的偶像是賈伯斯，大學畢業後，他就給自己的人生訂下了計畫，他的夢想就是要超越賈伯斯，成為下一個影響世界、改變世界的人，所以離家出走，用自己的獎學金，想盡一切辦法來到了美國，然而到了美國以後，他的格局完全被打開，他想：既然我要改變世界，未來只有三個行業才有可能改變世界，一、互聯網；二、新能源；三、太空探索，所以他第一次創業就創立一家互聯網公司，這家公司叫Zip 2，這家公司可說是亞馬遜、淘寶的前身，當年的淘寶和亞馬遜都是在馬斯克的Zip 2這家公司出現之後才衍生的全新商業模式，Zip2上市賺錢以後，馬斯克立即轉手又做了一家公司，全球第一家網上支付公司叫paypal，也就是支付寶的前身，賺到錢以後又再賣掉，轉而去做新能源，這時所有人都覺得他很笨，互聯網這麼夯，幹

嘛放棄成為首富的機會？馬斯克這樣回應：「成為墓地裡最有錢的死人，對我來講沒有任何意義，我每天醒著的時候，告訴自己，我在做改變世界的事情。」他做的第一個項目叫太陽能新能源，目前整個全球最大的太陽能項目就是馬斯克做的，就在此時，他又開了一家新的公司，這家公司叫Space X 太空探索公司，他發現人類在污染環境、汽車尾氣排放、石油開採、全球暖化、冰川融化、海平面上升，未來地球一定會被人類毀掉，於是他想幫人類找個第二家園，他在為全球五百年以後佈局，因此他宣告：「我要去火星」，此時所有人都說馬斯克瘋了，他開始找列國政府買火箭，但美國太空總署認為他是神經病，蘇聯也認為他神經病，都不賣給他，那乾脆自己做吧，他要自己造火箭，一個私人企業要造火箭，他用了15年時間把自己所有的身家全都砸了進去，第一次火箭發射，開始放上天後就爆炸了，第一次爆炸的那個火箭製造成本將近8億美金，第二次又造一個火箭，發射後又爆炸了，這一次成本10億美金，也因此被大家戲稱這不是什麼太空探索公司，應該是一家煙火公司吧，而且還是全球最貴的煙火。這個時候他已面臨破產，於是他開始變賣遊艇、豪宅、汽車，能賣的都賣掉，打算孤注一擲，再發射第三次火箭。緊接著他告訴全公司的所有高管：「眼前工資是發不出來了，但是我們為了改變人類，為了幫人類找到第二家園，我將傾家蕩產來做這件事，不要說工資了，我覺得你們現在就應該跟我一樣有這樣的使命和格局，為了全人類拚這一回，把你們的房子、車子也賣了吧！」

Space X 太空探索公司所有的高管工程師、技術人員二話不說就

把自己的房子、車子全賣掉。第三次火箭發射，全球都在關注，如果這次輸了，馬斯克就徹底敗了，結果這一次火箭成功上天，其技術超過了美國太空總署，到現在為止，整個俄羅斯政府、美國政府太空運輸補給全部都得靠Space X。在Space X太空探索公司開始盈利，此時有一個朋友跟馬克斯說：「你不是一直想做新能源嗎？有一家電動汽車公司企圖要把燃油車變成歷史，只有人類不開燃油車，我們的地球才有可能環保，這家公司的名字叫特斯拉」。馬斯克光聽到特斯拉這三個字，就說多少錢我都投，你知道為什麼嗎？

因為特斯拉是他的第二個偶像，特斯拉是誰，尼古拉·特斯拉曾發明了2579個專利，當人類用了他的電以後，摩根柴爾德家族找到了他，試圖跟他買專利，他將因此成為全球最富有的人，但他卻做了個決定，把全部的專利撕掉燒毀，他說，我的專利是奉獻給全人類的，最後尼古拉·特斯拉活活餓死在美國，他死的時候，美國軍方把他房間裡的所有一切全部拿回去研究，驚為天人，我們今天用的無線電、手機、網絡、電全來自於他的發明，所以馬斯克是他的超級粉絲，馬斯克投了特斯拉，投完特斯拉以後，特斯拉一直在虧損，又令他虧損到破產邊緣，為什麼虧到破產邊緣？因為電動車其實已經發展150年了，所有的公司都想做電動汽車這個市場，但沒有一個能成功，因為解決不了電池續航的問題，而馬斯克到最後想了個辦法，把4000塊電池綁在一起，解決了蓄電問題，然後就開始在矽谷大賣。然而，突然有一天公司的一名工程師做了個實驗，假如電池著火了，極有可能會引起爆炸，這時他說了一句話，我不能賣有問題的車，於是想方設法

解決電池爆炸問題。因為如果特斯拉倒閉了，連馬斯克都做不出電動汽車，未來沒有一個企業再敢做電動汽車了，而燃油汽車對整個地球污染的破壞將會持續擴大。所以，他再次孤注一擲，把自己賺的錢全投到特斯拉公司，吃住在特斯拉，變賣一切能賣的資產，當時每賣一台車就虧20萬美金，因為特斯拉製造成本過高，但直到最後，他終於帶著他的團隊突破了特斯拉電動汽車的難題，因為他做的每一件事都是在想，人類未來500年、1000年將會怎麼走，馬斯克每天只想一件事，就是如何讓2025年人類可以上火星，上火星之後還有更艱難的任務要面對，火星沒有糧食，火星沒有氧氣，那怎麼辦？要在火星造一個太陽出來，要在火星行光合作用，要在火星造出氧氣，要在火星造出水，要在火星造出糧食，要在火星造出城市，要把火星打造成適合人類居住，成為人類居住的第二行星，現在你還會覺得這是不可能的任務嗎？20年以後，你會發現人類已經可以去火星旅遊，因為有這樣的格局，這樣的境界，所以他能成為全球首富。

你會發現，馬斯克創造了許多傳奇，他的目標都非一般人所能想像的，至於這目標該如何達成，在最一開始的時候馬斯克其實都完全不知道，他有的就只有100%的目標，給我目標其餘免談，當目標明確了，方法最終會水到渠成地出現，馬斯克已向我們印證了目標的重要性。

既然現在我們理解了目標的重要性，那麼該如何制定一個好的目標，制定目標是否有哪些重要的指標呢？那當然有，以下這些指標都是目標設定上的重要指標。

$ 1. 夠明確

目標的要件就是要清晰，必須有畫面才行。舉例，如果目標是買房子，那想買在什麼地區，想要有幾坪，裡面幾房幾廳，要不要有視聽室、浴缸或其他特殊裝置？想要整體是什麼樣的風格？這些都要很清楚，如果目標是環遊世界，那你想去哪些國家？去哪些景點？想要跟誰去？想要去多久？最想先去的前幾個國家順序又為何？

如果目標是想要成為有錢人，那你所謂的有錢人定義為何？

你想像中有錢人的生活是什麼樣子的？住在什麼樣的地方？開著什麼樣的交通工具？

記得一件事情，清晰就是力量，當目標不夠明確，你只是想要買豪宅，卻無任何明確的細部內容，那顯然你對於這樣的目標不會有太多的熱情和期待，充其量就只是一個口頭上的目標罷了，網路上也常有這樣的笑話，當你的目標只是口頭目標，因為不明確，所以宇宙無法清楚地接收到你的訂單，最終豪宅就會變成好窄……宇宙仍然會回應你，只是這結果跟你的期待可能會有非常大的落差。

$ 2. 可衡量的

既然我們已經有了明確的目標，那我們得把它變成數據化，最基本的就是得先知道這個目標需要多少錢，畢竟錢是最直接也最方便衡量的，如果你想買豪宅，根據區位大小新舊等等的資訊，你一定可以在網路上或相關店家詢問到行情；如果是去旅遊也是一樣的道理，所以把目標量化，才能更具體地知道距離目標還有多遠，以及後續該如

何來擬定戰術和方法。

💲 3.有壓力的

　　訂定目標要注意不要太高也不要太低，一定要記得以下這句話：「目標的訂定是為了打破規則」，換言之如果你什麼都不用改變就能夠完成的，那絕對不叫目標，目標一定是在你現行能力所及以外的，是能夠讓你去思考如何改變、如何優化、如何突破進而達成，所以目標一定要是有些難度的，人生就跟玩遊戲一樣，你永遠都在最低難度的關卡徘徊，一開始或許會感到輕鬆愉快，但當你日復一日年復一年都在最低難度關卡徘徊，很快你就會感到索然無味，一點樂趣都沒有。而一樣的道理，遊戲才剛開始，你就直接去挑戰最後的大魔王，顯然不管你怎麼打，都不可能在當下獲勝。人生就是一場遊戲，第一關過了，我們在等級能力經驗值提升後，就往第二關邁進，第二關過了再往第三關邁進，直到最後破關，所以一定要有一個宏大的夢想以及為了達到夢想的無數階段性目標，循序漸進，這樣最後才能抵達我們的終點。

💲 4.時效性

　　有時效性的目標讓你達成夢想；而沒有時效性的目標讓你只會幻想。目標當然一定要搭配時效性，因為有期限才有壓力；同時也才有意義。先來談談壓力，學生為何會認真念書，因為他們清楚知道考試時間為何？所以非得在考試日期之前完成複習。一個專案如果沒有

訂定期限，負責人又怎麼會加緊腳步去完成它呢？況且也因為有時效性，才能夠更有策略地去安排時間。舉例，距離考試還有半年，總共考五個科目，那我可能就會安排一個月看一科，看完後還有最後一個月，我再利用最後一個月做總複習。所以要有時效性，我們才能做出有效益的安排。再來談談意義，曾有人問了一位年輕人一個問題，如果讓你擁有跟李嘉誠一樣的財富，你會想要嗎？當然要啊，開什麼玩笑，他可曾是亞洲首富啊。但是擁有了他的財富的條件是你得同時擁有他的歲數（李嘉誠先生的歲數已經九十好幾），這條件一講完，年輕人立刻搖了搖頭，放棄了，為什麼呢？如果我擁有了無比的財富，卻沒有足夠的時間去享受這筆財富，那又有什麼意義呢？

 5.夠渴望

「Life is a race.生命就是賽跑，不跑快點就會被踩過去。」人的一生中，有多少時刻是在與他人競爭。求學時期，要和同儕們較勁成績的高低；出社會後，又要和他人搶奪良好的工作；甚至在晚年時，還要與人比拚成就的勝負。或許，有些人對這競逐的人生樂此不疲，甚至奉為圭臬。

但大多數的人，都只是隨波逐流。有些人是跟著長輩的安排，走向他人為自己所準備的道路。有些人則是隨著時代的潮流，盲目地跟隨主流而走，而去設立一個自己壓根不喜歡的目標，因此一輩子痛苦至極，因為人生是為別人活的。世界著名的寶萊塢電影《三個傻瓜》正是在訴說這樣的故事，在印度，人們普遍認為未來當個工程師，因

此沒人在意小孩的興趣或天賦，就只能念書、考試、當工程師才有前途。可想而知，多數的人無論最後是否有達成目標，他的人生都不會開心，因為這世界上最失敗的目標，就是這目標一點都無法燃起你的鬥志，無法撼動你的靈魂，顯然這絕對是一個失敗的目標。

換言之，目標應該是一個你想到就會興奮，半夜睡覺夢到都會偷笑，因為你渴望擁有，為此你願意付諸行動，哪怕上山下海也在所不惜，這就叫做渴望的目標。

所以你會發現，一個好的目標應該同時具備這五種特性：1.明確性 2.可衡量 3.有壓力 4.時效性 5.夠渴望。多數的人之所以無法達成目標，就是因為目標要件不符，僅此而已。

這成功方程式還得加上一個要素才會完整，那就是檢視，剛提到成功方法不限，只要目標夠明確，方法遲早會自動生出來，那如何加速成功方法的出現，關鍵就是檢視。人常會因為忽略檢視這個環節進而導致失敗，各種方法都只試一次就抱怨沒有用，然後拼命換方法；抑或是一種方法不論有無效果打死都不換，這都是不對的，到最後會因為信心的喪失進而大幅降低對目標的堅定和渴望。檢視的目的就是讓你用最快速、最高效的方法來找出你的成功方法，一旦發現方法無效，就立刻檢視反思，有沒有可能是我對這方法還不熟悉所以效果不佳，又或是因為尚未完全理解精神面導致使用無效，又或者是嘗試的次數過少……等等，快速找出問題確保自己已將該方法使用透徹，到這時如果還是沒效，那就立刻換下一個方法測試，只要能夠加快這套篩選機制，適合自己的成功方法自然就會更快的被你找到。

100%= 100% + 0%

成功=目標+方法(+檢視)

1. 夠明確　　　1/∞　　　加速找出
2. 可衡量　　　　　　　　成功方法
3. 有壓力
4. 時效性
5. 夠渴望

15. 鏈接高我

　　心理學把人的意識分為三個意識，第一個表意識，第二意識，第三潛意識，表意識叫自我；意識叫本我，潛意識叫高我，那個自我和本我其實是我們的大腦幻象，這兩個我也可以把它稱為假我，而高我才是那個真真正正的我，也就是真我。自我和本我躲在哪裡，躲在大腦裡，那高我藏在哪兒？藏在心裡。

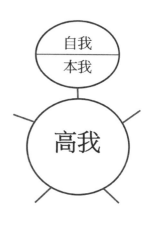

　　自我就像是一匹馬；本我就像是馬夫，高我就像是乘客。請看以下這張圖，有一匹馬拉著一輛馬車往前跑，馬夫正在趕馬，乘客坐在車廂裡，請問這匹馬有自己的意識嗎？有的，這匹馬會認為是我掌控這輛車的，怎麼拉，怎麼走都是我決定。那請問那個趕馬的馬夫有沒

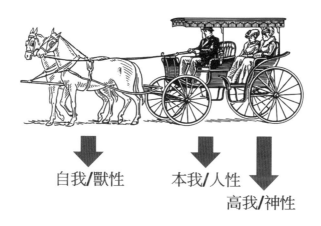

自我/獸性　　本我/人性　　高我/神性

有意識？有的。馬夫會認為這輛車是我怎麼駕馭，它就怎麼走，是他在掌控這台車的。那請問馬車上的乘客有沒有意識，一樣有，其實真正決定這輛車往哪走的是付錢的乘客，那個馬就是自我，馬夫就是本我，而乘客就是高我，自我可稱之為獸性，本我可稱之為人性；高我則稱之為神性。

自我就像野獸一樣，眼中只有自己沒有別人，生氣的時候打太太、打爸媽、打小孩，發洩完就會後悔，哭、道歉；打人時是受到自我在左右；懺悔的時候是則是本我，也就是所謂的人性，自我只想自己，本我只想別人，請問這兩個哪個才是對的呢？其實兩個都不對，你被自我操控，你就只能成為一個自私自利的小人，這輩子碌碌無為，你也不會有真心朋友，你更體會不到愛，但如果你活在本我，那你這一輩子都在為別人而活，你壓根沒有活過，其實死亡一點都不可怕，可怕的是你這輩子壓根就沒有活過，我們無數人小時候為父母活，到學校為老師活，娶個老婆為老婆活，生個孩子為孩子活，孩子生個孫子，為孫子活，從來沒有為自己活過一天，這樣的人生，你活50年，活100年又能如何，一輩子都是在為別人而活。

有一部電影《享受吧！一個人的旅行》，是由茱莉亞‧羅勃茲（Julia Roberts）主演，女主角就是一輩子為別人而活，她在小時候有個夢想，以為自己長大後會是兒女成群的媽媽。但在30歲以後，她才發現自己既不想要小孩，也不想結婚。這是一種覺醒，當然也是對自己困惑的開始。為什麼我想要的，和原來的世俗標準都不一樣？既然如此，不如享受自己的最佳身心暢快計畫！在令人疲憊的婚姻結束

之後，她在義大利、印尼、印度等三個不同國度之間尋找自己。這是一場靈魂探索、自我發現之旅：到義大利品嘗感官的滿足，在世上最好的披薩與酒的陪伴下，靈魂就此再生。她到達印度後，與瑜珈士的接觸，洗滌了她混亂的身心。峇里島上，她尋得了身心的平衡，找到了屬於自己的人生軌道，絕對是一部值得推薦的好片。

接著我們來感受一下自我和本我的存在，我們所有人腦袋裡無時無刻都會有兩個聲音，一個小惡魔，一個小天使，兩個人常常會爭吵，記得筆者學生時期搭公車撿到鈔票一千塊，我左顧右盼確認沒有人注意，其實周圍也沒什麼人，我就順勢把它撿了起來，然後我腦袋裡就有一個聲音說：哇，太棒啦，超級幸運，得到額外的零用錢，可以去買我一直想要買的東西。這個聲音是自我說的，馬上另外一個聲音也出來了，你怎麼可以這樣，人家賺錢多不容易啊，趕快把錢交給司機先生，讓司機先生來協助處理，這個聲音是本我說的，而不管是聽哪一個的都注定你的人生只能夠平凡、普通，因為自我和本我都是假象，都是大腦創造出來的幻象，那都不是真正的你，真正的你其實是高我。

所謂的建立自我，追求無我，那個追求無我其實就是為了讓你鏈接上你內心當中的那個高我，當你一旦鏈接上你內心當中高我的時候，你的人生就完全不一樣了，有人曾經採訪過無數富豪們，請教他們人生最重要的那些決策是如何做的？沒有一個人說，他是用腦袋推理出來的，每一個人都說是感覺或者叫直覺，那個感覺就是你的高我就是你的靈感，也就是你的潛意識，當貝多芬彈出一首經典曲子的時

候，他自己都很納悶，因為他再也彈不出第二首了。當李白寫出一首
曠世鉅作的詩之後，過了那個時刻，他就再也寫不出來了，我們普通
人被我們的頭腦所掌控，所以只能活成普通人，但是真正的高人，都
不是用腦袋在活，而是用心在活，為什麼賈伯斯可以改變世界？賈伯
斯公司最重要的不是他的辦公室，而是他的禪修房，他在發明新產品
的時候，每一次他都會靜坐冥想來鏈接他的高我，這不是迷信，你們
一定有過這樣的體驗？在你夜深人靜，似睡非睡之際，或是邊走在路
上略為發呆的時候，就突然有個靈感，你就必須要把它趕快記下來，
因為如果你不把它記下來，馬上就會忘掉，這些時刻其實都是跟高我
鏈接的時刻，你的高我正在引領你邁向正確的道路。

　　人活著有兩個境界，第一個境界叫人在做天在看，第二個境界叫
天在做人在看，什麼叫天在做人在看，就是用你的高我來做事，你做
的每一個選擇，都是最對的，你知道你為什麼是個普通人嗎？因為你
在用腦，而成功者是用心，當你鏈接上高我智慧的時候，你會發現你
無所不能，告訴大家一個秘密，這個世界其實沒有發明，只有發現。
所有的科學家、鋼琴家、畫家他們都是因為鏈接了高我智慧，所以他
們才會有那麼大的靈感，能夠做出驚天偉業，其實每一個人都是可以
的，每一個人來到這個世界上都是帶著使命的，只是你走偏了，你沒
有找到自己的軌道，當你鏈接高我，你會瞬間找到屬於你自己的軌
道，當你一旦進入你的軌道的時候，你會發現你有一種感覺，叫猶如

財商筆記：你讓誰接管你的肉身，你就是誰

神助，馬雲、馬斯克、賈伯斯，都不是憑腦袋做事，都是猶如神助，有一股力量在指引著他們，這個力量就是高我的力量，在心理學裡面就稱之為潛意識，窮人和富人最重要的區別就是意識，能量的不同也是意識，瞬間可以拉高你的能力和你的能量。

如果你想更理解高我，那我介紹另一部經典的電影《The Secret Life of Walter Mitty 白日夢冒險王》，影片中完美呈現何謂高我以及如何鏈接高我，男主角是一個愛做白日夢的人，夢中是他對自己的幻想和期待，是他在現實生活中不敢想也不敢做的夢，而且每當他做白日夢的時候總是會恍神，與現實脫節，但隨著劇情的推演，主角逐漸有一些心境上的轉變，開始他的白日夢會驅使他去做一些重要的行動，直到最後他不再做白日夢，因為他在現實中已成長突破，他把夢境裡的他活成現實中的他，這裡所談的白日夢其實就是高我。這部片用非常細膩的手法和獨特的觀點來呈現，很貼切地從平凡的故事中切入我們每個人對於舒適圈外的恐懼與無奈，寫的正是我們的縮影，是我看過最棒的一部闡述高我的電影。

那如何鏈接高我呢？《心經》裡面說，眼耳鼻舌身意對應的是色聲香味觸法，很多人都認為眼睛是用來看的，耳朵是用來聽的，嘴巴是用來說話的，鼻子用來聞的，手是用來觸摸的，其實不是，這五個工具眼耳鼻舌身，這五感其實是為了印證你的內在豐盛和外在富足；內在匱乏外在貧窮，它是為了驗證第六個，眼耳鼻舌身意對應的是色聲香味觸法，眼睛對應的是色，你看到的所有一切皆為色，但是，請問你看到的一定是真的嗎，其實不是，你看到的是你的內心讓你想看

到的，NLP有句話是這麼說的，沒有絕對的真實世界，只有由感官經驗塑造出來的世界。

你是否有過這樣的經驗，找東西不管怎麼找就是找不到，不找的時候卻又默默出現，它真的默默出現嗎？它其實一直在那，當你找的時候，你向潛意識發出了信號是你沒有，是匱乏，所以他自然就把那個相給屏蔽了，想起以前媽媽請我幫她拿東西，結果我怎麼找都找不到，而且越找越不耐煩，還會暴躁地跟媽媽說找不到啦，結果每次媽媽一走過來就直接從我面前找到那樣東西，並說：「你到底有沒有認真在找？」這樣的經驗不下數十次。相信你一定也有過雷同的經驗。又或者是太太沒有懷孕之前，在街上就很少看到孕婦，太太一懷孕，就發現到處都是孕婦，其實孕婦一直都那麼多，只是因為你沒關注，因此壓根就沒看到，所以眼睛看的未必是真的，耳朵聽到的一定是真的嗎？以前有個客戶，每次跟我聊完請我協助做某些事情，講著講著，客戶就會說麻煩，令我每每聽了都覺得壓力很大，深怕惹客戶不開心，多年後我才意識到，原來客戶是告訴我，這件事情麻煩你了，只是每次都縮減成麻煩兩個字，這件事也讓我有著很深的體悟，其實你聽到的並不一定是真相。鼻對應的是味；眼耳鼻舌身意對應的是色聲香味觸法，而色聲香味觸法對應了貪嗔痴慢疑，普通人是活在前五感裡，活在眼耳鼻舌身，而高手則是活在第六感，意就叫第六感。

《西遊記》為什麼這麼經典，是因為《西遊記》講的是哲學，是人生，我們每一個人從一出生起，就已經在西遊的路上，而整個西遊取到的真經，不是那個在天竺國的64卷經書，真經是什麼，是我

們在人生的路上經歷的九九八十一難，經是經歷的經，這才叫真經，而師徒五人就是代表的貪嗔痴慢疑。唐僧就是疑，天天懷疑這個懷疑那個；孫悟空是嗔，嗔恨心，不管走到哪裡都要跟對方打一架；豬八戒就是貪，對美食對美色，甚至貪圖更多的休息；沙和尚就是癡，過度的放空，漫不經心搞不清楚方向，而白龍馬則是傲慢，所以變成畜生，馬給人家騎。「貪嗔痴慢疑」是每一個人都有，很多人都有過被騙的經驗。如果不貪，怎麼會被騙，有沒有跟別人吵架的經驗，如果沒有嗔恨心，怎麼可能罵得起來、吵得起來，有沒有和朋友因為誤會而產生隔閡？就是因為兩個人的信任不在了，不然怎麼可能懷疑，貪嗔痴慢疑就是我們身上的五毒，佛家是這麼說的，只要把這五毒給去了，就能開悟覺醒，我們就能從此岸到彼岸，我們就能離苦得樂。

這五毒要如何去除？這五毒是個果，是我們每個人身上都有的，要想去掉這個果，要知道果是由因產生的，《易經》裡有一句話叫做「物有本末，事有終始，知所以先後則近道矣」物有本末，意思是說每一個物體都是有本有末的，每一件事都是有終有始的，之所以先後則近道矣，近道你就得到了。今天生病了，你得先搞懂。這病是從哪兒來的？你得知道病怎麼來的，才知道怎麼把它送走，西醫就是頭疼醫頭腳疼醫腳，但中醫是要把脈，通過望聞問切來找到病因，知道你的病怎麼來的，才知道怎麼把它送走。

請問貪嗔痴慢疑是從哪來的？我們有這五毒是因為我們有眼耳鼻舌身，所以才會有貪嗔痴慢疑，如果我們把前五感全關閉，只活在第六感裡，前面的五感是因，而後面的貪嗔痴慢疑是果，把前五感關

閉，因沒了，果自然就沒了，而最後一個就是意，意就是第六感，跟王陽明的心學有異曲同工之妙，最核心的四句真言，無善無惡心之體，有善有惡意之動。知善知惡是良知，為善去惡是格物。當你活在心的感受時，你是沒有善惡之分的，每個人都是好人，這叫惻隱之心，人皆有之，那什麼時候有了好人和壞人呢，有善有惡意之動，頭腦動了，今天走在路上，突然看到一個老人摔倒了，你下意識就會去扶他，這是本能，這叫無善無惡心之體，但是這個時候當你去扶的時候大腦連上線了，心想如果他敲詐我怎麼辦，有善有惡意之動，我還是不要扶好了，假裝沒看見。是因為有了大腦，所以我們才產生了貪嗔痴慢疑，所以普通人活在前五感，而真正的高手活在第六感。

財商筆記：跟著感覺走，一切全擁有

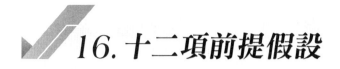

16. 十二項前提假設

　　NLP是一種研究人類情緒行為的「科學」，包括神經系統
（Neuro）、語言（Linguistic）、與程式（Programming）三部分。
只要了解神經系統和語言的運作方式，就能像電腦編寫程式一般，下
達「指令」，令大腦做出改變。所以NLP是「神經語言程式學」，結
合「心理學」與「語言學」精華之大成，自理察・班德勒提出自今，
已廣泛運用於心理治療、自我提升、目標實踐、企業管理及人際溝通
等範疇。NLP能讓人從根本開始轉變，塑造新的心理認知。企業人的
管理策略，成功者的行銷思維，以及多年難改的壞習慣，抑或家庭關
係的改善，都是人對人、腦對腦的相互作戰，商場與職場的情勢瞬息
萬變，有時過程中根本來不及思考，唯有在潛意識中植入思考模式，
才能讓你不再只是拘泥於表面，而是更深層地運用自己的潛意識，這
就是NLP神奇的地方，其中最廣為人知的就是NLP十二項前提假設，
可說是NLP的最核心基礎，更是全世界富人都具備的底層思維，意
思是當我們思考或當我們處理事情的時候，當你有著更正向的前提假
設，那你的結果也一定會比別人更正向，到底是什麼樣的前提假設能
有如此的魔力，請看以下介紹。

1. 沒有兩個人是一樣的。

   No two persons are the same.

2. 一個人不能控制另外一個人。

   One person cannot change another person.

3. 有效用比有道理更重要。

   Usefulness is more important.

4. 只有由感官經驗塑造出來的世界，沒有絕對的真實世界。

   The map is not territory.

5. 溝通的意義決定於對方的回應。

   The meaning of communication is the response one gets.

6. 重複舊的做法，只會得到舊的結果。

   Repeating the same behavior will repeat the same result.

7. 凡事必有至少三個解決方法。

   There are at least three solutions to every situation.

8. 每一個人都選擇給自己最佳利益的行為。

   Every one chooses the best behavior at the moment.

9. 每個人都已經具備使自己成功快樂的資源。

   Every one already possesses all the resources needed.

10. 在任何一個系統裡，最靈活的部分便是最能影響大局的部分。

    In any system, the most flexible person has the control.

11. 沒有挫敗，只有回應信息。

    There is no failure, only feedback.

12. 動機和情緒總不會錯，只是行為沒有效果而已。

    Intentions and emotions are never wrong, only the behavior has not been effective.

1. 沒有兩個人是一樣的

　　沒有兩個人的人生會完全一樣，因為沒有人的人生經驗會相同，所以不會有兩個人的信念、價值觀會一模一樣；不會有兩個人對同一件事的看法能夠絕對一致，沒有兩個人會對同一件事的反應一模一樣；沒有兩個人的態度和行為模式會一模一樣。每個人都有不同的生活背景與經歷，即使來自相同的生活環境，也會有不盡相同的際遇。所以，兩個人的個性和思想可以「很相似」，但不會「一模一樣」。即使是同一個人，也會隨著時間而改變，也因此，發生在一個人身上的事，不能認為它發生在另一個人身上也會有一樣的結果。一個人會做的事，另一個人不一定會做。人與人之間因為彼此不同，才能構成了這個特別又美妙的世界。自己一直行之有效的方法，其他人不一定也會得到相同的效果。自己一直以來認為是對的事情，別人不一定也會認為是對的。時常反省自己和別人的不同之處，接受任何正確、可行的資訊反而能擴展自己的思想。

　　尊重別人的不同之處，別人才會尊重你的獨特，尊重每個人的獨特性，不要把自己的「那一套」強加到別人身上。每個人的信念、價值觀都會不斷成長，所以沒有兩個人會是一樣的。兩個人之間即使信念、價值觀不一樣，仍能夠建立良好的溝通或者維持良好的關係。給別人空間也就是尊重別人的信念、價值觀，這樣才能有良好的溝通和關係。同樣地，自己與別人的看法不同，也是正常的事。在尊重別人

的信念、價值觀的同時，自己當然也能要求別人尊重自己的信念、價值觀，只是如果每件事都想要以「說服」的角度來看，強逼別人接受一些事情往往會引起反彈。

💲 2. 一人不能控制另外一個人

任何一個人不能改變另外一個人，唯一能改變的只有自己。每個人的信念、價值觀都只對自己有效，無法強迫別人接受，己所不欲勿施於人，同樣的己所欲也不能施於人。唯有改變自己，才有可能改變別人，一個人無法推動另外一個人，每一個人都只能推動自己，找出對方的價值觀，創造、增大或轉移對方在乎的價值，對方便會產生推動自己的行為，也就是說一個人不能控制另外一個人，應該是引導或者說是影響他人。因此，你如果試圖讓他人放棄自己的信念、價值觀，而去接受你的那一套，那只會引起反彈和抗拒甚至衝突。

💲 3. 有效果比有道理更重要

只強調做法正確或者有道理而不顧是否有效果，是在自欺欺人。在三贏（我好、你好、世界好）的原則基礎上追求效果，比堅持什麼是對的更有意義。「講道理」往往是把焦點放在過去的事上，注重效果則容易把注意力放在未來。再者你的道理也可能是沒有與時俱進的，可能是讓你自我框架的，更可能因此讓你跟不上時代；反之效果是計畫的基礎，也是所有行動的指南針。

我帶的團隊，每個星期都會推出一部財經短視頻，希望藉由短視

頻來推廣更多的理財新知，而每一週該拍攝什麼主題才能吸睛就成了一大課題，剛開始為了維持所謂的專業，襯托出團隊的專業形象，所以題目都是一些正規、嚴肅的話題，比如通貨膨脹帶來的影響、油價為何快速波動等等，這些固然重要但顯然多數人對於這樣的議題並不一定那麼重視或關注。直到有一次，我提出說我們要不要拍一部天竺鼠車車，當時天竺鼠車車突然竄紅，雖然我看了幾集也看不出它獨特之處，用過往的道理來看，無法看出這個東西如何能呈現出我們的專業，但為了打破框架，我們還是決定試試看，試著從天竺鼠車車來看出趨勢並與經濟做結合，沒想到這部財經短視頻一推出，立刻成為我們短視頻的流量冠軍，不論是瀏覽量、轉發率、評論率全部創歷史新高，這就是一個最標準的，有效果比有道理更重要的案例。

如果我們總堅持用刻板、傳統的專業角度來看事情，顯然就會讓自己畫地自限、故步自封，久而久之就會跟不上時代。在這日新月異的時代，科技、生活習慣、人們的關注點其實都變得越來越快，創新創業創時代，換言之，唯有時刻打破自己的道理去嘗試，讓效果發揮出來，等到效果出現以後，我們再回過頭去品味這其中的道理，就是這樣的方式，才能讓道理與時俱進，才能讓道理隨時都能夠跟上這快速變遷的世代。再者有時候我們會為了講道理而講道理，而忘記了目標是什麼。最常見的就是兩個人的爭執，講道理的一方往往會得理不饒人，卻忘了彼此爭論的目的是為了讓雙方達成共識，而非在道理上把對方逼上絕路，這又不是辯論大賽，朋友之間、夫妻之間、父子之間是不是都很容易犯下這樣的錯呢？所以道理就是一個雙面刃，它是

讓我們願意去奉守的價值觀，也是讓我們容易故步自封或忘了真正目標的罪魁禍首。有效果和有道理是可以並存的，但必先從相信有這個可能的信念開始，只追求有道理但無效果的人生，是難以有成功和快樂的體驗。

💰 4. 只有由感官經驗塑造出來的世界，沒有絕對的真實世界

我們瞭解這個世界的過程，是通過視覺、聽覺、嗅覺、味覺、觸覺等，捕捉外界訊息輸入到我們的大腦裡，構建出一幅世界的樣子，然而一個人的經歷是有限的，你永遠不可能看完世界上每一個角落，瞭解每個人遇到的每件事，過程中也會錯失許多信息。就算是進入了大腦的訊息，也會被你的信念系統給重新編碼，被賦予新的意義，因為感官運用總是對客觀世界的資料進行了主觀選擇。接收的資訊經由我們自身的信念、價值觀來決定其意義，也因此能儲存在腦中。我們的信念和價值觀是主觀形成的，過濾出來的意義也是主觀的。我們每一個人的世界，都是用上述的方式一點一滴地塑造出來的，因此是主觀的。我們只能用這個方式建立對這個世界的認知，沒有其他的方法。而這就會導致一個結果，那就是對於特定的人而言，沒有絕對的真實，只有主觀的真實，或者說是相對的真實。每個人的世界是在他的腦裡，我們是憑大腦中對世界的認知去處理每一件事，因此，改變一個人腦中的世界，這個人對世界中事物的態度就會改變。改變主觀經驗在腦中的結構模式，便會改變事物對我們的影響和我們對事物的

感受。因此，無需改變外面的世界，只需改變我們自己腦子裡的世界，人生便能有所改變。事情從來都不會給我們壓力，壓力來自我們對事情的判斷和反應。情緒也從來不是來自某人的言行或環境裡出現的轉變，而是來自我們對這些問題的態度，也就是我們的信念、價值觀。我過往做業務的時候，曾有一位較急性子的客戶，每次請我協助事情，當我告知他過程中可能需要如何做，同時需要他提供什麼的資料後，他總會在對話訊息當中，傳上麻煩兩個字來做為結尾，每一次看到都讓我壓力倍增，因為我主觀認定對方是個急性子不喜歡麻煩的人，但眼前處理的事情又較繁瑣，所以讓對方覺得麻煩，這件事困擾我許久，因為時常得與這位客戶互動，不料幾年後我跟對方聊天後，我才猛然發現，原來他每次結束後都會告知對方，麻煩你了，只是習慣性的在打字上就只打麻煩兩個字，哇，當下我才知道原來過往他都是告訴我：「謝謝你、麻煩你了」，一個如此正向的訊息卻被我的主觀意識解讀為「這一切真麻煩」，這兩者可說是天差地遠。所以，你腦海中的這個世界不是絕對真實客觀的，而是主觀的，我們遇到的所有事情，本身其實都是沒有意義的，所有的意義都是我們根據自己的價值觀，自己把他加上去的。因此，如果我們想讓世界變得更好，無需改變外面的世界，只要改變自己腦海裡的世界，人生就能從此不同。

$ 5. 溝通的意義決定於對方的回應

　　溝通沒有對與錯，只有「有效果」或「沒有效果」這兩種結果而已，自己說得多正確、多厲害都沒有意義，關鍵是對方收到你想表達的訊息後，有沒有如你所預期地接收到，這才是溝通的重點。因此，自己說什麼不重要，對方接受什麼才重要。在溝通過程中，以言語和身體語言進行溝通比單純文字來得更有效。沒有兩個人會對同樣的訊息有完全同樣的反應，說話的方法是由說的一方控制，但是效果則是由聽的一方決定，改變說話的方法，才有機會改變對方接收的效果。有句話是這麼說的：「說者無心、聽者有意。」

　　這很常發生在沒有必要的爭吵當中，往往會有一方總愛生氣的說，我明明就沒有這個意思，你為什麼要這樣誣賴我，之所以會發生這樣的狀況，就是因為沒有搞清楚我們所說的話有什麼意思並不是由我們決定，而是由聽者決定。如果聽者誤解了你的某一句話，產生抗拒，你得立刻換另一種說法和對方溝通，這樣就能夠化解不必要的誤會，因此讓溝通能成功的一個先決條件就是和諧的氣氛，在這樣的氛圍之下，人們會更願意用心聆聽，這也是為什麼許多服務業的資深主管，每當面臨生氣或來客訴的客戶，無論對錯，總會先道歉，讓對方消氣，氣氛較緩和後，再來做確實的溝通，而不是在客戶一開始生氣的狀態下，就積極說明解釋，對方可是一句話都聽不進去呢。

$ 6. 重複舊的做法，只會得到舊的結果

　　如果「同樣的做法」能夠得到同樣的效果，相信大家都會不斷地重複這「同樣的做法」，我也不例外，但如果「同樣的做法」得到的是不如預期的效果呢？你還會堅持重複這不如預期的做法嗎？做法不同，結果才會有不同，這其實是一個很簡單的道理，只可惜我們常常當局者迷，沒有意識到自身的狀況。如果你做的事沒有效果，那麼你應該即刻改變你的做法。任何具有創新思維的做法，都會比舊有的做法來得更有機會成功。希望明天比昨天更好，就必須要用與昨天不同的做法。改變自己，生活才有可能改變。世界上本來就是所有東西都在不斷地改變，不肯改變的，漸漸地會因為壓力越來越大而怨天尤人，最終被淘汰。因此，只有不斷改變做法，才能找到最佳解答。「做法」是規條，目的是取得效果，把焦點放在取得效果之上，就要靈活不斷地修正做法。改變才是所有進步的起點。有些時候，必須把全部舊的思維放下，打破舊有框架，才能看到突破的可能性。過分專注於問題本身，就看不到周遭的機會。

　　我帶領業務團隊十多年，看到許多人來來去去，其實業務工作真的不容易，我常這樣說，如果你的業務是屬於零底薪或低底薪的，你是因為自己的懶散不努力而無法獲取成績，那完全不怪人也不冤枉，顯然是你自己的問題，但在業務領域被淘汰的大多數人，其實都很努力，無奈他們都努力在那些低效的做法上，明明已經運作了一個月發現沒效，卻也不肯改變，只想著皇天不負苦心人，只要努力，只要堅持就一定可以收穫果實，這樣單純的思維不知害死了多少人，或許在

上一個行行出狀元的年代，只要努力就一定可以賺大錢。但如今時代變遷太快，競爭也越來越激烈，M型社會更是越來越嚴重，這種愛拚才會贏的思維早已不合時宜，現在反倒應該是會贏再來拚，換句話說，就是要不斷自我調整，直到最佳解答出來以後，我們再趕緊盡最大的全力來執行，那麼成功就離你不遠矣。

$ 7. 凡事必有至少三個解決方法

面對問題容易陷入困境的人，往往都是只用一種做法，並且固執地認為除此做法外已別無選擇。而面對問題能夠有兩種做法的人也容易陷入困境，因為讓自己陷入左右為難的局面。但有第三種做法的人，很快便能找到第四種、第五種甚至更多的做法。有更多的做法，自然就會有更多的選擇，在這世界上有能力的人都是那些有選擇的人，富人總是為自己創造出無限機會、無限選擇，窮人總是抱怨自己已經沒有辦法、沒有選擇。其實每件事情一定都有不同的解決方案，但前提是我們要有開放的心胸，如果思維封閉，平時聽不進其他意見，也從不參考，就不可能做到當事情發生時，能立刻想到多於一個解決方案。

現在不成功，意思是目前為止用過的方法都還得不到想要的效果。沒有辦法，只能說是已經知道的方法都行不通。但實際上一定還有很多我們沒有想過或尚未嘗試過的方法。只有相信尚有未知的有效方法，才會有機會找到它並使事情改變。這就是為什麼愛因斯坦從不認為自己失敗，他開心地告訴世人他已經找到九十九種讓燈泡不會亮

的方法，就是因為懷抱著這樣開闊的心胸，懷抱著無比希望，他才能順利找到讓燈泡亮的方法，造福全世界。不論什麼事情，我們都一定有選擇的權利。「沒有辦法」會讓事情直接打上句號宣告結束；「總有辦法」則讓事情隨時有突破的可能性。「沒有辦法」對我們顯然完全沒有任何好處，充其量就是一個讓自己接受失敗的理由藉口罷了，應該停止想它；「總有辦法」對你有無比的好處，應該要堅持這樣想。而當我們知道更多方案選擇時，還需要培養勇於選擇的眼光，不然的話，選擇太多又沒有選擇的勇氣，反倒會更糟糕，平時能多參考不同的意見，多學習不同的處事方式，處理事情時才能做到靈活應變。

💲 8. 每一個人都選擇給自己最佳利益的行為

每個人都想有更好的未來、更好的人生，一個人的所作所為，都是他認為在當時的環境下，做出的最有利於他自己的恰當選擇。每一個人做任何事都是為了滿足自己內心的一些需要。每一個人的行為，對他的潛意識來說，都是當時環境裡最符合自己利益的做法。因此，每個人的行為背後，一定有他的正面動機。如果你瞭解和接受了他的正面動機，他就會覺得你接受他這個人，你就更容易引導他做出有效的改善。動機和情緒總不會錯，只是行為沒有效果而已。接受一個人的動機，這個人便會覺得我們接受他。動機往往是在潛意識的層面，不容易被說出來。找出行為背後的動機，最容易的方法是問：「希望從該行為中得到的價值是什麼？」任何行為在某些環境中都會有其效

用。因此，沒有不對的行為，只有在當時環境中沒有效果的行為。每個人的行為背後都一定有一個「滿足內心需求」的原因，我們不一定會意識到這個「原因」。我們會選擇一個我們目前所知道的方法之中，最好的方法來處理事情，但是，這個「自己所知道的最好的方法」只是「自認為最好的方法」，未必就是「事實上最好的方法」。就像是許多搶劫犯，他的動機很可能只是為了給孩子能換來一頓溫飽，或是讓年邁且生病的父母能有錢能就醫，這樣的動機這樣的原因是完全可以理解的，但這樣的人在當下卻想不出任何其他的方法，因此決定鋌而走險、孤注一擲，認為搶劫是當下最好的方法，這就符合上面所說你自認最好的方法往往不一定是事實上最好的方法，搶劫不但解決不了問題，更會讓自己一輩子走上不歸路，更讓孩子或父母難過，甚至他們還可能因此再也見不到你；這也說明了為何商場如戰場，昨天的隊友為何明天就突然變成了敵人；我們明明是合夥人應該在同一艘船上，為什麼他會棄公司、棄我於不顧，其實答案都很簡單，只要換位思考就能知道，因為每一個人都會選擇能帶給自己最佳利益的行為，當你能夠看透，你就能接受世界上許多事情的發生。

💲 9. 每個人都已經具備使自己成功快樂的資源

　　每一個人都一定有過成功快樂的經驗，換言之你是有能力讓自己快樂的。如果你有能力製造困擾，那你也一樣有能力解決困擾，如果我們能夠找出這個製造快樂和解決困擾的方法，就能保持正面的情緒，消除負面的情緒。你的快樂取決於你自己是怎麼看待眼前發生的

事情,而不是眼前的這件事決定你快不快樂。我們說過訊息本身並不具有任何意義,它的意義無論好壞,都是由我們的價值觀賦予給它的,我們遇到的每一件事情,正面和負面的意義都是同時存在的,至於我們看到的是哪一面,賦予它什麼意義,它究竟是我們的絆腳石還是踏腳石,都是由我們自己決定的,你可以通過改變自己的信念,來改變對它的理解,從而改變自己的情緒和行為。也就是說每一個人都可以憑著改變思維進而改變自己的情緒和行為,最終改變自己的人生。每天遇到的事物,都可能是為我們帶來成功快樂的因素,取捨全由個人決定。情緒、壓力、困擾都不是源自外界的事物,而是源自於自己內在的信念和價值觀。窮人總是不相信自己有能力去改變人生,而富人總是相信自己一定能夠使自己成功快樂。其實成功和快樂都只是一種感覺,有什麼感覺並不是外界的事物製造出來的。「事件」本身不會讓你產生感覺,只是發生了「事件」之後,你聯想到令自己不開心的事情後產生負面情緒。這些負面情緒都是自己製造出來的,也就是說如果我們可以改變我們的思維體系,讓事件發生時我們可以聯想到正面情緒,那你的世界將不再存在低潮,擁有的永遠都是快樂和幸福。

💲 10.在任何一個系統裡,最靈活的部分便是最能影響大局的部分

當我們在工作中因為意見不一致而與人發生爭執時,靈活的調整思維,有時能讓我們的工作因此順利進行。當我們和家人互動發生

爭吵時，靈活的改變方法，讓每個人都感覺舒服、走向一致、達成目標。可見靈活多麼重要，在任何一個系統裡，最靈活的部分最能影響大局。能夠擁有一個以上的選擇，就是靈活；能夠容納別人不同的意見和想法，就是靈活；靈活並不代表放棄自己的立場，而是尋求雙贏、多贏的可能性；在溝通中，明白不代表接受、接受不代表投降（放棄立場）。靈活也代表你足夠的自信，自信度越是不夠，越容易在許多時刻感到緊張徬徨，但保有靈活卻能讓人放鬆。靈活的意思是可以擁有一個以上的選擇，能夠擁有選擇就是一種能力，因此最靈活有彈性的人便是最有能力的人。靈活來自減少行使自己的信念、價值觀，多憑觀察並運用環境所提供的其他要素。靈活就是適應，就是接受。

在過往帶領團隊時，因為我的經驗最豐富，也走過不少冤枉路，因此後來在團隊帶領上，曾習慣用自己的經驗來否定夥伴的提案，這當然是為了團隊好，可是也因此大幅喪失了靈活度，這其中也暗含著我的擔憂和內心的匱乏感，也讓會議的過程比較緊張，長期下來，我發現整體運作狀況不但沒有比較好，甚至夥伴最終也不太喜歡提出想法，因為每次都會被否決，反正最後只能聽主管的，後來我調整了我自己，我拿掉我原有的框架，大膽地讓夥伴去嘗試各種想法，當我開始接受各種的提案以後，由於我的靈活變通，我感受到對團隊充滿信任，我相信團隊夥伴能夠把事情處理好，我內心的富足感也油然而生。當我相信夥伴時，我的能量提升了，和夥伴的會議研討也更輕鬆更自在快樂，我感覺自己內心有定力和信任能力，我可以和大家一起

走向雙贏、走向更好，當然最終的效果更是明顯的提升。靈活是使事情更快有效果的重要因素，因此，也是人生成功快樂的重要因素。「流水」是靈活學習的最好老師。順勢而為，不斷的調整自己，朝著目標方向前進。靈活是用自己的步伐去做出改變，是積極主動的行為。時刻提醒自己，做一個靈活的人。

💲 11. 沒有挫敗，只有回應信息

「挫敗」只是證明過往的做法得不到期望的效果而已，給我們的是需要改變的信號。「挫敗」只是在事情畫上句號時才能用上，若是想要解決事情，代表事情仍會繼續下去，這二個字就不適用。「挫敗」是把焦點放在過去的事情上，「怎樣改變做法」是把焦點放在未來。挫敗是過去的經驗，而經驗是讓我們提升的踏腳石，因為經驗是能力的基礎，而能力是自信的基礎。每次「挫敗」，都只不過是學習過程中修正行動的其中一步。人生中的所有學習，都是經由不斷地修正而越來越完美。「挫敗」只是我們自己的感覺，事情本身並沒有所謂的「挫敗」。但我不想用「效果」看待事情，而是想用「目標」來看待事情。我們所用的方法可以產生任何效果，但不一定能達到目標。我們的目標才我們是最終追求的東西，所以，目標和效果，顯然目標對我們來說遠比後者重要。不論是搭高鐵還是飛機，都能達到遠行的效果，但是一旦搭錯車，就到不了目的地，這時有效果也沒有用。

想要成功，首先要相信成功的可能。如果把每次的「挫敗」帶

來的教訓掌握好，並且轉化成了學習的過程。自信不足的人，潛意識裡總是在找「不用繼續做下去」或者「反正我就是做不成」的藉口，「挫敗」二字在此時就很容易出現。不斷的自責：「事情為什麼會這樣！」是沒有幫助的，找出事情之所以沒有達到目標的原因才是修正調整的關鍵。不願意接受有「挫敗」的可能，便沒有資格享有「成功」的機會。

💲 12. 動機和情緒總不會錯，只是行為沒有效果而已

動機在潛意識裡，總是正面的。潛意識從來都不會有傷害自己的動機，只是誤以為某行為可以滿足某些需要，而又不知有其他做法的可能。情緒總是給我們一份推動力，讓我們在事情中有所學習。學到了情緒就會消失。沒有學到，同樣的狀況還是會不斷發生。我們可以接受一個人的動機和情緒，同時不接受他的行為。接受動機和情緒，便是接受那個人。那個人也會感覺出你對他的接受，因而更願意讓你去引導他做出改變。任何一次的行為絕不等於一個人。行為不能接受，是因為沒有效果；找出更好的做法，把這當作兩人的共同目標，便能使兩人有更好的溝通和關係。找出更好做法的方法之一是追查動機背後的價值觀。

一位窮困潦倒的爸爸，為了照顧在家裡面餓肚子的小孩，於是去搶劫超商，最後被警察逮捕，很顯然的，這個爸爸的動機，是為了讓孩子能夠溫飽，這個爸爸的情緒是比較激動的，而這份機動是來自於

對孩子的愛，換言之他的動機和情緒都是對的，身為父母，我相信面對這種狀況，大家的動機和情緒應該都差不多，但是這位爸爸的行為卻是選擇了搶劫，不但錢沒搶到，自己還會去坐牢，可能會有一段時間沒辦法再看到孩子，原本的狀況不但沒有改善，反倒更惡化，這就是行為沒有效果。我們情緒的背後隱藏著動機，動機總是正面的，因為潛意識從來不會傷害自己，只是誤以為某些行為可以滿足自己的這份動機。所以，我們可以接受自己的動機和情緒，同時改變自己的行為方式。當你學會用這份認知來看待他人，很自然地你就可以擁有同理心，或許對方的行為不對、不好，但你可以察覺出背後的那份動機和情緒，這會讓我們變得更懂得包容和溝通。

財商筆記：正面思維＋正面情緒＝正面人生

Chapter

5

解讀財富象限

WEALTH
BIBLE

17. ESBI

　　接下來我們正式進入財商的世界，我們先從財商的基礎知識開始，很多人很迷茫、很痛苦、沒有方向，但在你讀完本書，你一定會有夢想，會有方向。黃老師以前也是一個沒有夢想的人，總認為人生不要好高騖遠，一步一腳印地往前扎實地走即可，雖然這麼想，但實際上卻很迷茫，我不知道我的人生到底該做什麼好，所以呢，在還沒有學過財商之前，我們人生只有兩條路。

　　第一條，好好上學，將來找個好工作，所以一路以來我也算兢兢業業，讓自己能有不錯的成績，甚至也拿過獎學金。但當我出了社會以後我發現，學校的基礎教育與社會所需要的職能技能教育有著很大的落差，光有基礎教育是遠遠不夠的。

　　這時候我就想了第二條路，學個一技之長，找份好工作。所以我學過堆高車，英文多益考855分，考取了Microsoft微軟大師級證照，甚至考取了18張海內外金融模組的相關證照，但仍然一事無成，仍然迷惘，我的工作並沒有因此就閃閃發光，所以這兩條路顯然都不太行。

　　但是當我讀完《富爸爸窮爸爸》這本書以後，我發現原來還有第三條路。這本書裡面提到了財富四象限，把這個世界上的人分為四種人，第一種人叫做Employee僱員，就是幫別人打工的人；第二種人自

己創業，Self-employee我們稱之為小老闆，或者叫自由職業者；第三種人，Business叫做企業家，讓別人為你工作，而不是你為別人工作，而第四種人叫做Investor投資家，讓錢為你工作。

財富四象限

E 雇員	B 企業家
S 小老闆	I 投資家

左邊的E象限和S象限。不管你怎麼努力，只有主動收入，有做才有錢，沒做就沒錢，所以你這輩子都無法實現財富自由，你要為錢工作到死，換言之是用勞力在賺錢。而B象限的企業家和I象限的投資家，他能擁有被動收入，當你的被動收入大於支出的時候，你就實現了財富自由。那小老闆跟企業家有什麼區別呢？如果你離開你的企業一年，你的企業就倒閉了，那麼說明你是小老闆，你是一個S象限的企業，也就是說你的企業不能沒有你，否則無法運營。反之如果你離開你的企業一年，你的企業還越來越壯大，那說明你是個B象限的企業家，換句話講就是你的企業已經可以自動化運營，同樣是開餐廳，你開餐廳，你跟你老婆一直守著，只要不開門就沒有生意了，就沒有收入，那你就是S象限小老闆。而現在很多的餐廳或書店都是連鎖的對吧？像是誠品、金石堂、王品集團等，這些連鎖店的老闆，不管他人在不在店裡，他都能夠賺錢，那這種就是B象限的企業家。這讓我想起現在路上偶爾會看到一些自己營業的小餐廳或是小文具用品店，裡面坐在櫃檯的通常就是老闆或老

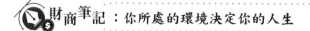
財商筆記：你所處的環境決定你的人生

闆娘，其實你都可以明顯地感受到他們在經營上的困難和壓力，面對租金與日俱增、原物料等的拉抬，加上大集團的夾擊，簡直可說是內憂外患，能夠持續經營真的不容易，更別提還想擴大經營，簡直難如登天。這顯然就是 S 象限企業與 B 象限企業的巨大區別。

18.左右象限的差別

有財商跟沒有財商最大的區別是什麼呢？

沒有財商的人，這輩子無論怎麼打拼，就只能在左邊象限，只有做僱員，或者做一個自由職業者，或者做一個小老闆。而有財商的人。他們是奔著第三象限和第四象限去的，那就是創業，成為企業家，或者投資成為投資者。

僱員和小老闆在左邊辛苦的工作，只能創造一種收入，叫做主動收入，主動收入顧名思義，你得主動付出才能得到。而右邊的企業家和投資家可以則可以創造被動收入，那是不是我做的行業、我做的職業決定了我在哪個象限呢？其實你做的行業或你做的職業跟你在哪一個現象？你是在象限左邊還是右邊並沒有任何關係，舉例說明，賣衣服的在哪個象限，有人說E象限，有人說S象限，有人說在左邊，其實賣衣服的可以在任何象限，譬如黃老師就是賣衣服的，我畢業以後可不可以去服飾店找份工作上班，擔任店員，那我就是E象限，我也可以自己開間小服飾店，自己做小老闆，就是在S象限。如果我培訓店員來幫我看店展業，那我就在B象限，最後我也可以只出錢不做事，聘請店長或專業經理人來幫我經營和打理一切，那叫I象限。不管是什麼行業，所有行業都一定是有人在左邊，有人在右邊。我剛出社會的時候從業務開始做起，第一年就做到公司第一名，一個月工作28

天，我一天工作十幾個小時，月收入10多萬看起來蠻厲害的，但我發現老闆一個月只工作15天，一天只工作五個小時，就月入快百萬，很明顯這更厲害。後來我發現公司最厲害的不是我，也不是老闆而是老闆娘，因為老闆雖然厲害但還是得工作15天，一年可能賺八九百萬，但老闆娘隨便買幾套房炒股一年就能賺三千萬到四千萬，還不用看任何人臉色，也不用打上下班卡，這樣的生活人人稱羨，那為什麼我付出的最多卻賺的最少，其實只因為我在左邊的E象限，那老闆為什麼也算辛苦但賺的沒有他老婆多，因為他也在左邊S象限，老闆娘在哪邊呢？顯然已經在右邊的I象限。

要如何才能夠改變自己的象限位置呢？如果象限位置跟產業、職業的選擇無關，那究竟跟什麼有關呢？我們先來看以下這個故事：秦國的開國丞相叫李斯，曾說道：「當年小弟在上蔡做小吏奔走差事，常常嘲笑自己是茅廁中的老鼠，廁中鼠夢寐以求的就是做糧倉中的老鼠，雖然同是鼠輩，相去則不可遠道矣。」

丞相李斯，在當時的秦王朝政治中，是僅次於秦始皇的權勢人物。李斯是楚國人，出生於楚國的上蔡縣（今河南上蔡）。年輕的時候，李斯在楚國的郡府中做文法小吏，很是懷才不遇。他一個人住在郡吏的宿舍裡，去廁所時常常遇見老鼠偷吃糞便中的殘物，每當有人或者是狗走近，老鼠們驚恐不安，紛紛逃竄，他覺得可憐，更覺得悲哀。有一天，他有事去政府的糧倉，看見倉中的老鼠個個肥大白皙，住在屋簷之下，飽食終日，也不受人和狗的驚擾，境況優遊自在，與廁所中的老鼠有如天壤之別。李斯是聰慧敏感的人，就在這一瞬間，

他受到了極大的震撼，忍不住高聲感嘆道：「人之賢明與不肖，如同鼠在倉中與廁中，取決於不同的地位而已。」

地位決定貴賤，人生在於選擇。於是他當即決定，鬱郁卑賤的生活不能再繼續下去，人生必須有一個根本的改變。此後當他當上丞相後便常向人如此說道：「當年小弟在上蔡做小吏奔走差事，常常嘲笑自己是茅廁中的老鼠，廁中鼠夢寐以求的就是做糧倉中的老鼠，雖然同是鼠輩，相去則不可遠道矣。」

他當時問自己一個問題，請問這兩隻老鼠是能力有區別嗎？如果把廁所的老鼠放糧倉，糧倉的老鼠放廁所，有沒有可能這兩隻老鼠的命運，會產生截然不同的改變，換句話說窮人到底為什麼窮？因為窮人就是那隻在廁所裡的老鼠。那富人到底為什麼有錢呢？因為富人是那隻在糧倉的老鼠。就如同礦泉水，同樣是一瓶礦泉水，你把它擺在路邊攤，一瓶要價10元，你把它擺在屈臣氏，一瓶要價30元，你把它放在五星級飯店，一瓶要100元，如果你把它擺在沙漠裡面，它甚至可能無價。所以重點不是你是誰，你會什麼，你懂什麼，而是你在哪裡。這也是我們常說的選擇大於努力。也就是人到底在哪個象限取決於它的選擇，而你所做出的選擇則是來自於你的思維，唯有把思維打開，你才能有意識地讓自己往右邊象限移動，才能有意識地把企業打造成自動化運營成為企業家，才能有意識地去創造被動式收入成為投資家。人之所以窮是因為被思維框架在左邊象限，當來到右邊，自然就會發現越成功也越有時間越有自由，所以你一定要想著如何到右邊象限，而到右邊就有兩種路，創業成為創業家或是投資成為投資

家，換言之財商到底在談什麼？其實財商在談的就是創業和投資。

　　我想告訴大家，在你沒有學習財商之前，你會認為創業需要錢，投資需要錢，但是當你學過財商以後，你會發現其實不是這樣子的。舉個例子，馬雲創業的時候沒有錢，賈伯斯創業的時候沒有錢，李嘉誠創業的時候沒有錢，馬斯克創業的時候也沒有錢，而就是因為沒有錢，所以才創業。如果已經有錢了，就不用再去創業，直接投資不就搞定了，直接進入投資者這個象限。那沒有錢怎麼創業呢？接下來我們來談談有財商跟沒有財商的創業，兩者可說是完全是兩種不同類型的創業方法。

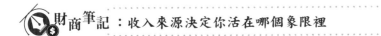

財商筆記：收入來源決定你活在哪個象限裡

19. 邁向致富的關鍵

很多人大學畢業就會想要去創業，找父母要錢，或銀行貸款後開公司，然後虧得一塌糊塗；或者是工作了幾年，本來是做了傳產，結果突然想開一家餐廳，就把幾年的積蓄拿出來開餐廳，然後賠光光，理由很簡單，因為根本沒有學過創業！

財商是專門教創業的。財商談到創業需要三個東西，第一是叫能力。營銷的能力；管理的能力以及領導的能力，你有了這三個能力，你才有資格成為一個企業家。

第二是經驗，你必須要有做過銷售的經驗，管理團隊的經驗，可能開過店或做過店長又或是擔任過專案負責人等，更要有領導的經驗，這裡先來談談管理和領導的不同，從定義上來看，「領導」是透過啟發、激勵、引導來影響他人，並產生預期效果的一個過程。在一個組織內，領導者必須建立願景、規劃策略，並且透過自身影響力，與組織成員建立信任關係，才能帶動整個團隊朝同一目標邁進。而在這個過程中，領導者必須思考如何去說服組織成員，並且令成員信服領導者所建構的願景。而說到領導者，我們腦中浮現的可能會是一些企業CEO或是國家元首，但事實上，領導者未必得具有高不可攀的領導位置，若我們在組織內擁有一定程度的影響力，且能夠藉此去改變他人的行為，即便沒有權力在手，一樣也能領導他人。

　　再來談到「管理」，管理則是在有限的資源下，透過團隊以達成預期目標的一個過程。以一個專案為例，人力與時間就是我們有限的資源，如何在既定資源內達成專案目標，需要一位管理者來安排每個階段的進度，以及人力上的調配等，以利我們達成最後的目標。

　　管理者往往必須透過科學的管理過程創造出「綜效」，也就是創造一加一大於二的效果，並且妥善分配短中長期的資源配置，以利組織未來的成長及發展。而要執行這些任務，多半必須仰賴職位的授權，才有機會發揮自身的影響力。

　　領導學大師華倫・班尼斯曾說過：「管理者是『把事情做對』的人，領導者則是『做對的事情』的人。」其中最大的差別就在於，領導者專注於看向未來，管理者著眼於現在。在組織中，這兩種角色時常會由不同的兩個人來扮演，就有如企業中的執行長（CEO）與營運長（COO），而這兩者可說是缺一不可：少了領導者訂定策略，管理者便不知從何進行規劃，反之，少了管理者維持組織運作，擁有再宏大的願景也是枉然。所以這兩種的經驗都必須具備才行。

第三是資源，或者叫人脈。很多人都會覺得，我得具備一切資源以後才能去做我想做的事情，譬如我要具備本金、具備能力、具備經驗，如此我才能怎樣怎樣。我以前的認知也是如此，所以一直不敢創業，總覺得自己沒有這個、沒有那個，就這樣把自己框架住，直到幾年前聽了一場 Ted 演說，主講人跟大家分享：「沒有」它不是一份限制，「沒有」是一份禮物。如果你什麼都沒有，那你應該去想：該怎麼去創造？把焦點放在「創造」，不要放在「沒有」。當時課堂上問：「請問火車上有什麼？」火車上有乘客、有便當、有行李、有滅火器，有車窗擊破器。接著問：「請問火車上沒有什麼？」這時候同學會說：「火車上沒有大象、沒有公園、沒有行天宮、沒有夜市，沒有泳池、沒有賭場。」那如果我們要研發一款新的火車，那是不是我們把剛剛講的那些沒有的，放幾個上去就會很厲害？假設我們把士林夜市搬上火車，搞出一個霍爾的移動夜市，讓你從車頭吃到火車尾，是不是超級酷？這一招稱之為「跟『沒有』借東西」。馬雲曾說：「阿里巴巴成功是因為沒有錢、沒有技術、沒有計畫」，換言之我們會發現我們沒有很多資源，那就得學會向沒有借東西，而最容易借出資源給你的，除了創意以外，就是你的人脈了。

有了這三樣東西後，你不需要錢就可以創造出錢來。當你懂了財商之後，假如說你想成為一個創業家，你不會先去創業，因為你很清楚，你必須要擁有能力、經驗和資源，而這三樣東西，只有一個方法才能讓你獲得，那就是工作。比如說我想做房地產仲介，那我該怎麼做？絕不是直接去開一家仲介公司，而是直接進入這個行業上班，然

後試著從底層業務做到管理職位，最後晉升店長，透過做這個行業賺到錢，然後從基層做到了中階管理層，做到了高階經營層，這時有了經驗，也有了能力，更有了資源，這個時候再出去創業開店，此時的成功機率就會相對比較高。因為我已經有客戶、有合作廠商，甚至還有一群有共同願景的創業夥伴，想不成功都難，所以學過財商跟沒有學過財商的區別真的很大。

　　投資也是一樣的，我們沒有學過投資的時候，都是怎麼投資的呢？通常都是聽來的！最近看比特幣，發現很火熱，就立馬去買比特幣，聽到周遭朋友一直炫耀他哪一檔股票賺了多少錢，就立刻也跑去買該檔股票，這就是市場上最標準的韭菜，股市很熱，房市很熱，不管什麼很熱就都立刻去買，這種隨波逐流、道聽塗說的投資方式，有時我們客觀地去想想，其實虧錢真的是再正常不過了。而那些學過財商的投資者很清楚，要想學投資，得先瞭解金錢規律。金錢的規律是什麼？金錢的規律就是懂的人賺不懂人的錢。我得先學習股票，而不是立馬就先投資股票，可以考慮去證券公司上班，去報名證券相關課程、投資股票的課程，唯有花錢花時間把這些學懂了，我才會拿錢去投資。而且我就算開始投資，絕不會盲目大筆進出，一定先從小金額開始投資起，藉此來累積經驗，等到慢慢理解明白，才會真正的開始投資，但大多數的股市小白，在什麼都不懂的情況之下，只憑藉一股對未來的憧憬，就把資金全部梭哈，這不是注定當韭菜給人宰割嗎？所以說有財商和不懂財商的人生是完全不同的。

💲 小故事學習

一天，一個小和尚跑過來，請教師父說我人生最大的價值是什麼呢？禪師說：「你到後花園搬一塊大石頭，拿到菜市場上去賣，假如有人向你詢價，你不要講話，只伸出兩個指頭；假如他跟你還價，你不要賣，抱回來，師父告訴你，你人生最大的價值是什麼。」

第二天一大早，小和尚抱塊大石頭，到菜市場上去賣。菜市場上人來人往，一位家庭主婦走了過來，問：「這石頭賣多少錢？」和尚伸出了兩個指頭，主婦說：「2元？」和尚搖搖頭，主婦說：「那是20元？好吧，好吧！我剛好拿回去壓酸菜。」小和尚聽到：「我的媽呀，一文不值的石頭居然有人出20元來買！我們山上有的是呢！」

小和尚開心地去見師父：「師父，今天有一個家庭主婦願意出20元跟我買石頭。師父，您現在可以告訴我，我人生最大的價值是什麼了嗎？」禪師說：「嗯，不急，你明天一早，再把這塊石頭拿到博物館去，假如有人詢價，你依然伸出兩個指頭；如果他還價，你不要賣，一樣把它抱回來，我們再談。」

第二天早上，在博物館裡，一群好奇的人圍觀，竊竊私語：「一塊普通的石頭，有什麼價值放在博物館裡呢？」「既然這塊石頭可以放在博物館，那表示它有一定的價值，只是我們還不知道而已。」這時，有一個人從人群中走出來說：「小和尚，你這塊石頭賣多少錢啊？」小和尚沒出聲，伸出兩個指頭，那個人說：「200元？」小和尚搖了搖頭，那個人說：「2,000元就2,000元吧，剛好我要用它雕刻一尊神像。」小和尚聽到這裡，倒退了一步，差點沒嚇傻！

143

　　他立即回去找師父：「師父，今天有人要出2,000元買這塊石頭，這下您總得告訴我，我人生最大的價值是什麼了吧？」禪師哈哈大笑說：「你明天再把這塊石頭拿到古董店去賣，照例有人還價，你就把它抱回來。這一次，師傅一定告訴你，你人生最大的價值是什麼。」

　　第三天一早，小和尚又抱著那塊大石頭來到了古董店，依然有不少人圍觀，並談論著：「這是什麼石頭啊？在哪兒出土的呢？是哪個朝代的呀？是做什麼用的呢？」終於有一個人過來問價錢：「小和尚，你這塊石頭賣多少錢啊？」小和尚依然不言不語，伸出了兩個指頭。「20,000元？」小和尚睜大眼睛，張大嘴巴，驚訝地大叫一聲：「啊？！」那位客人還以為自己出價太低，讓小和尚不開心，立刻改說：「不！不！不！我說錯了，我是要給你200,000元！」「200,000元！」小和尚聽到這裡，立刻抱起石頭，飛奔回山上找師父說：「師父，這下我們可發達了，今天的施主出價200,000元買我們的石頭！現在您總可以告訴我，我人生最大的價值是什麼了吧？」

　　禪師摸摸小和尚的頭，慈愛地說：「孩子啊，你人生最大的價值就好像這塊石頭，如果你把自己擺在菜市場上，你就只值20元；如果你把自己擺在博物館裡，你就值2,000元；如果你把自己擺在古董店裡，你值200,000元！環境不同，定位不同，選擇不同，人生的價值也自然會截然不同！」

　　聽完這故事，想想你將如何定位自己的人生呢？你準備把自己擺在怎樣的人生拍賣場去拍賣呢？你要為自己尋找一個怎樣的人生舞臺

呢？不怕別人看不起你，就怕你自己看不起自己。誰說你沒有價值？
除非你把自己當作破石頭放在爛泥中，否則沒有人能夠給你的人生下
任何的定義。你選擇怎樣的道路，將決定你擁有怎樣的人生。選擇大
於努力，不如說，選擇直接決定勝敗；選擇直接決定人生。

法之篇

富人與窮人
的差別

WEALTH
BIBLE

20. 收入方式的不同

　　這世界上有兩種人，第一種3%的人，第二種97%的人，97%的人。他們不管怎麼努力，他們就只是在成就那3%的人的夢想，那麼我們如何能夠從97%的人變成3%的人呢？其實97%的人就是窮人，3%的人就是富人。

　　窮人和富人到底有什麼差別，當你知道以後，你的人生就會發生截然不同的改變。曾經的郭台銘，曾經的賈伯斯，曾經的王永慶，曾經的馬雲，曾經的馬斯克，曾經的黃老師，都是窮人，但是我們都發現了這個秘密，所以我們從左邊的ES象限進入到右邊的BI象限，進而開啟富人的秘密。

　　窮人和富人的第一個區別，那就是收入方式的不同，97%的人，這輩子只懂的辛苦努力，用勞力來換取收入，只能賺取主動收入，做就有錢，沒做就沒錢，所以他們這輩子不管怎麼努力，面臨物價高漲，景氣快速變動抑或是疫情等的外在環境威脅下，根本不可能實現財富自由。而3%的人，他們賺錢的目標是擁有被動收入，所以如果有一份工作給他們，一個月可以賺上百萬，他們沒有興趣。但是如果一個生意，或是投一個項目，可以讓他們一個月有個幾十萬的被動收入，他們反倒很有興趣。

　　因為他們非常清楚，只有被動收入大於總支出，才能實現財富自

由，畢竟我們無法一輩子仰賴勞力賺錢，我們總會老，家裡也總會有老小要照顧，怎麼可能一輩子都用勞力來賺錢呢，那被動收入是從哪裡來的？

被動收入是由資產創造出來的，在財商的世界裡面，我們把財政的能力分為四個能力，第一個叫營銷能力，第二個叫財務知識，第三個叫投資學，第四個叫法律。你唯有瞭解這些，才有可能成為有錢人，而這裡面最重要的，就是財務知識，一個老闆如果連什麼是資產，什麼是負債都傻傻分不清楚，一個老闆如果連現金流量表都看不懂，連什麼是損益表都不知道的話，那這個老闆再有錢，他未來都會敗光的。什麼是資產？什麼是負債？能夠幫你帶來被動收入的東西就是資產，而讓你的現金流呈現負向的，那就是負債，會讓你增加支出的，那就是負債。那你可能好奇，那股票是資產還負債？那房子是資產還負債？其實都是。今天窮人也買房，富人也買房，但是底層邏輯可說是完全不同。

窮人買房自己住，房子不管怎麼漲他都不願意賣，因為賣了就沒地方住，那這個房子就是負債，而不是資產。因為每個月你都得向銀行繳納房貸，每個月你要繳水電費、物業管理費，也就是所謂的蝸牛族，揹著沉重的殼緩步爬一輩子，現金流量是負向的；而那些有錢人買房不是這樣的。擁有富人思維的人，他們買了房以後不會自己住，會租出去，租金大於貸款，這個房子就瞬間從負債變成資產，如果看到房子升值，漲了好幾倍，那他們就會趕緊把房子賣掉，換成更多的錢，變成更多的房，房子在他們手上就變成了資產。所以你必須要學

會財商，要搞懂什麼是資產，什麼是負債，要想方設法創造被動收入，當你能打造多條被動收入的管道，你才能夠真正的成為富人，成為一個財務自由的人。所以檢視自己的收入結構，有多少是主動收入又有多少是被動收入，檢視完以後再接著思考如何增加被動收入的占比，這就是成為有錢人的第一個關鍵思維。

你一定得知道，富人從來不認為財富是靠勞力換取的，因為每個人的勞力有限，每個人的時間也有限，如果靠勞力可以賺大錢的話，那這世界最富有的都應該是工地裡的工人了不是嗎？而富人總認為賺取財富靠的應該是機制、是趨勢、是系統、是工具。

一則新聞提到美國一位工程師，他在一家中型律師事務所工作，擔任IT工程師，年新9萬美元。他的工作就是負責將要在法院用到的證據、文件和照片建檔，進行雲端管理。疫情期間他在家上班，花了一星期改寫了一個簡單的程式，能將自己原先的工作完全自動化處理，包括在硬碟找出新檔案，然後將檔案建立分類再上傳雲端，他也很快地發現，這就是他每天上班8小時唯一要做的事情，而這項工作根本不需要8小時就能完成，因此，他大多數時間都假裝自己在忙。他將自己的工作流程自動化，現在每天上班只要花10分鐘執行程式、確認無誤，其他時間都在打電動，就爽領9萬美金（約新台幣250萬元）年薪，他現在每天上班打卡後，就是開始玩遊戲或做其他事情，並在一天工作結束前檢查程式執行紀錄，確定無誤後就下班，這樣每天花在工作上的時間大概只有10分鐘。他一開始感到有罪惡感，覺得自己是「薪水小偷」。但後來他說服自己，這是個雙贏的局面，他達

到了公司的要求，也能享受自己的生活。從這個案例你就可以知道，用勞力賺取薪資是多麼不合時宜，沒有效率的事情，當然我不是叫你立刻辭去手上的工作，而是應該要去思考現階段除了手頭上的勞力收入以外，我還能額外開創那些收入。所以我要跟你分享籃子理論。

這裡有一個籃子放在一個平台上，而籃子裡面則有著各種大小不一的石頭，試想我們所有人那麼辛苦的工作賺錢，為的是什麼？不就是為了一個理想中的生活，而這個理想生活中勢必會有許多必要的開銷，例如退休金、子女教育金、房貸、父母孝養金、車貸……等等等，不同的項目開銷也會有所不同，所以才會有不同大小的石頭在這個籃子裡，而這些沉重的開銷要由誰來扛，如果單身那就是你自己一個人扛；如果已婚那就由你跟另一半一起扛，而在扛起這責任的同時，你一定會時時感受到你的手或腳很痠，畢竟環境一直再改變，景氣也不是那麼好，但就算手痠腳痠你也不能夠輕易地把手放下來休

息，不然籃子裡面的石頭就會崩塌。

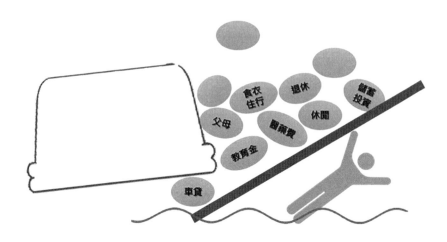

　　換言之，為了生活，我們大家都得兢兢業業地扛著這份責任，不過這次的疫情告訴了我們一件很重要的事情，有時候就算你想扛，環境也可能不讓你扛，如果你的企業在疫情中倒閉或裁員，都可能會讓你這個經濟支柱無法再產生任何收入，而這並不是你能決定的事情，時間一久，籃子便會倒塌，又或者如果我們生病了，家人生病得我們照顧等等狀況，都可能會讓這根勞力支柱崩壞，這就是用勞力獲取財富的風險，所以我們必須思考，是否只能創造一條收入支柱？如果我可以打造三條甚至五條收入支柱。

　　比如說我可能有房租收入；我可能有股息收入；我可能有投資企業營收的收入；我可能有上班辛苦賺錢的收入；我可能還有其他業外的收入；當然也千萬不要忘記打造風險支柱，確保自己受傷生病時能把風險轉嫁給保險公司，讓保險公司來幫我們承擔意外的風險，當我們能夠在這個籃子下打造出五個財富支柱，你馬上會發現就算今天我

的工作暫時沒了，也不過少了一條支柱而已，還有另外四條撐著，這就是富人思維。

以前人們總想著如何把唯一一條財富支柱變得又粗又大又穩固，但一旦這根支柱斷裂那就完蛋了，現在的富人則是想辦法打造多根支柱，以確保自己的籃子能夠永遠立於不敗之地，而且當你其他非以勞力卻能換取到收入的財務支柱夠多、夠穩健的話，那意味著你也可以直接放棄勞力支柱，也就是你再也不必為了生活而用勞力去工作，這就是我們所謂的財富自由。

再來富人和窮人在收入認知上還有一個很大的不同，富人靠投資理財致富，而窮人總想靠投機賺錢，那投資和投機的差別在哪裡？投資和投機的差別在於現金流和價差的差別，窮人總想賺價差，買股票想賺價差、買不動產想賺價差，窮人的思維就是價差，但問題是，你如何確保價差一定是正向而不會是負向的，也就是說當你想賺價

差，你如何確保是賺錢而不是虧錢，你無法確保，無論你手上有再多的資訊或理論，你都無法抗衡全球市場不是嗎？你頂多能透過分析或判斷來提高一些機率，但到頭來，勝負的關鍵仍然是掌握在市場各種環境因子的改變不是嗎？換句話說想要賺價差的，到最後還是只能仰賴運氣，一個靠運氣賺錢的方式不叫投機，那什麼叫投機？這就是為什麼有錢人永遠都對於賺價差沒有太大的興趣，因為勝算不高，把握度不高，他們不打沒有把握的仗，相比於價差，富人更喜歡賺現金流，股票就賺股息；房子就賺租金，因為這些都是能夠預測、能夠算出來的，以不動產為例，或許房價會高高低低這我們不好預測，但無論房價漲或跌，租金的行情基本都是不太受影響的，換言之當我投資賺取的是房租的時候，我從一開始就能夠算出獲利不是嗎？這就是富人和窮人收入方式的不同，窮人總聚焦在資本利得；而富人卻聚焦在被動式的現金流，時間拉越長，兩者之間的差距就會越差越大，道理很簡單，在投資學裡面有一句話叫做跌越深漲越高，假設一支股票價值100塊錢，當他虧了10%價格就會來到90元，如果要再漲回原本的100元，那就得漲11%，那如果100元的股票跌了50%那就會變成50元，50元的股票想漲回100元，那得漲100%，再繼續，如果100元的股票虧了90%變成了10元，要再漲回100元的話，就要漲900%才行，

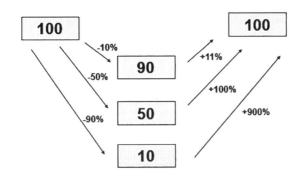

你會發現一個驚人的秘密，其實投資本來就是一翻兩瞪眼，跟你擲銅板一樣，一半機率人頭一半機率數字，投資則是一半機率漲一半機率跌，但是每當你跌一次，你都得漲更多才能還本，這樣一來你有沒有發現投資獲利其實很不容易，這也是為什麼投資人到最後總是虧得比賺得多，大家都只能笑笑地跟你說，投資總是得繳點學費。

我再舉另外一個案例，如果今天有ABC三個投資工具給你選擇，A工具第一年賺10%、第二年也賺10%、第三年也賺10%，三年加總起來30%，B工具第一年賺20%，第二年虧40%，第三年賺50%，三年加總起來一樣是30%，C工具呢，第一年賺100%，第二年虧90%，第三年賺20%，三年加起來還是30%，請問這三項工具給你選，你會選擇哪一個？

跌得越深、漲得越多

	A	B	C
1.	+10%	+40%	+100%
2.	+10%	- 50%	- 90%
3.	+10%	+40%	+ 20%
	+30%	+30%	+ 30%

　　多數沒有財商觀念的人，在行情來到第一年的時候，都會想要選擇C，開什麼玩笑，一漲就漲一倍這不是賺翻了嗎？但仔細細算一下的話，第一年賺一倍變200元，第二年虧90%變20元，第三年漲20%變24元，結論是本金100元變成24元，顯然不是個好選擇；B工具第一年漲20%，100元變成120元，第二年跌40%，120元變成72元，第三年賺50%，72元再變成108元，表現普通，但是A工具呢，第一年賺10%，100元變成110元，第二年賺10%，110元變成121元，第三年再賺10%，121元就會變成133元，顯然這是三個裡面最好的標的。但有趣的是，如果今天市場只走到第一年而已，A賺10%、B賺20%、C賺100%，請問市場上的投資客會對哪個最感興趣？再去試想，許多投資業的業務，面對市場，你們覺得他們拿哪一檔工具出來最容易推廣，答案就是C，因為C賺了100%，所以推廣上容易得多，一般民眾也會有一種迷思，就是去年100%我沒賺到，今年我一定得趕緊跟上，把去年沒賺到賺回來，這就是標準的韭菜，民眾都這麼想，業務也都這麼賣，也難怪貧富差距會越來越大，所以不要把價差當作投資的目的，掌握能預測的現金流才是投資的真諦。

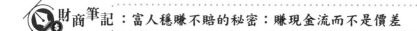

財商筆記：富人穩賺不賠的秘密：賺現金流而不是價差

 **21. 支出方式的不同**

　　窮人和富人的第二個區別。就是花錢方式的不同，也稱之為支出方式的不同。窮人花錢是花錢買負債，而富人是花錢買資產，窮人要不就不敢花錢用錢生錢，要不就是把錢全部拿去買負債。窮人願意花錢去買衣服、買皮帶、買包包、出國旅遊、看電影，但是卻不願意花錢去學習投資大腦，窮人願意花錢去遊玩，但是不願意花錢去投資金融工具，窮人願意花錢去吃喝玩樂，但是不願意花錢創業，這就是標準的窮人思維。他們把錢都花在了負債上，而富人也花錢，而且還是拼命花錢，因為他們知道錢可以越花越多，所以他們總把錢都拿來購買資產，他們會想方設法先讓自己的頭腦變成資產。窮人和富人最大的區別其實就是頭腦，你的第一資產就是你的頭腦，如果你的頭腦沒有經過財商的淬鍊。如果你的頭腦是負債的話，你買的房子、車子、黃金、股票全都有可能讓你虧錢、讓你負債。而富人思維的人，他們永遠知道當有了錢以後，第一時間一定是先把錢投資在頭腦，花錢去學習，花錢去創業、花錢去投資。然後當他們有錢之後，也不急著享受，他們會拿這筆錢去創立一門生意，同時還會想方設法拿這些錢去投資，讓自己從財富象限的左邊走到右邊，到最後他們才會拿錢去享受人生，買車買房環遊世界。

　　窮人和富人間有著非常不一樣的觀念，就叫做延遲享用，也是

我們常聽到的不要急著吃棉花糖就是這個概念。所以有錢人不急著享樂，而是把所有的錢都花在了投資頭腦上，要不就花在創業和投資上。只可惜現在的人，一出社會後，就沉浸在自己賺錢自己買東西的優越感和快感中，總認為小時候買東西都要看人臉色，如今自己開始工作，終於可以買所有自己想要的東西，殊不知買的全都是負債，而且還越買越多，這是一件多麼恐怖的事情。

我們再來談談時間支出，窮人總是把時間支出在遊戲和追劇，我總認為遊戲和影集是窮人最大的陷阱，為什麼呢？因為只有遊戲能讓窮人花最少的錢獲得最爽的快感，關鍵是還不用那麼努力，不用背負車貸、房貸。至於吃飯嘛也不用講究，吃泡麵就行了，工資收入也無需強求，找份時薪百來塊的工作或一般還過得去的正職，因為這都不重要，反正透過遊戲，窮人就可以享受王者般的榮耀、小學生的掌聲，粉絲們的崇拜，而且現實生活中的成功人士永遠都沒辦法跟窮人比，他們還得召集員工開會、研究新產品，談新客戶，才可以體驗到比遊戲裡獲勝更強烈的快感，富人在現實生活中獲得成就，而窮人在虛擬世界獲得崇拜，兩者本身就是兩個世界的人，在現實世界，雖然窮人不如這些成功人士，但是卻可以通過玩遊戲升級打怪過關，輕而易舉獲得滿足感，這種頻繁的滿足感只會讓窮人越來越難以適應這個世界，最後會產生網癮，無法自拔，最終，只需要活在一個兩坪裡的小房間，就能很滿足的過一輩子。

影集也是一樣，為什麼影集總能吸引人，因為影集裡總能觸及到那些窮人在現實生活中創造不出來的生活體驗，不論是令人魂牽夢

縈的戀愛；抑或是劇情反轉最終成為人生勝利組的主人公，窮人總是期待在影集裡找到自己的幻想，滿足內心那份憧憬和快感。幾年前有段時間，比較紅的影集不是宮廷鬥爭就是職場鬥爭，像是「後宮甄嬛傳」或是「半澤直樹」都紅極一時，創造極大話題，當然這些主角和拍攝都很棒，但當這些都是扳倒上位者，甚至還要讓上位者對著自己下跪道歉的劇情，讓人不禁感慨，這樣的劇情著實吸引了社會上絕大多數 E 象限人的關注，收入也不高，每天還被老闆指責東指責西的，工作找不到半點熱情，只能下班後跟三五好友一起抱怨，而這樣的影集恰恰讓他們鬱悶已久的靈魂找到釋放的出口，得到救贖。

換言之，窮人已習慣在影集裡或遊戲裡來找尋現實生活中找不到的快感和滿足感，進而創造出一種虛幻的成就，這也是為何遊戲玩久了、影集看多了總會有一種空虛感。當然我這裡說的不是遊戲影集不好，但過度沉迷就是窮人的寫照；對比富人總是習慣把時間做妥善的分配，將時間有計畫的支出在家庭、健康、學習上面，進而大步朝著自己的理想邁進。窮人可能會說：「我也知道要改變啊，但現實總是要顧吧？我總不能夠放棄現在的工作，跑去追求夢想吧？」

如果這是你的問題，那我介紹五個人跟你認識。這五個人分別是記者、攝影師、企業家、工程師、物理學家，他們的名字分別是 Clark Kent、Peter Parker、Bruce Wayne、Tony stark、Bruce Banner。你應該很熟悉，下班之後他們就分別變身成：超人、蜘蛛人、蝙蝠俠、鋼鐵人、綠巨人。這五個人的故事帶給我們最大啟示是什麼？其實超人的偉大事業都是從下班後開始的！所以，你有打算要變身成超人拯

救你自己嗎？自己的未來自己救，所以，我想跟大家分享的是，如果你繼承一個果園，恭喜你，你馬上有現成的水果可以吃。如果你繼承的是個荒地，我也要恭喜你，因為你可能會擁有讓荒地長出果實的能力。

這也是為什麼一定要有系統地學習財商，從今天起就把注意力聚焦在被動收入上，把注意力、把錢都花在資產上，不要花在負債上，永遠記得，脖子以下都是負債，脖子以上才是資產。

 22.思維方式的不同

　　窮人和富人的第三個區別，思維方式的不同。窮人的思維總是負面、消極的，而富人的思維則是積極、樂觀，是正能量的，那不同的思維方式會帶來什麼樣的未來呢？消極的思維會讓你的人生進入螺旋式下滑，而積極的思維方式則是會讓你的人生螺旋式上升。我們可以這樣想，今天你跟你的同學大學畢業時，大家都在同一個起跑點，過一年兩年還沒有太多感覺，但過了十年二十年，彼此的差距卻突然越差越大，為什麼呢？其實就是因為思維方式不同。富人今天問窮人為什麼不創業？窮人說因為沒錢，沒錢怎麼創業？富人說可以借啊！窮人說那虧了怎麼辦？窮人的思維方式全是消極的，曾有人請教馬雲、賈伯斯、郭台銘等成功人士，問他們為什麼要創業呢？就是因為沒有錢，所以才要創業。話雖這麼說但還是沒錢啊，怎麼辦？那就借吧，那如果虧了怎麼辦？富人總會反問那萬一賺了呢？你可以發現他們的人生是積極向上的，思維方式跟窮人是徹底地不同，如果你跟窮人說，做人要有夢想。窮人就會語重心長的告訴你：夢想很豐滿，但現實很骨感，還是早早把夢想戒了吧，要夢想幹嘛？反正實現不了，總之就是消極的不得了。你跟窮人說，你要不要花些錢找個課程去學習財商，窮人一聽到要花錢上課，就立馬提不起勁，渾身不舒服，心想如果拿這些錢去遊玩那該有多好，買件新衣服，買個包包不是更棒

嗎，或是給直播間的美女主播刷禮物多開心，現在無數人在抖音在Tiktok上給主播刷禮物，隨便刷一架火箭就大概一萬元。你讓他花個幾千元報名個課程，他就跟你翻臉，這就是窮人思維。但是富人思維的人就願意拿這個錢去學習。所以窮人思維和富人思維完全是不一樣的，根據宇宙吸引力法則，窮人思維不敢花錢，他們認為錢花了就沒了，所以越花越窮，而富人思維則認為錢能夠越花越多，所以他的錢就真的越花越多。

所以窮人到底為什麼窮，那是因為窮人的基因中有下列三個窮人思維：

窮人總認為自己匱乏，總覺得自己沒有，總覺得自己不配，不配有錢，不配有機會，不配有好的投資工具，更不配有好的創業機會，總之不配一切能讓自己更富有的東西，這就是為什麼當機會來臨時，窮人總會下意識的抗拒，說是騙人的，說這不可能，說這他做不到，說他沒錢所以無法，無論那個理由到底是什麼，真正的理由是因為覺得自己匱乏、不配擁有，我這輩子就是這樣了，怎麼可能會有那麼好的事情會發生在我身上，也因此所有的機會都是這樣從窮人身旁溜走了，反之富人總感覺富足、感覺豐盛，認為自己值得，所以當機會來臨時，先審慎評估，深入了解後就積極投入、立即行動，自然能夠更富有，機會面前人人平等，只可惜富人窮人總用不同的方式回應。

窮人總感覺恐懼，害怕自己被騙，害怕自己沒錢，害怕這個害怕那個，但你一定要知道，怕窮來窮，怕病來病，這就是前面章節提到的吸引力法則，恐懼是會惡性循環的。其實人生就是一場遊戲，窮人

玩遊戲是為了賺錢，富人玩遊戲則是為了樂趣，所以窮人總對金錢懷抱恐懼，而富人則是在玩樂過程讓財富水到渠成。

　　窮人總是認為錢是不好的，錢是骯髒的，總有一種仇富心態，當你都不喜歡錢，甚至仇視錢，錢又怎麼可能會來到你身旁。財商大師羅伯特·清崎的書中提到富爸爸和窮爸爸，窮爸爸為何窮，他總是說金錢乃萬惡根本，全世界的戰爭都是因為為了錢。但富爸爸卻說，貧窮乃萬惡根本，為何會有人偷東西搶劫，就是因為窮。所以你可以清楚地發現當你內心有著貧窮種子，那你將注定一輩子貧窮，唯有把貧窮種子移除，改植入富人種子，開啟自己的富人思維，那財富已經離你不遠了。

　　接著我們來解說更細一些，富人與窮人在思維上確實是有著極其巨大的差別，具體差別如下：

💲 1. 成長思維與固化思維

　　富人的思維總是不懂就學、不會就問，這世界上沒有什麼是困難的事，更沒有所謂學不會的事，所有的事情沒有學之前都很難，但是一旦學會了就不難，所以對於富人而言，富人不怕改變、富人不怕趨勢，因為只要自己跟著動就不怕外界世界一直動，這個所謂的動指的就是學習，接著富人從不安逸，他們總是很清楚現在的好不代表永遠的好，唯有兢兢業業地投入經營，居安思危才能夠持續不斷地成長創

　　財商筆記：殺死你內心的恐懼，你將無所不能

新，存活在這不容易的世代；但是窮人怕不懂的、不會的事情，會潛意識地抗拒，並且發自內心地給自己無數不願意學習的理由，這個我不懂，因為那是年輕人的玩意，這個我不會，因為我對3C不熟，總之只要是不會的，就立馬給自己一個理由，告訴自己永遠不需要學會也沒關係，再者如果當下有著不錯的成績或收入，就會就此安逸，停止學習和精進，總是天真地認為榮景能夠持續一輩子，活在自己的烏托邦中，等到改變一來就怨天怨地，認為自己倒楣運氣不好，就是這樣的成長和固化思維擴大了富人和窮人之間的差距。

 2. 前進思維與後退思維

富人和窮人在思維上第二個不同就是前進思維和後退思維，而這其中的關鍵就是糾結，富人總能迅速地快刀斬亂麻，迅速地面對當下並且做出決策，總是想盡辦法擺脫掉身上一切的枷鎖，讓自己能夠不斷前進，就算做錯決策也絕不後悔，只允許自己往前看向前走，絕不回頭；但是窮人卻總被無數枷鎖綁住，活在糾結、後悔和悔恨當中，說穿了就是窮人總活在過去，走不出來，每一次的糾結，都會讓自己停留在原地，短則數天長則數年都有可能，所以不要小看每一次的糾結，它都在讓你虛度光陰。富人總是清楚這個世界上不會讓你無緣無故碰到一個人，凡是發生在你生命中的事情都是命，也可能是上輩子你欠人家的，所以這輩子你得吃點虧還人家，當你能這樣想，你就能立刻放下，代表你已經還清上輩子的債，接著下一個碰到的可能就是你的貴人，結果你放不下，反倒還跟對方糾纏不清，甚至還告他、砍

他、為難他，那該怎麼辦？你已經注定無法前進，因為你一直活在過去，浪費自己的生命。所以一定要善待生命當中出現的任何一個人。

　　這裡我想談得更進階一些，很多人會認為不管我有沒有在糾結或後悔，每天我還是認真上班每天我還是努力工作，我也沒偷懶，這樣是不是就不會後退，那我想這樣跟你分享，今天如果在高速公路上，沒有塞車，而你那一台車以時速20前進，此時如果有一台正常車速時速100從你旁邊呼嘯而過，很快地你就會看不到他的車尾燈，很重要的問題，請問你這一台時速20的車有沒有在前進？顯然是有的，那我再問對於所有在高速公路上維持正常時速100左右的車而言，請問你那台時速20的車還有在前進嗎？這個時候你會發現，不只沒有前進，反倒還變成後退，因為你跟其他的車之間的距離會越拉越大。如今這個世代轉速非常快，就如同高速公路上一般，所以以前有一句話叫做不進則退，這句話已經過時了，現在是「進步太慢就叫做退步」，那如果你還不進步還停留在原地，那你基本上已經被淘汰了，因為你已經跟不上這個時代的步伐。

$ 3. 正向思維與負向思維

　　第三個思維差別就是正向與負向思維，我常把人歸類為三類，第一類就是既努力又正向的人，這種人基本上就會是3%的領導者，成功和擁抱財富是必然的；第二類就是不努力又負向思維的人，這樣的人沒有成功、賺不到財富也是合情合理，大家應該都可以認同，最可憐的就是第三類，努力卻負向的人，這樣的人每天汲汲營營地投入工

作，認真努力，按邏輯應該會有好的回報才是，無奈因為思維負向，所以最終仍無法產生出好的結果，我舉個案例吧，我以前帶的團隊當中，曾有一位業務夥伴就是這樣，它總是很認真的做行銷和約訪，但成績始終不如意，直到我跟他深聊過，我才知道原來因為他一開始碰過了幾次釘子，有了不好的經驗，讓他在接下來的運作當中蒙上了一層負面陰影，每次電話約訪前，內心總會覺得對方應該不會接電話，每次行銷過程當中，他也會覺得對方應該不會跟他買，或是在最後成交之前一定又會說怎樣怎樣然後失敗，就是這樣的負向潛意識，讓他的約訪和行銷效益降低，也讓他的努力都付諸流水，這類型的人讓我覺得最惋惜，他們因為覺得都成功不了，然後最終就真的如他所想都無法成交，越努力越痛苦就是這類人的寫照，所以努力真的不是成功的關鍵，充其量是成功的基本而已，唯有保持正向思維才是成功的第一步。

　　除了上述三個不同的思維以外，還有一個很重要的不同，那便是資訊接收度和資訊行動力，窮人抗拒所有未知和新穎的資訊，富人則是樂於接受所有未知的訊息，你永遠無法賺到你認知範圍以外的財富，換言之你的認知範圍太狹窄，想當然你賺取財富的機會勢必少得可憐；而如果你的認知範圍是與時俱進與日俱增，那你想不擁抱財富都很難，我剛出社會的時候認識了一些在扶輪社的前輩以及就讀EMBA的學長，當時也因為才剛出社會還沒有太多資產更沒有富人思維，當時對於要花大筆財富只為了到扶輪社去交流；抑或是花大筆財富念EMBA，只為了認識更多人脈，雖然常聽人們說人脈就是錢

脈，但是有必要花大筆財富只為了結交人脈嗎？後來我才知道，原來富人對於資訊都是求知若渴的，很多資訊之所以我不知道，並不是因為我不優秀，而是因為我不在那個圈子、不在那個環境裡，所以我理所當然不知道，相對地我所身處的環境也一定有別人所不知道的有用資訊，只有我知道，所以當不同圈子的人能夠交流，有用的資訊便能互通，各種隱含商機的資訊就會在這個時候流竄，富人的思維非常簡單也非常高效，如果想要找到有效益的資訊，與其自己出去找，不如直接跟別人交換，這就是為什麼富人恆富窮人恆窮，窮人之所以無法翻身並不是因為不努力不認真，而是他們會下意識地杜絕所有可以讓他們翻身的機會，活在自己那狹隘的認知圈當中，而富人的世界裡則是充斥著各種機會，因為他們總是歡迎所有的資訊，這是接收度的不同。

資訊行動力指的是什麼呢？窮人對於許多有用的資訊，總是把它當作花邊新聞、娛樂新聞來看待，但是富人則是在聽完訊息後會立刻研判出商機接著立馬行動，舉例元宇宙裡的NFT（後面的章節會詳細介紹），國人聽到NFT大多是因為師園鹹酥雞，全球第一個上架NFT的鹹酥雞，窮人聽完以後，只會覺得有趣，覺得這世界無奇不有，認為這有趣的資訊跟自己其實沒有任何的關係，純粹就是個娛樂新聞，但是富人則不然，一聽到鹹酥雞NFT，馬上嗅到趨勢的味道，立即開始研究何為NFT，開始思考師園鹹酥雞為何要出NFT，然後開始詢問周遭是否有對NFT熟悉的人，再不然就是立刻花錢去學習相關的知識，蒐集整理完所有資訊以後，接下來就是付諸執行，讓自己可以獲

取該領域的財富，這就是資訊行動力。巴菲特數次在金融風暴和危機當中，因為得知了風暴的警訊和徵兆，立即了解全盤狀況和資訊後，就開始大量囤現金等待炒底，每一次的風暴，他的財富都會翻好幾十倍；李嘉誠先生也是，就在香港回歸中國的時候，當時所有香港富人都積極變現，試圖把資金全部轉到英國，結果李嘉誠先生得知此訊息後，便大力地購買所有土地，結果財富也是立馬翻了好幾倍，這就是資訊行動力，所以未來千萬不要抗拒和輕忽各式訊息，尤其是你不熟悉和沒聽過的訊息更是要特別注意，或許裡面隱含著無數的財富商機等著你去發掘喔。

財商筆記：改變你的「窮人」思維，你才能變成「富人」

術之篇

Chapter

7

有錢人的秘密

WEALTH
BIBLE

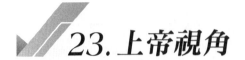

23. 上帝視角

　　很多人認為自己欠缺的是錢，總說：我沒有錢，如果有錢我也創業，有錢我也投資……，但他們缺的真的是錢嗎？假設我今天給你100萬，讓你穿越到30年前，你能不能成為億萬富翁？我想笨蛋都做得到，只要拿錢炒股，哪支股票漲你已經都知道；哪些房產漲你也都知道，那還不簡單嗎？那如果我今天一毛錢也不給你，一樣讓你穿越到30年前，你能不能賺到錢？一定也能！大不了借錢然後照樣買股票買房產，這樣看來你缺的不是錢。你缺的是看到這個東西會漲的機會。

　　你缺的是看到未來的視角，不管是比爾‧蓋茲還是李嘉誠都曾講過，我之所以能成為首富，是因為我看得比別人遠，我能看到別人看不到的，當所有人都在做大型計算機的時候，比爾‧蓋茲看到未來每一家都會有小型計算機，所以他就投入軟件，創造出鉅額的財富，當全香港都在賣鐵桶的時候，李嘉誠看到了塑膠桶將會取代鐵桶，馬上把鐵桶廠關掉，開始做塑膠桶，當塑膠花出來的時候，他看到塑膠花一定會紅遍全世界，他就馬上開始做塑膠花的生意，他們總能看到三年五年以後發生的事情，那他們為何能看到而我們卻看不到呢？他們為什麼能看得那麼遠呢？因為站得高方能看得遠，一個人站在三樓，他只能看到眼前正在塞車，車子都動彈不得，但是如果這個時候有一

個人站在十樓，他可能就可以看到是因為下一條街發生了交通事故導致塞車，那如果有一個人站在三十樓高的頂樓能看到什麼呢，他放眼望去，看到的盡是城市的繁華、一望無際的天空和遠景，心情必是心曠神怡，跟前兩者的區別鐵定非常大，我們很多人之所以看不到未來，就是因為都待在低樓層，每天看到的盡是雞毛蒜皮之事，每天感受到的盡是繁雜鬱悶。

比思維更高的是境界，比境界更高的是維度，那如何拉升你的維度，就是當你站在樓頂看這個世界的時候，當你站在外太空看這個世界的時候，你就會看到一個不一樣的風景，進而建立起一個上帝視角！發生在你身上的任何一件事，都不要問自己，你該怎麼做，你應該要問的是，如果是馬雲，他會怎麼做？如果是馬斯克，他會怎麼做？如果是佛陀，他會怎麼做？建立上帝視角，就會瞬間把自己看清楚，要出離自己看自己，格局決定結局，境界決定眼界。馬雲曾經說過：很多人都問我是怎麼成功的，我成功就看得比別人遠。但是他為何看得比別人遠呢？因為他站的夠高，因為他有格局，而格局決定未來。

張磊，被譽為中國的巴菲特，高瓴資本的創始人，他在價值這本書裡面寫過這麼一句話，他說：「我投資任何一家公司的項目，永遠看的第一條便是這個企業創始人的格局，如果這個創始人沒有格局，沒有執行力，沒有專注力，沒有對自己能力邊界的認知，我是絕對不會投資他的。」而這四個指標當中，格局排在第一位，可見格局有多重要，你會發現貝佐斯、馬斯克、馬雲、郭台銘、王永慶、李嘉誠之

所以那麼成功，是因為他們都建立了上帝視角。再講白話一些，上帝視角也可稱之為趨勢力。

天下大事皆為道，浩浩蕩蕩順之者昌，逆之者亡，道看不到，摸不著，但它就像空氣一樣存在，大道無形，大道沒有形狀，看不到卻能生育天地，整個天地都是它生出來的，大道無情，它沒有感情，但是它運行日月，整個日月都是這個道的力量在運行，大道無名，它沒有名稱，長養萬物，世間萬物全是道生出來的，但卻不知它的名字，我只好隨便給它起個名字，強名曰道，此段的意思是說，太上老君教人知道什麼是萬事萬物的根源，它是沒有形狀、沒有情慾、沒有名字的大道之體，它是天地萬物的運作、長養的唯一操作者。沒有它，世界將毫無生機可言，凡是有智慧的人，都應該觀察它的永恆常存，向它學習。一來學習它的無形。「外其身而身修，忘其形而形存」。二要做到無情，無情就是無念，就是沒有七情六慾，心地才能清靜，本性才能無染。第三要做到無名，萬事萬物都是從無名中生出，修行的人，如果能做到捨去有形之身，忘掉肉體之我，即是大道無形之功；能做到一念不動，心地圓滿無缺，即是大道無情之功。上帝視角就是趨勢力；趨勢力就是道。

日本的經營之聖，稻盛和夫一生創立兩家世界五百強企業，他本身也是馬雲的老師，他曾說經營者必備的三種力量，一種「自力」，兩種「他力」，「自力」顧名思義，是指經營者自身具備的能力或力量。「他力」有兩種：一種是指經營者的得力助手，左臂右膀，以及企業員工的力量；另一種「他力」是指宇宙、自然的力量。如果能夠

借用到這種「他力」，幸運就會光臨，也就是說命運會好轉，時來運轉。他提到在創業過程中他總感覺到世間有一股力量，這股力量他也說不清楚，但是這股力量卻存在著，我舉個例子，此時此刻的地球正在轉動，太陽正在轉動，整個銀河系，整個宇宙都在向前走，如果我們現在站在銀河系來看整個太陽系的話，你會發現，整個太陽系的行星都在往前走，因為有一股非常大的力量在推著它往前走，但我們不知道這股力量叫什麼名字，稻盛和夫說，我們暫且給他取個名，叫做宇宙力，這股力量非常強大，可以推動著日月星河往前走，宇宙力如果想推地球往前走的方向是向右走，偏偏你非要往左走，那你跟宇宙力是背道而馳的，這時你一定會有一種感覺，彷彿老天爺都在跟你作對，彷彿全世界都在跟你作對，而且你完全無法抵抗，有如螳臂當車，因為你的力量跟與宇宙力相比，簡直小到不能再小，但是，宇宙力如果要往東走，而你不小心也往東走的話。就會有稻盛和夫所說的那種猶如神助的感覺，彷彿整個世界有一股力量在推著你往前走，幫助你成功。所以背道而馳，就注定失敗，但你一旦順著道去做，那成功已在不遠處。

24.決策力

　　接著我們來談談，很多人都想改變命運，但是最終卻只有一部分的人命運改變，為什麼？你能說這**97%**的人不努力嗎？其實不是，因為選擇不是大於能力，而是選擇就直接等於成敗。人這一輩子是選擇決定成敗，選錯了，你再怎麼努力都不可能成功。那人這一輩子有三大選擇：

人生第一個選擇：伴侶

　　選對伴侶，女人如果選錯男人，那這輩子很可能就完了。男人如果選錯女人，那祖宗三代也可能都被你廢了，一定要選一個跟你同頻的，支持你夢想的，跟你價值觀一樣的人，你看王力宏和李靚蕾的婚姻即是如此，李靚蕾在宣言中提到一句話：「演藝圈的男女關係和你的三觀也是顛覆了我的見識。」從這句話你就可明顯知道，為什麼婚姻最終會失敗，甚至還得走上在媒體上互相指責的局面，最大的原因就是因為價值觀不同，很顯然的它們彼此對於婚姻的價值觀不同；對於孩子養育的價值觀不同；對於一切的一切都是那麼的不同，這樣子的婚姻如果沒有失敗收場，那就表示太太得忍氣吞聲，一輩子無法活出自己，在一場不對的愛情和婚姻當中，總是有太多的委曲求全，所以人們才會說愛情是盲目的，這樣你就知道選對一個好的伴侶有多麼

的重要。就像黃老師選擇我太太一樣，如果沒有我太太，我也不會有今天，我不可能這麼快就打造起我的事業，那你是不是也應該選一個認同你的愛人，但如果真的已經選錯了怎麼辦？要不就是趕緊結束這場婚姻，再不然就進入到第二個重要的選擇。

💲 人生的第二個選擇：圈子

當你進入到充滿正能量的圈子，圈子裡的朋友都非常的積極，非常正能量，都是成功的創業者、投資家，你進入他們的圈子，你就會受到他們的影響，到最後你也會成為企業家，成為投資家，但是如果你的圈子裡全是酒肉朋友，都是一群沒有財商的、負能量的、消極的人，不管你做什麼總潑你冷水，那你的人生就真的結束了，所以孟母為什麼要三遷，就是希望孟子的生活圈能幫助他成長，那如果前兩個都選錯了怎麼辦，人生還有機會嗎？那你就得進入到第三個選擇。

💲 人生的第三個選擇：教練

這輩子一定要選對教練，金庸小說，像是《射雕英雄傳》、《神雕俠侶》、《笑傲江湖》、《天龍八部》等等，凡是金庸筆下的男主角，都不是一登場就是高手，一開始全是普通人，楊過、郭靖、令狐沖都是普通人，但是這些人為什麼到最後都變成絕世高手，因為金庸男主角成功是有SOP的，成功三部曲，第一部出門；第二步拜師；第三部學藝。先來看看出門有多重要？楊過如果不出門不離開家鄉，那他就是個地痞無賴，永遠沒法長見識，夢想跟什麼有關？格局跟什麼

有關？都跟你的見識有關，沒有觀世界，何來世界觀？沒有觀人生，何來人生觀？如果你在小城市一直待著，你永遠不可能提升格局和境界，必須得走出來到大城市看一看，你的格局，你的境界，都會因此變得完全不一樣，楊過為什麼能成為絕世高手，因為他選擇出遠門，也因此他接觸到的都是厲害的人。

第二步是拜名師，看到名師不拜就是一種罪過，如果楊過沒有老師，他怎麼可能能成為絕世高手，如果郭靖沒有老師，他怎麼可能成為絕世高手。那麼你的老師是誰？教練的級別決定了選手的表現，籃球之神麥可‧喬丹如果沒有碰到他的教練，人稱禪師的菲爾‧傑克遜，那他也無法建立起威震一時的公牛王朝，所以麥可‧喬丹在生涯後期曾說過他這輩子只在禪師底下打球，後來隨著公牛隊把禪師給開除以後，麥可‧喬丹就直接跟著宣布退休，因為沒有禪師就不會有籃球之神。

成功第三步就是學藝，平常聽聽課看看書可是完全稱不上學藝。什麼是學藝，學藝就是真真正正的成為這個老師的學生，系統性的學習他的課程，在他的身邊學，而且最少也得連續學習一年，只有這樣你才有可能學到真本領，而且不能只是空中學，雖然疫情開啟了人們線上學習的便利性，但是真正的學藝是得見到這個老師跟隨這個老師，那你才能學到真正的精隨，出門拜師學藝，這就是成功三部曲。

財商筆記：選擇決定人生

25. 你決定了嗎？

　　學完任何東西，都必須做一個決定，付諸行動，否則等於沒學，浪費時間，人生最害怕的不是做錯選擇，而是害怕做選擇！選擇沒有對和錯，只有得和失。選擇不對努力白費！選擇是道，努力是術，沒有完美的個人、只有完美的團隊，越是成功的人做決定的動作越快，猶豫不決的人永遠都不會成功！

　　學習最低境界是學方法，學習最高的境界是學思維，老闆學習的唯一目的就是建立一套屬於自己的獨立運營的思維意識體系。做決策是一種思維，窮人有窮人做決策的思維；富人有富人做決策的思維。當我們選擇創業時，我們最好一開始先去做銷售，去累積經驗和人脈，晉升後，就應該開始學習管理，懂得管理後，我們就會擔任領導，此時就應該具備領導力，如果我們還想做得更大，那我們應該再修煉出影響力，而比影響力更高的叫做決策力。自古領袖、帝王、老闆最核心的就是做決策的能力，成功者與普通人最大的不同就是決策力的不同，做決策的方式和思維是完全不一樣的。

　　人生是一場修行，一樣看同一本書，進行同一場學習，為什麼有的人能成功而有的人卻沒成功？你看一本書，你可能只是吸收了一些知識或想法，但是我看完後卻給自己人生做了一個決定。你看了一部電影，可能你只是看到其中的華麗特效或峰迴路轉的精彩劇情，但我

看完後卻給自己人生做了一個決定。你上了一堂課程，可能只是聽了講師不同的觀點或做了一些筆記，但我上完課卻給自己的人生做了一個決定，因為只有決定才能帶來行動。換句話說，看書、上課最重要的不是收穫，而是給自己做一個決定。

光獲取知識是沒有意義的，知識不是力量，懂得運用知識才是關鍵，所以不行動一切就等於零，只要有行動就會有結果，但多數人為什麼不敢行動呢，其實就是因為沒有給自己下一個決定，決定決定命運，新的決定決定新的命運，你我之間最大的差別就是，我給自己做了個決定，而你卻沒有給自己做一個決定。每個人身上都隱含著一股力量，這股力量足以改變每一個人的人生，但是那股力量究竟在哪裡呢？我們又該如何去運用？我們都清楚，唯有採取新的行動，才會產生新結果，然而在採取任何行動之前，我們必須先做出一個決定才行：改變的力量源自於決定。雖然我們無法完全掌控人生中發生的各種事，但我們卻可以決定要怎麼去想、去相信、去感受和去面對。我們都知道，生命中每一刻所做的決定，都會帶出新的選擇、新的行動、乃至於新的結果，可是為何大多數人卻忘了自己擁有這樣的決定能力呢？

總而言之，不是我們所處的環境，而是我們所作的決定決定了我們的命運，你現在過著什麼樣的生活，不管你喜歡或不喜歡，都是之前的決定所導致的。你決定要學什麼或不學什麼、要相信或不相信什麼、要放棄或堅持什麼、要和什麼樣的人結婚、要有幾個孩子、要吃什麼樣的食物、要不要抽煙或喝酒、要成為什麼樣的人或做什麼樣

的事,這一連串的決定將會讓你的人生走向一個不一樣的局面。如果你真的有心想要改變自己的人生,那麼就必須對自己的現狀和未來做出決定,當然還得讓這個決定實現。當我們在使用「決定」這個字眼時,那必須得抱持著來真的的念頭,不少人會這麼說:「我決定要減肥。」可是口氣卻有氣無力,一點都不當回事。那不是決定,只是一個心願罷了,換句話說也只是想瘦一點。

　　一個真正的決定,就是告訴自己要這麼做,不會再有其他想法,更不會有半途而廢的念頭。我們都知道,有些人一出生就佔有先天優勢,擁有富裕的家庭、優良的環境、強壯且健康的身體,凡是你能想得到的,他們看起來一點都不缺。但是我們也都知道,上述這些人最後多淪為身材肥胖,自甘墮落,更甚者還吸毒成癮。同樣情形,我們經常也會看到、讀到和聽到一些感人的故事,他們出生就有悲慘的遭遇,可是卻不甘於向命運低頭,因而下定決心勇敢面對,最終克服各種艱難,創造出輝煌的人生。這些人是人類精神文明的楷模,充分釋放出無比的內心力量。這些人物是怎樣做出那些偉大的事蹟呢?全在於他們總在人生的關鍵時刻做出不凡的決定,不向現實低頭,而要作第一等人。就是這種發自內心的由衷決定,改變了他們一生。由衷決定指的是什麼呢?經常有些人這麼說:「嗯,我應該減肥;我應該多賺些錢;我應該找份好工作;我應該戒煙。」不管他說了多少個「應該」,總之一切都不會有所改變。

　　人生要想有所改變,唯一的方法就是要做出一個由衷的決定,這意味著除了照著決定去做以外,心裡也不再有其他念頭。既然做決

定是如此容易，且又那麼有威力，為何多數人不肯下定決心做出決定呢？只因為他們不明白由衷決定的意義，以為決定就像是許願一樣：我希望我能戒、我希望我能戒酒。就是因為大多數人鮮少做出由衷的決定，長久下來，就根本忘了做出由衷決定是怎麼一回事。當你做出由衷決定，那就像是在水泥地上刻出一道痕，而不是在沙地上畫出一條線，海浪一來就什麼都不見了，清清楚楚知道自己要的是什麼。這道明顯的刻痕會帶給你力量，不達成自己設定的目標絕不中止。

那些克服了生命障礙的人，之所以能扭轉人生逆境，憑藉的就是每天做出三個有威力的決定。

1. 應該專注於哪些事。

2. 那些事具有何種意義。

3. 到底該怎麼去做。

以下分享艾德‧羅伯茲（Ed Roberts）故事。他是個終身必須坐在輪椅上的「平凡人」，只因為決心不讓人生被這張椅子所限，才能創造出不平凡的事。

當他十四歲時得了一種怪病，造成自頸部以下癱瘓，從此就離不開呼吸設備。他同時也發現殘疾人士要活在這個世界是多麼的不方便，所以他決心要為其他和他一樣的人解除痛苦。他是怎麼做的呢？在過去的十五年間，他決心要跟這個不重視殘障人士行動的世界對抗，希望能改善他們的生活品質。艾德‧羅伯茲不斷教育社會大眾，發起重視殘障人士的活動空間，從輪椅的上下坡道、專用的停車位到扶手裝置，這一切都使殘障人士行動起來更便利。

他是第一位患有頸部以下癱瘓而畢業於加州大學柏克萊分校的殘障人士。很明顯的，這個人把目光投注於大部分相同患者所未留意之處，而全力改造所處的不良環境。他不把肉體的殘障視為不便，反倒視為一項「挑戰」，決心為同患創造出更舒適的生活品質，結果也如願以償。

艾德‧羅伯茲的故事有力地說明了一點，那就是人生並非取決於你所處的環境，而是你是否做出要改變的決定。他的一切作為都出於那個有力且由衷的決定，當你明白了這個道理，請問你要為自己的人生做出何種由衷的決定呢？

現在就做出決定吧！人類的一切進步都始於一個新的決定，因此，你有哪些事一直拖延而未做呢？有哪些對你好而應該做的事呢？或許你該決定戒煙或戒酒，而以慢跑或讀書來取代；也或許你該做個決定，每天早起並充滿活力；或者你決定不再責怪他人抑或是離開讓你無法成長的環境，每天拿出新的行動，讓自己的人生變得更美好。

你要不要做個決定，如何才能顯示出比別人更有價值的方法，好讓你得到一份新工作？你要不要這樣決定，好好去學一門新技能，為家人或朋友賺得更多的收入？

此刻請你做出兩個決定，不管是做什麼但保證會履行的事。第一個決定可以簡單些，這樣你不僅容易達成，同時也可增添信心，證明自己還可以做出更重要的決定。你得開始鍛練強健的「作決心肌肉」。接下來，你再做出第二個決定，那需要你拿出更大的決心去履行，因此它最好能激起你的幹勁才行。在下頁的空白處，請寫下這兩

個決定，同時轉告家人和朋友。最後，就請你好好享受達成這兩個決定的驕傲吧！

一、簡單的決定

_____

_____

_____

_____

二、更大的決定

_____

_____

_____

_____

　　決定決定命運，新的決定決定新的命運，當你敢給自己人生狠狠地做一個決定的時候，你的人生已經開啟不同的局面。

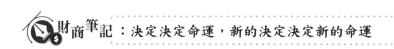
財商筆記：決定決定命運，新的決定決定新的命運

26. 錢該如何越花越多？

　　錢其實是可以越花越多，捨得捨得，不捨不得，大捨大得，小捨小得，一說到花錢，窮人的第一個反應就是不能花錢，因為錢花了就沒了，根據宇宙吸引力法則，當你認為錢花了就沒了的時候，錢一旦花了就會真的什麼都沒了，但是你知道有錢人的思維是什麼嗎？他們認為錢是越花越多的，因為錢也是一種能量，如果你今天賺到錢，就把它放到口袋裡，再也不動它，就彷彿你把錢關進監牢，不論是錢還是人，誰會喜歡被關起來呢，再者錢在這個世界上唯一的價值就是拿來花，但你卻把它關起來，情何以堪，所以得把錢花出去，窮人總是認為只有在我口袋的錢才是錢，因為有種安心感，起碼錢不會跑掉，這個觀念絕對是錯的，在你口袋的錢是負債，受到通貨膨脹的影響，錢一直在貶值，而且因為花不出去，這錢也無法為你產生出更大的效益，一定要記得，唯有把錢花出去才是你的。花錢其實是有方法步驟的，按照正確的方法來走，錢就真的能越花越多。假設你現在工作多年，存下100萬，那如何用這100萬翻身變成有錢人呢？

　　接下來要與各位分享富人花錢的五部曲。但在這之前一定要先有一個重要的觀念，那就是窮人不要理財，越窮就越不要理，不要輕易相信理財可以致富，理財是不可能讓窮人富有的，尤其在你沒有錢的時候，再怎麼理都毫無意義，凡事要分權重，你沒有錢的時候最高權

重應該是本金，而不是利息，人生真正的理財應該是從賺夠500萬開始，一個20歲開始竭盡全力，各種算計各種理財的人，跟一個20歲花光用光，完全不考慮複利奇蹟的人，他們在30歲的淨財富不會相差20%，人生最無用的事情就是在年輕苦寒的時候，費盡心機存下幾萬塊，越窮就越不要在乎利息，而是要在乎本金，越窮就越應該去投資自己，提升自己，就應該去改變那個最大的權重，錢可以再賺，而時間不行，如果你很窮，最好的策略是把人生調到快轉模式，用最短的時間摸清楚規則，你仔細想想，如果十年前你具有今天的判斷力，你的人生會達到怎樣的高度？人生最悲慘的事，好不容易摸清了規則，發現遊戲已經結束了。年輕最重要的是提升自我，摸清規則，多經歷多踩坑、壓縮時間、壓縮苦難、拼命和時間賽跑，來換取早一天的大徹大悟，絕對不是讓你去計算小數點後面又多了多少。

利息的錢不值錢，時間才值錢，一旦過了中年，兩手空空想再翻身，基本就沒有機會了，你當年省吃儉用存下來的那點錢杯水車薪，毫無意義，目光要放長遠收益，要看全時段，人生的不同階段，無非就是時間和金錢的比率，重要的是比率，你20歲的時候，一天可以換100塊錢，30歲的時候一天可以換1000塊錢，40歲的時候一天可以換1萬塊錢，你改變不了時間，但是你可以改變比率，你通過努力讓比例無限變大，就等於你用未來的一天換取了現在的一年，這才是大智慧。所以，絕對不要覺得花錢就是浪費，很多人特別喜歡各種節省，特別喜歡用各種優惠券。這不是不行，但最大的問題是永遠無法擺脫當前層級，想擺脫就只有一個方式，改變比率，把有限的錢投資

到自己身上，把有限的錢用光花光，把日常消費壓縮到最低，把學習提升開到最大，凡是能提高效率的都買，凡是能提升自己的都買，凡是能給你帶來機會的都買，因為一無所有，所以才不怕失去，用錢換時間對富人重要，對窮人更重要。了解完這個重要的觀念以後，我們再來看富人花錢的五部曲，就能夠更理解了。

💲 第一步，花錢學習

你得先拿100萬的一半去做學習，你想創業，你就去學習創業類的課程，你想投資，你就去學習投資類的課程，如果你想投資房地產，那就去報名一個專門教你炒房地產的課，如果你沒有學習就去做，那99%你會虧錢，就算運氣好真的賺了，很快地還是會倒虧回去，這是財富恆等定律，財富最終還是會跟你的能力和認知恆等，這就是花錢的第一步，花錢學習。

💲 第二步，花錢創業

如果有人跟你說他有個好項目，報酬率可以高達30%，但其實有另一種項目報酬率可以到300%甚至400%，那就是創業，你只有100萬，你有什麼好投資的？你就算賺到10%的報酬，你又能賺多少錢，什麼時候才能變成千萬甚至是完成人生目標呢？所以說窮人不要理財，你只會越理越窮，既然目標權重是本金，那就應該把錢拿去學習拿去創業，所以第二步是拿錢創業，如今疫情導致全世界的消費習慣和生活習慣不斷改變，每一次的改變都代表著財富重分配，運用線

上來創業本身就是以小博大，讓人人有無限機會。

💲 第三步，佈局有效資產

等到你有學問而且創立自己的公司或當上某企業的合夥人，然後你的公司現在已經可以自動化運營，那第三步就是拿錢投資佈局有效資產，何謂有效資產，保值升值都不是最重要的，有效資產的關鍵在於能夠創造出源源不絕的現金流，當你佈局有效資產以後，未來不管是金融危機還是疫情危機，都跟你沒關係，因為你已創造出源源不絕的現金流入，這部分在下一章節會有更詳細的說明。

💲 第四步，花錢消費

享受人生，買房買車，本來就是天經地義的事情，一生打拼不就是為了享受美好生活嗎？但這個享受在財商裡面指的是延遲享用，窮人跟富人最大的區別就是，你能否延遲享用，換句話說你必須明白你當下有沒有資格去享受，你得到第四步才有資格享受，窮人拿辛辛苦苦賺的血汗錢去享受，而富人則是拿他的有效資產帶來的被動收入去享受，這就是差別。都聽過鵝下金蛋的故事吧，其實我們每一個人都有一隻會下金蛋的鵝，窮人就是直接把鵝宰來賣，但富人則是慢慢等這隻鵝下蛋，不停的下，不停的下下完以後，富人一個蛋都不賣，還讓蛋孵出小鵝，到最後養出一大堆鵝，然後這些鵝再下蛋，最終富人拿那些小鵝下的蛋去買賣去消費，為自己創造源源不絕的收入。

💲 第五步，慈善捐款

　　千萬注意，雖然是第五步，但絕不是告訴你非要等到此刻才能捐款，而是不能夠把自己本金捐光光，我有一個朋友，非常熱愛動物，尤其想拯救北極熊，不論有錢沒錢他都刷卡捐贈，只為了幫助北極熊，但最後他信用卡繳款逾期，欠了30多萬，我肯定他的愛心，但顯然當時他沒有資格做捐贈，自渡者方可渡人，你連自己都顧不好了又怎麼去幫助別人呢，不過如果你沒有負債，也有一些積蓄和正向的月現金流，那不管你在哪一步，你都至少拿出部分的收入，如10%來做公益捐贈，要知道所有的有錢人都不是有錢以後才開始做公益，而是在自己還很渺小的時候就開始，因為他們清楚地知道「福報就是財報」。

　　所以花錢是有步驟的，只要按照這個順序花錢，錢就可以越花越多，每次要花錢的時候都得問自己問題，我這筆錢花了還能回來嗎？我這筆錢是買資產還是買負債？如果發現我這筆錢現在刷出去是負債，那就堅決不花！再便宜都不花，很多人去逛超市，看到超市打折就硬買了一大堆東西，回到家才發現根本不需要，沒多久就放到過期。所以一定要按照這個順序花錢，才能夠越花越有錢。

💲 **財商筆記：把賺的錢全部投資到學習上**

💲 小故事學理財

　　李嘉誠有一次從他的賓士下車準備進公司，結果一不小心，口袋裡的一塊硬幣掉了，他二話不說馬上彎下腰找那枚硬幣，他堅信：「只要是我的錢，就算是只有一元，我都會去撿……」結果硬幣掉到下水道，在下水道找半天，保安一看，這不是老闆嗎？立馬過去詢問狀況，原來是錢掉進去了，掉了一塊港幣，保安立刻幫忙，花了大半天才把那一塊錢找出來，洗乾淨後給了李嘉誠，李嘉誠非常開心，接著掏出一千元港幣給那位保安，保安頓時糊塗，李先生，那一塊錢你都得搞半天，我幫你找出來，你怎麼還給我一千元，那一開始你不要那一塊不就行了嗎？

　　你知道李嘉誠為什麼這麼做嗎？因為你所做的每一個動作都在給你的潛意識發信號，都在給宇宙發信號，整個世界其實就是你內心的投射，當那一塊錢從我的口袋掉下去，而我不去撿的時候，我正在向宇宙發出一個信號，那就是我不在乎錢，我浪費，如果你都不在乎錢，那錢為什麼要在乎你呢？

　　錢是一種能量，萬事萬物皆是能量，錢也是有自己的意識的，有一本書叫做《有錢人為何用長錢包》，作者是日本一位非常厲害的稅務顧問，他訪問了很多富豪，發現有錢人都用長錢包，但他搞不懂為什麼？後來找到稻盛和夫，稻盛和夫說，錢是有能量的，如果錢是有意識的，今天你把錢放到摺疊皮夾，就相當於讓它睡上下鋪，其實不是那麼舒服，而且有些擁擠，但如果你把錢放進長皮夾裡，就像是讓它住進豪宅，試問如果是你，你喜歡睡折疊鋪還是喜歡睡豪宅，當

然一定會有人說這是迷信，但我隔天就立刻買了個長皮夾，因為我的思維方式就是相信，萬一是真的呢，在行動支付普及之前，我都是把錢放在摺疊皮夾，皮夾總是看起來胖胖的鼓鼓的，說真的也沒什麼質感，但是當我換成長皮夾以後，總感覺自己比較像個有錢人，當所有人都覺得你有錢的時候，你就會越有錢，因為大家都在幫你加持，這就是宇宙吸引力法則，就是同頻共振，所以富人跟窮人的思維方式、能量場可說是完全不一樣。

財商筆記 富人把賺錢當樂趣；窮人把賺錢當恐懼

術之篇

Chapter

8

不懂財商注定
窮忙一輩子

WEALTH
BIBLE

27.財商必懂報表

　　學習財商一定要從報表開始學習，資產負債表、現金流量表都一定要學，但你不用擔心，這裡所提的報表絕不像會計學裡面那樣的複雜（如下圖），現金流量表很簡單，收入－支出＝現金流，如果收入大於支出那就是正向現金流；反之收入小於支出那就是負向現金流。至於資產負債表，也就是會計學裡會提到的T字帳，左邊寫下資產，右邊寫下負債。

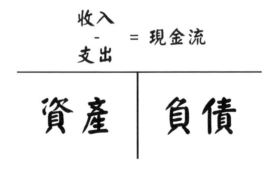

　　什麼是資產，能幫你創造出現金收入的就叫做資產，那什麼叫負債，能幫你創造出現金流出的就叫做負債，這時你可能會好奇，那房子是資產還負債？這沒有正確答案，端看這間房子在誰手上，如果我買了這間房子來自住，換言之接下來我得每個月繳交房貸，此時的房子就是負債，因為它讓我每個月都有現金支出，但如果我今天買了房子，把它租出去，只要我的租金收入大於房貸支出，那我就可以創

造出每個月的現金收入，此時的房子就是資產，所以說所有的工具，是資產還是負債都端看你怎麼去運用它。我有一個朋友很喜歡跑車，但買跑車的負擔過重，所以他決定乾脆多買幾台，然後平常做跑車出租，讓出租的錢大於他所繳納的車貸，最後他不但把自己的頭期款全部賺回來，接著每個月持續創造正向現金流，同時還圓了自己的夢想開跑車去兜風。你會發現價格昂貴的跑車在他的規劃之下成為炙手可熱的資產，這就叫做財商。那我想再問一個問題，我們多數人每天辛苦工作 8 ～ 12 小時，為的就是賺錢，那你有沒有想過你那麼辛苦賺來的錢，是資產還是負債呢？

接著回到資產負債表和收入支出表，我們來對照下頁圖看一個對比案例，A 君（圖中左邊）月薪 3 萬，每月開銷 2 萬塊，所以他的月現金流就是 3 萬 － 2 萬 ＝ 1 萬，因為月現金流量不高，所以 A 君胸無大志，從沒想過要買車子房子，因為也覺得自己買不起。另外一位 B 君（圖中右邊）被稱之為人生勝利組，月薪 10 萬，收入高相對的開銷一定也會提高，所以他的月開銷是 5 萬，月現金流就是 10 萬 － 5 萬 ＝ 5 萬，B 君每個月都有 5 萬塊可以存起來，因此一兩年過去就能存下第一桶金，多數人在擁有第一桶金的情況之下，都會想要買台車子來彰顯身分，以後也不用在捷運或公車上人擠人，買房子因為不想聽爸媽囉嗦又或者是因為準備要結婚，把積蓄拿來購買了以後，假設車貸和房貸都是每個月要繳 1.5 萬，那就會在負債出現車子 1.5 萬以及房子 1.5 萬

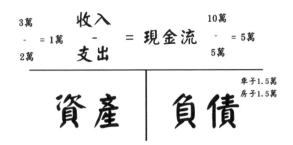

　　但當他負債多了總計3萬塊以後，現金流量表會跟著調整如下圖，B君的收入一樣是10萬，而支出從原本的5萬加上車貸房貸3萬共計8萬，月現金流量就會變成2萬。這裡我想請教各位一個問題，A君每個月月現金流量1萬，B君每個月月現金流量2萬，如果是你，你想要當哪一個？

　　先好好思考後再繼續往下看，多數人不假思索的回答那當然是要當B君啊，不僅有房有車每個月還比A君多一萬現金流，但我得提醒你，如果未來沒有任何風險發生，那肯定是B君比較好，但計畫總是趕不上變化，如果B君生病或發生意外導致他無法繼續勝任工作，抑或是大環境不好被公司裁員，不論任何原因總之他的收入終止了，請問此時他的支出會跟著減少嗎？通常是不會的，如果是平常支出，你得知道「由儉入奢易，由奢入簡難」，再者就算平常支出真的下滑了，那車貸房貸有可能下滑嗎？那是不可能了，換句話說，B君將一輩子活在恐懼當中，在繳清房貸車貸之前，他絕不能讓自己的收入中斷，否則日子將無法繼續，你大概可以想像那種壓力和煎熬，所以與其一輩子背負著這種壓力過活，我寧可像A君一樣，雖然錢少一些，但起碼過得快活。所以不要再羨慕那些有房有車的人，光鮮亮麗的背

後可能是你無法想像的壓力。

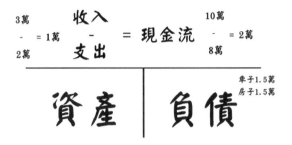

當然，聰明的你會想說，這樣看來AB君的財務狀況好像都不是那麼優，有沒有其他選擇呢？這時我們來看看學過財商的C君，我們以已經買車買房的B君來做對比（如下圖），左邊是B君右邊是C君，兩人原都是收入10萬，月開銷5萬，月現金流量也都是5萬，B君把錢拿去買房買車所以最終月現金流剩2萬，那學過財商的C君呢？當他也存了一陣子的錢，但他不把錢拿來買負債，而是拿來買資產，他把錢拿來投入能創造正向現金流的企業和投資項目，等到企業和投資各能創造出每個月5萬現金流以後，他才去買車買房（假設買的價位和貸款都跟B君一樣），那他的現金流量將會調整為下頁圖。

首先他的月收入會從原本的10萬加上企業5萬和投資5萬共計

20萬，而他的支出也會從原本的5萬加上車貸1.5萬房貸1.5萬共計8萬，月現金流就會是20萬－12萬＝8萬，此刻你已經可以看到相同收入和支出的兩個人，只因為財商就讓彼此有著那麼大的差距，所以說成功絕不是靠努力更不是靠高薪，你一定要有財商。最後我們來看看，驚人的事發生了，過了一陣子以後，C君決定把工作辭去：

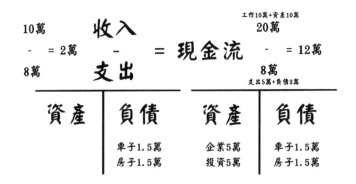

換句話說他的收入會只剩下十萬（如下頁圖），支出仍然是8萬，所以他的月現金流會變成2萬，此刻你有沒有發現B君跟C君的月現金流都一樣是2萬了，但是B君仍背負著還款壓力，深怕任何風險的發生讓他的收入中斷，但C君竟然已經可以退休了，因為就算不工作，再繳完所有貸款以後，他每個月還有2萬塊的現金流。BC君最大的不同是什麼？B君的2萬塊是主動收入，有做才有收入，沒做就沒有，但C君的2萬塊卻是被動式收入，不需要靠他工作就能夠有源源不絕的收入，所以說一定要學習財商。

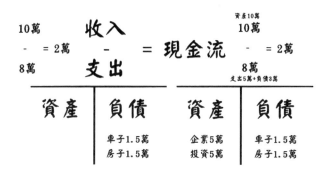

　　學習財商並不是要放大你的欲望，讓你去追求金錢，富人從不在意金錢的數量，因為那只是個數字而已。

　　窮人和富人的區別是賺錢方式的不同，假如說現在有一份工作可以讓你一天賺80萬，你會怎麼做？一般都會往死裡做，如果今天有一份工作一天讓你賺80萬，結果你就往死裡做，做到中風，請問這份工作對你來說到底是福報還是業障？如果給我一份工作，讓我賺八十萬一天，那我就馬上找一個人分他40萬讓他幫我做，40萬不願意就給他50萬那怕給他70萬，我都還有10萬的淨收入。如果一年可以賺1億，但是必須要不停地做才能賺到這筆錢，富人是不會感興趣的，但如果今天創造一個資產，或者說創造一家公司，這家公司只要通過一到兩年的努力，未來它每一年都可以帶來一千萬的收入，富人一定很有興趣，因為這是被動收入，所以，一個有財商的人永遠關注的一定是資產，到底能否為自己帶來源源不絕的被動收入，而不是我今天要賺多少錢。

　　那麼，要如何做才能成為富人呢？首先要知道富人有錢一定是先購買資產，只有等到資產賺到錢，創造出被動式收入以後，才會開

始購買負債，享受人生。換言之絕不能用拿來創造被動式收入的本金去買負債，用本金、用主動收入去買負債，那就是不懂財商的行為。資產負債表代表著你的財富，窮人只關注自己的收入，耗費一生都在為別人工作，賺到了錢就立刻買負債，而這個負債勢必是其他人的資產，舉例，我一賺到錢就立刻買一台車，這輛車就是我的負債，但因為你有車貸，對銀行而言這就是它的資產，所以你也可解讀成窮人用一輩子在成就別人的財富，一旦窮人停止工作，就會變得一無所有。富人則透過創業和投資來創造更多的資產。

為什麼一定要創業開公司，羅伯特·清崎說：「這個世界上，只有兩個東西是不能避免的，第一個是死亡，第二個就是稅。」納稅是很高的，擁有公司的富人是賺完錢以後減支出再繳稅，而在公司工作的人是賺完錢以後就直接繳稅然後再支出，所以創業可以讓你做到減掉支出後再繳稅，要想學習財商，就得學習四個知識：分別是市場營銷、財務知識、投資、法律。

我們要樹立正確的人生價值觀，財商價值觀就四個字，財務自由，我們要真心愛錢，牢記財務制度的方法，不斷地購買資產、減少負債，要跳出老鼠賽跑的陷阱，要學會讓錢為我們工作，我們必須要學會銷售，學會財務知識，學會投資，學會法律，成為富人最快的方法就是要創立自己的企業，或開始投資，沒有第三種方法。當你要去投資，要去創業的時候，你可以這樣分析，你的優勢是什麼？你的劣勢是什麼？你的機會是什麼？你的威脅是什麼？來確定這個項目能不能做，賺錢最重要的就是這幾個因素，窮人之所以窮，就是因為恐懼

而不敢創業、不敢投資，憤世妒俗，都覺得有錢就是壞人，見不得別人好。你們為何那麼害怕失敗，沒有失敗，又怎麼會有成功，創業失敗三次那是為第四次成功做準備，所以不要害怕失敗，當然也不能自負，一定要非常了解自己的能力邊界，因為你永遠無法賺到超出你認知範圍以外的錢，就算賺到了也是運氣，透過運氣賺來的錢，最終你也會憑實力把它虧掉。這個世界有無數種收割你的方法，永遠是懂得人賺不懂人的錢，你為何永遠騙不到我，因為我懂我才做，我不懂的我一定不做，因為我只在我的認知範圍內玩，在我認知範圍內我就是王。

巴菲特被稱為股神，但是巴菲特這輩子沒有投過互聯網股票，有一次有一個記者問他：「你錯過亞馬遜的投資機會，你會後悔嗎？你怎麼看自己？」巴菲特說，因為我就是個笨蛋，記者再問他，那如果再給你一次機會，你還會投資亞馬遜嗎？巴菲特說還是不會，記者問為什麼？因為我永遠不會投資我不懂的領域。微軟比爾・蓋茲跟巴菲特的關係可說是好的不得了，比爾・蓋茲曾跟巴菲特說：「你一定要買我的股票，已經好多人都投資了，我一定會改變世界的。」然後巴菲特就問他：「你說互聯網能改變世界是吧，那你能不能改變讓人不喝可口可樂的習慣？你能不能改變讓人不吃口香糖的習慣？如果改變不了，那我還是繼續投資我的口香糖和可口可樂。」他這一投資就是30年，因為他知道這公司不可能倒閉，永遠都會存在，但是互聯網呢，今天做起來說不定明天就可能倒閉。

巴菲特在股東大會上喜歡秀一張PPT，20年來這張PPT沒有換

過，提到20世紀最偉大的發明是什麼呢？是汽車，20世紀當年在美國的汽車公司有多少家？2749家公司，巴菲特展示完這個表以後，第二張PPT，他告訴大家說，現在還活著的不到三家，那21世紀人類最偉大的發明是什麼？是飛機，當年全球公司航空公司多少家呢？起碼六、七千家航空公司，現在還存活的不超過3%，所以，巴菲特只投資那些能夠活30年40年50年的，並不是說互聯網不好，而是因為他不懂，超出了他認知以外，別忘了巴菲特已經九十多歲了，相信你爺爺奶奶也不是很清楚什麼是互聯網吧，所以站在他的思維邏輯裡，這麼做是對的，他只投他懂的領域，可口可樂、美國運通、保險公司、美國鐵路、口香糖，他就只投這些，並長期持有幾十年，不停地幫他賺錢，他只賺他認知範圍以內的錢，至於自己認知以外的錢，不是說不能碰，前面有提過，花錢第一步是學習，你必須先透過學習，全面的、落地的去瞭解，等到懂了以後再創業再投資。

這個世界有兩種投資者，第一種外部投資者，第二種內部投資者，俗話說外行人看熱鬧，內行人看門道，什麼叫內部投資者，你沒有在房地產公司做過或學習過，那你根本不可能懂什麼是房地產，因為裡面細節太多，所以永遠要做內部投資者。創業也是一樣，從來沒有創業過的人去創業，明顯超出你的認知範圍，那想創業怎麼辦？去餐飲業上班，從基層做到中層做到高層，做到店長，讓這家店因為你而風生水起，這個時候你再出去創業做餐館，成功機率一定高的，這就是財商，永遠做自己懂的，做自己認知以內的事，思想改變行為，行為形成習慣，習慣形成性格，什麼是財富的真諦，就是要懂得如何

讓錢來替你工作，而不是你為了錢工作，從長期來看，重要的不是你賺多少錢，而是你能留住多少錢，並且能夠留多久，真正的財富是支持一個人生存多長時間的能力，或者說，今天我停止工作了，還能活多久？金錢從來都不是真正的資產，我們唯一的資產是我們的頭腦，關於錢最神奇的事，就是它能24小時為你工作，並且為你家裡幾代人服務，記住，做個努力工作的員工，確保你的工作，同時要不斷的構建你的資產，如果你想改變自己，首先就要改變自己夢想的尺碼，不要讓財務上一時的挫折影響你的大夢想，夢想將會引領你度過那段最艱難的歲月，破產是暫時的，貧窮卻是永久的，即使你現在身無分文，仍可夢想成為富人，很多窮人之所以貧窮，就是因為他們放棄了成為富人的夢想。

財商筆記：財富的遊戲不過就是資產與負債的遊戲

28. 富人投資永遠不敗的秘密

　　財商最重要的其實就是現金流，看一個公司有沒有未來，最重要的就是現金流，富人最大的哲學就是不斷地將種子種進我們的資產，今天你賺了一袋子玉米，窮人思維就是把這個玉米吃了或者賣了，而富人則是把這個玉米種下去，讓它長出更多的玉米，這個思維就是延遲享用，金錢永遠不能使你富有，工作也永遠不能使你富有。

　　怎樣才能富有？如何無中生有的創造金錢？用自己的思想生產衍生品，衍生品必須要具備信息流才有價值，銀行創造出來的抵押貸款就是房子的衍生品，房子不能賺錢，但是銀行創造出一個產品叫房貸就能賺錢，你借朋友100元，年底還110元，代表你用100元塊錢創造了10元，但因為你手頭沒有錢，所以你用3%利率找你父母借100元，然後借給你的朋友，年底還給你10元，你還了3元給父母，自己就賺了7元，重點是你一毛錢也沒花，這就叫做空手套白狼。

　　財商的最高境界就是現金流。羅伯特・清崎解說財商時，每次都會提現金流。然後在他書裡也談現金流，甚至他發明的財商遊戲，不叫財商遊戲，叫現金流遊戲（CashFlow）

　　一開始，我也不理解現金流是什麼意思，但是經過自己去投資房產、投資股票、投資證券、特別是時下超級夯的虛擬貨幣，讓我更加清晰現金流有多重要。什麼是現金流呢？我們很多人為什麼投資會虧錢，原因很簡單，因為你直接進入I象限。你所有的錢都在I象限。你是個投資者，而且你會把自己所有的錢投資股市，投資房市或者投資幣市，然後一虧就全沒了，而羅伯特・清崎告誡我們，一個人要從僱員進入S象限小老闆，慢慢的進入B象限，成為一個企業家，當自己的企業有穩定的現金流產生的時候，再進入I象限，這個時候，你跟那些在I象限的人是有區別的。

　　比如說今天大家都炒股票，然後股市暴跌，甚至是很多人可能會爆倉，但是有充足現金流的人，他不會加槓桿。他的現金流非常充足，他怎麼還會加槓桿呢？而且他也不會把所有的錢全部投到股市，他會佈局到他的資產，甚至也會投到他的企業裡。

　　例如，今天我們都在投資比特幣。你拿你的錢投資，甚至還貸

款100萬。那我也投資，但是當今天幣圈暴跌的時候，可能你直接爆倉，你一夜之間所有的錢全沒了，你還負債一百萬。對你來講幣圈暴跌是個壞事，但對我來說卻是好事，為什麼呢？因為我可以補倉啊，白話一些就是我可以逢低加碼，攤平我的成本，比特幣最高漲到6萬美元，如果能跌到4萬，3萬2萬甚至1萬，那不是很好嗎？因為我可以大量的補倉，為什麼能做這樣的事，因為有穩定的現金流。

總之，比到最後比的就是現金流，比到最後就是你手上已經沒牌了，但我手上還有大量的牌，所以你必須要擁有現金流。永遠記住，現金流就像人體的血液一樣，你必須要有穩定的現金流。如果說你今天把自己的企業做好，每一年你的企業營收超過10億以上，每一年你作為企業的股東，你有將近一個1~2個億的利潤分紅進入你的口袋。你今天拿個三五千萬去投資，虧了無所謂，而且你不加槓桿就絕對不會虧。我不管你是買幣還是買股票炒外匯，你買了一支股票，瘋狂暴跌，只要公司不倒，它就仍然是支股票，它只是今天跌，總有一天會漲，跌了你不賣就不叫虧。但是如果你加槓桿了，是舉債去投資的，那你一定受不了，你必須得出貨啊，或者說直接爆倉。但是如果說你有穩定的現金流，那個投資是完全不一樣的。

所以，現金流才是財商的最高境界，真真正正的財富，不是你今天擁有多少錢。而是，當你今天停止工作，你還能活多久，當你今天停止工作了，你還能生存，憑的是什麼？因為你有穩定的現金流。現金流就是你的被動收入。有現金流的投資者，跟沒有現金流的投資者，那是完全不一樣。沒有現金流的投資者那不叫投資，那叫賭博，

而有現金流的投資者，才叫真真正正的投資，記住，你必須要建立現金流被動收入的管道，然後去拿你的多餘的錢去投資。而且當你賺到錢以後，把本金拿出來，它再怎麼跌都跟你沒有關係。永遠不要舉債加槓桿投資，如果跌的話就不要賣，等它跌得再兇一點的時候再逢低加碼，反正你有穩定的現金流。所以越是投資，越要理解現金流這三個字有多重要。

2008年金融風暴的時候，很多業主都大虧，含淚賣房賣地。如果是個僱員，沒有穩定的現金流，今天買了一套房子，連貸款都繳不起了，你說這還能怎麼辦。所以在2008年，發生了非常特別的現象，房仲賣房上面打的廣告竟然是，貸款你帶走，房子免費送給你。什麼意思？就是今天我買這個房子1000萬，結果現在已經跌到300萬，我只付了銀行兩百萬。我還欠銀行800萬的貸款。而這個房子跌到只剩300萬，我卻還要還800萬的貸款，那乾脆算了，把房子賣了算了，而且我也還不起貸款。明明知道當金融危機過了，房價還會再漲，但是沒有辦法，必須得賣，不賣就活不下去。

但這個時候，有些業主就不急，不僅僅是不急，還反其道而行大量的買，因為他有穩定的現金流，跌了我不賣，我租出去，總有天會漲上來的。2008年金融風暴的時候，台北市帝寶跌到一坪80萬。而沒幾年又漲回一坪近300萬。所以說有現金流跟沒有現金流就直接決定了你這場戰役的成功和失敗。

不管你是炒房還是炒外匯，還是股票、比特幣，只要有人賺錢，市場上就一定有人虧錢。換句話說，到底誰賺誰虧？誰有穩定的現金

流誰就賺，誰沒有穩定的現金流誰就虧，穩定的現金流就好比戰場上的援兵，今天你帶著5000人馬，我帶著5000人馬在廝殺。結果廝殺到最後，咱倆勢均力敵，馬上都要同歸於盡了，但此刻我有5萬援軍抵達。這仗不用繼續打，因為你已經注定要輸了，你已經結束了，那如果我來了5萬援軍，結果你有100萬援軍，那我就完蛋了不是嗎？所以比到最後，比的其實就是現金流。今天一個人永遠不可能影響一群人，一定是一群人可以影響一個人，就這麼簡單。所以以前在打仗的時候，要集中自己的優勢兵力，最少五倍於敵人的時候再跟敵人打。那如果對方有100萬人，我們只有50萬人，這個仗該怎麼打？他不可能100萬人同時出擊吧，這一個軍團只有2萬人，我們就50萬人，包圍這2萬人，把這2萬人吃掉，這叫圍棋的藝術，所以，現金流真的是太重要了。

今天很多人賺到錢後，企業也不要了，覺得自己夠了，投資股票賺點小錢夠了。結果股市暴跌，投資的錢沒了，也沒有穩定的現金流了，這裡特別注意，你投資股票賺的錢不叫現金流，那叫資本利得，賣了就有錢，不賣就沒錢，如果虧了，就算你賣了，你還會虧錢。那絕不叫現金流，我把房子租出去，租金大於貸款，每個月有租金流進口袋，這叫現金流。我創辦企業，它是自動化運營的，每年都幫我帶來盈利。每一年的股東分紅，流進我的口袋，這叫現金流。

如果你是炒房、炒股、炒外匯，這都不叫現金流，全都是資本利得。所以，普通人的投資就是為資本利得而投資，而高手既為資本利得而投資，更為現金流而投資。如果今天這個項目不能讓我產生穩定

的現金流，我寧可不要。因為只有現金流才能產生被動收入，只有被動收入大於總支出，我們才能實現財富自由，我們就算買房子賺翻倍了，把房子賣掉，賺的是錢。錢是什麼？不是說錢多就能實現財務自由。是被動收入大於支出才能實現財務自由。所以，普通人是為錢而投資，而富人一定是為現金流而投資。當你真的理解現金流，你才有可能讓投資永遠立於不敗之地。

財商筆記：賺錢的目標是賺取被動收入

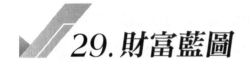

29. 財富藍圖

　　要想獲得財富，當然得先了解財富的全貌，如果連全貌都看不清，試想又如何能夠安穩且長久的獲取財富呢？多數人對於理財，都會誤以為就是投資，一定得知道投資其實只是理財的一部分而已，財富其實總共分成三個階段，在我們剛出社會的時候，勢必是以存下第一桶金或是賺取足夠的財富好讓自己能夠結婚生子買房，這個階段是財富第一階段，我們稱之為創富，也就是創造財富，創業和投資便是此階段的重點，務必用最快的時間讓自己從財富象限的左象限移動到右象限，而多數的人這輩子之所以無法掌控財富，反倒被財富掌控，就是因為認為投資等於理財，所以這一輩子理財的目的就是不斷的投資。記得剛出社會的時候，有一天早上我到證券業拜訪客戶，發現現場有多位已上了年紀的叔叔和阿姨，幾乎都超過70歲了，後來才知道原來他們每天早上準時報到，而一顆心也就隨著股市上上下下，其實獲得財富的目的不外乎是過上一個快樂無憂的退休生活，絕不是終其一生被財富綑綁。

　　財富的第二階段就是維富，理財最困難的事情，就是如何讓財富的高度能夠符合人生的長度，這輩子無論賺到多少錢，只要沒有辦法符合人生的長度，最終仍然會窮愁潦倒，被財富控制。所以維富階段的關鍵便是如何能創造出源源不絕的現金流，同時讓這些現金流不受

未來景氣、政治或任何其他因素的影響，如此一來才能擁有快樂無憂的下半輩子。世上多的是會賺錢但是卻不會守錢的人，所以財富總是來得快也去得快，最典型的案例就是月光族，拼命賺錢的同時也拼命花，所以只能一輩子都辛苦的賺，等到退休的時候才發現竟然沒有積蓄能過退休生活，最後只能雙手朝上等著下一代的施捨和照料，完全喪失退休該有的尊嚴。

　　知名歌手台語天后江蕙，花了28年的歲月走闖演藝界，省吃儉用為自己存下了將近兩億退休金，兩億退休金不管在哪裡退休，只要不揮霍，都可以過上舒適的生活，無奈退休以後，因為不懂財商加上對於財富的大意，江蕙將資產全數交給姐姐管理，最終姐姐不但將近兩億的資產全部賠光，還讓江蕙負債700多萬，原本舒適的退休生活瞬間畫上了休止符，前半輩子的積蓄被大姊敗光，財富帳本歸零，但即使人生財富面臨大海嘯，江蕙對她的大姊沒有口出惡言，倒是有點像是看盡人生千帆盡去的大俠，豪氣地說：「沒關係，我又不是沒有窮過，沒錢，還不是可以照樣過生活。唱片繼續做，演唱會繼續辦，人生沒有過不了的難關，即使年近50，人生還是可以重來……」她仍然決定勇敢重新出發。

　　於是藉此機會回饋歌迷，舉辦了全台巡迴演唱會，所到之處無不高朋滿座一票難求，就連我遠在美國的阿姨都特地回台參與，真的是非常瘋狂，而江蕙就在這巡迴的演唱會中再次宣布封麥，結束她驚艷的演唱生涯。雖然不知江蕙賺回了多少錢，但可以肯定的是，這一次江蕙勢必會更加重視財富的管理。許多人會說江蕙怎麼那麼倒楣，但

我倒認為她很幸運也很努力，人生本來就充滿了無數不可控的風險，還好事件發生時，她還有足夠的體力能重回舞台，再一次造就了經典，更重要的是江蕙的正向和正念讓她的能量始終維持在高頻能量，最終讓她順利度過這個難關。試想一般人遇到這樣的狀況，又有多少人能夠像江蕙一樣坦然面對甚至渡過。

財富的最後一個階段就是傳富，財，生不帶來死不帶走，人生的最高境界就是在離開的那一刻讓自己的財富淨值歸零，但實務上這是辦不到的，所以人們總是會遺留遺產給下一代，無奈生前沒有做傳承的規劃，就會引發兩大問題，第一個是爭產，既然父母在生前沒有做好錢的分配，那就只好讓兒女自己動手搶囉，許多兄弟姊妹都是因為遺產爭奪而爭吵，甚至反目成仇一輩子不再聯繫，試想父母在天之靈如何能安息，賺了一輩子的財富，省吃儉用存了一輩子的財富，原本是希望下一代能過得更輕鬆，結果最後換來的竟是兄弟鬩牆，你說這情何以堪。第二就是不當揮霍，社會新聞上總充斥著富二代的醜聞，從小就出生在富裕的家庭，沒有經歷過財富和社會的洗禮，總認為手一伸錢就來，也不用辛苦工作反正繼承遺產後就能快樂一輩子，也有不少是短短幾年就把上億家產揮霍掉的案例，所以如何留下財富給下一代，就是一門學問，如何妥善分配讓兄弟齊心，並且妥善安排讓下一代不至於揮霍，甚至還可以學會用這筆財富來創造更多的財富並且回饋於社會，這其中需要無比的智慧，更需要合適的工具來做搭配。

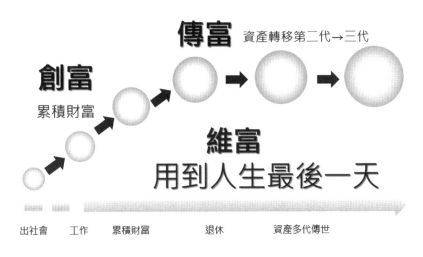

這裡讓我用一個簡單的圖示來跟你做個說明，這是一個財富水杯，我們每個人這輩子都會擁有一個財富水杯，而一般人在努力的就是如何快速累積杯中的財富水位，可是在累積水位的過程，一定要先注意這個杯子有沒有缺口，因為一旦杯子有破洞，不管你再怎麼努力倒水進去，水位不但不會增加還會默默地流失減少。而這個缺口在財務上可分為人身的風險以及財務的風險，人身的風險就是生老病死殘，至於財務的風險我們後面做說明。

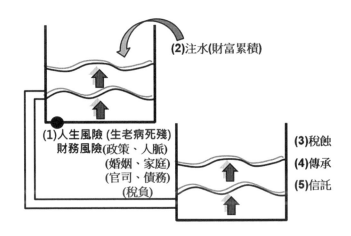

　　財富規劃的第一步就是補足風險缺口，先把這些缺口補齊後，確保水杯安全無慮的情況下，就可以安心地賺錢，但慢慢的會發現光靠賺錢來累積財富，就大多數人而言速度有點慢，所以這時就會想額外把水灌進去，透過額外的投資理財，來做注水的動作。

　　財富規劃的第二步就是投資理財，快速增加財富水位；再來當杯子的水位一直增加的情況之下，整個水杯都是曝曬在大太陽底下，這個大太陽就是國稅局，國稅局會試著把我們的財富蒸發掉。

　　接下來就得進入到財富規劃的第三步，叫做應稅轉免稅，將原本水杯裡的水透過管子將水引流到另外一個隱藏的杯子使其不被日曬，以合法合理的方式，讓財富從應稅資產變成免稅資產。

　　財富規劃第四個步驟就是要做好傳承，確保將資產做好生前分配，避免子女爭產，多年來我們已經看到無數爭產案例，而今天如果是傳承企業的話更容易引發問題，舉例原企業主在過世後決定要把企業傳給長子來繼承經營，長子60%、弟弟40%，長子也很給力的承接了下來，但等哥哥也過世以後，這份事業邏輯上應該再傳給下一代來主導，可實際上哥哥的這份事業卻會變成弟弟在主導，因為哥哥有兩位小孩會各繼承到30%，此時企業最大股東就會變成擁有40%股權的弟弟，這時候還期待兩家能和睦相處相輔相成，真的是談何容易？

　　第五個步驟就是信託，避免下一代在拿到錢後，過度揮霍甚至被恐嚇發生危險，像曾經的葉少爺事件、李宗瑞事件等等，都是富二代身分所衍生出來的問題，換言之留給下一代過多的財富有時候未必是件好事，所以得透過信託，讓下一代擁有財富的擁有權卻沒有財富

的支配權，這筆錢該如何使用會明訂在信託契約裡，如此就能避免小孩揮霍，也可防止小孩年紀過小，財富被其他親戚覬覦，也可確保這筆財富能引導下一代去做對的事情。舉例若是擔心小孩不念書、不創業、不結婚、不傳宗接代，可以在信託契約裡面指定每個月支付3萬元的生活費，或是只要創業，就可以從信託基金裡拿到300萬創業資金，只要生一個小孩就可以從信託基金取得300萬……等。

　　信託最有名的成功案例就是香港藝人沈殿霞（肥肥），沈殿霞生前就因為擔心自己的女兒突然繼承了她將近四億台幣的遺產，變成社會所頭痛的富二代，沈殿霞將所有的現金部位全部做信託，確保自己女兒在未來每一個月都有足夠的生活費，唯一的房產就直接過戶給女兒，想說房子就算了，應該不會出什麼問題吧，結果沒想到，在她過世後，她的女兒就把房子變賣，拿著大筆的現金與自己當時的無業男友到處遊山玩水，出入高級場所，購買精品、名車、包包等，一下子就把錢全部花光光，所以當時圈內很多沈殿霞的好友們，都非常讚賞沈殿霞真是一個有智慧的人，透過信託確保自己的財富可以永久的長傳，照顧自己的後代，而這也是信託所具備的獨特優勢。最重要的是，能透過這個信託來改變下一代。她女兒剛開始過慣了揮霍的生活，賣掉豪宅的錢很快就花光，所幸媽媽有設定每個月的基本生活費可以領取，剛開始因為由奢入儉難，女兒在每個月初拿到錢，都以極快的速度把錢花光，然後就開始了三餐吃泡麵的日子，等到下個月初到來，又開始揮霍，就這樣周而復始不知道多久，直到某一天晚上，女兒餓著肚子，回想起過去這幾年自己失敗且荒唐的人生，同時想起

媽媽生前的叮嚀，讓她頓時開悟，開了一場記者說明會表明自己要重新做人，不再荒唐、揮霍，從那時候開始她的人生迎來了轉變，她認真投入事業，存了一點錢以後就開始創業，如今已經過上跟原本完全不同的生活，沈殿霞透過信託，不但傳承財富，更把自己的智慧和人生觀，透過信託讓小孩去感受去體悟，可以說是為人父母的表率。

以上五個步驟，便是財富管理的全貌，一般的保險從業人員，通常做的是第一步補缺口的部分，頂多也做做第二步注水，也就是投資理財的部分，而大部分理專或證券營業員也都是專注在第二步投資理財居多，偶而做一下補缺口的部分，換言之這些從業人員未必能夠提供全面性的諮詢和服務，這樣的話該如何從市場上挑選到稱職且專業的從業人員來協助我們理財呢？這部分我們在後面章節會提到。

30. 讓財富空轉的理財禁區

每一個人都有不同的理財習慣，面對財富也都有著不同的應對態度，我從事金融業多年，2022年上半年資產管理總金額超過15億以上，一路上看到無數人用極度偏差的價值觀來看待理財，在這裡做出統整，希望能喚醒更多人的財商思維，千萬不要再因為這樣而做出錯誤的理財決策。

首先來談談市場，不否認隨著時代的演變，投資的工具和範疇越來越多樣化，複雜程度也越來越複雜。

💲 1. 聽不懂的或沒聽過的，絕不代表就是詐騙

因為市場上詐騙的案例實在多到令你無法想像，這變相地也讓多數人畫地自限，錯失許多良好的理財機會，但也不是叫你耳根子軟，聽到什麼就去投資什麼，聽到任何新資訊，擁抱它、了解它之後，再來做評估是否投入，不要因為不懂就說人家詐騙；更不要因為耳根子軟什麼都相信，唯有自己花時間學習、理解，才會有正確的判斷力。這市場上唯一的詐騙只有一種，那就是保證，除了定存活存和儲蓄險以外，沒有任何理財工具是保證的，保息或保本最多只會有一種，如果兩個都告訴你保本，那不用懷疑，絕對是詐騙無誤。

215

2.無腦式的全數投入或全數清出

理財的最大悲哀，就是接觸時不深入了解，後續又仰賴「情緒」作為要梭哈或是全部撤出的決策依據，詐騙集團的套路就是讓你一開始真的嚐到蠅頭小利，而讓你深信不疑，接著你就會無腦式的全部梭哈，又或者是投資工具在你購買後來到了絕佳的反彈點，此時正適合逢低加碼，但你卻因為負報酬而一直感到焦躁鬱悶，最後的下場就是不但錯過絕佳的再進場時機，反倒還認賠殺出，讓自己成為這場投資戰役裡最死不瞑目的投資冤魂。一定要記得，投資理財本來就是漸進式的，你永遠猜不到高點；相對的你也預計不到低點，加上情緒會讓你盲目，所以巴菲特說過，投資最大的敵人就是人性，貪、怕、欲望、恐懼正是投資最大的敵人，因此任何規劃都得三思而後行，尤其在你沖昏頭的時候。

3.總認為公司越大就越值得信任

這只是一種自我迷思罷了，金融環境日益健全，法規也日趨完整，你的財富安全性跟公司大小基本上已經沒有直接的關聯，我以保險業為例，幾年前多數客戶都還是要選擇從小有聽過看過的大品牌公司，認為比較安全，但其實市場早已從單一保險公司慢慢地轉移到保險經紀人，經紀人的名聲絕對比不上前幾名的單一公司來得大，但除了一樣安全以外，還能夠提供更多元的工具選擇，已經是越來越多人的首選，所以千萬不要再陷入公司大小這樣的迷思當中。

4.單純因為熟識所以相信

　　早期的挑選標準大概只有一種,那就叫做熟識度,人們總認為只要夠熟識,就一定不會騙人,我認同這樣的論點,但你沒想過的是,最熟悉的業務員絕不等於專業知識合格的業務員,雖然不會騙你,但也未必有足夠的專業來服務你。我剖析了歷年大多數的投資詐騙案,發現詐騙案有一個共通點,那就是幾乎都是所謂好朋友介紹的,一個不管再怎麼浮誇的投資案,只要是好朋友介紹的,就一律照單全收,這是在市場上最常見的狀況,因此我常開玩笑地說,市場上最恐怖的從來不是詐騙集團,而是那些對詐騙集團深信不疑的人,他們沒有鑑別能力,誤信詐騙,然後發自內心的把這份深信不疑的詐騙四處推廣,當朋友們看到他真摯的眼神、堅定的信念以及那發自內心的認同,有時真的很難不買單,所以一定要搞清楚,跟業務員熟識固然好,但熟識絕不代表專業度是可信任的。

5.做的夠久就越值得信任

　　人們總下意識地認為,做越久越值得信任,我不否認做越久,經驗一定來得更加老練,但相對的在行業待越久的人,對於新事物的接受度也越低,光是基金的種類和演變,從最傳統的一般基金,到現在有配息型、全委型、子母基金……等等各式不同類型的基金,對於擁有20～30年以上年資的業務員,只要他沒有與時俱進,花時間用心學習、進修,我相信多數從業人員至今對這些複雜的工具都還是霧煞煞,更別提未來的理財標的還可能要納入虛擬貨幣或NFT等更新穎的

工具，所以年資也絕非評比的關鍵標準。

$ 6.讓財富空轉的財務風險

　　財務風險是最容易被忽略的財富缺口，也是多數人一輩子無法有效累積財富的最大關鍵，就是因為對財務風險的輕忽，財務風險可分成以下幾大項。

　　首先第一個「官司」的風險，以醫生為例，醫生在執業過程會為自己賺進大筆的財富，可是一旦發生醫療糾紛，可能會賠償大筆的金額甚至被勒令停業，嚴重一點的，官司的風險還會大大影響到醫生的財富水位。

　　第二個就是「債務」的風險，假設今天太太娘家出了問題，請太太當連帶保證人，自己的父母如何能拒絕呢？一定會幫這個忙的，但太太很可能不敢告訴先生，那對於夫家的人來講，假設今天債務沒有處理好，這個風險可能會不斷延伸，甚至燒到夫家的財富水位。

　　第三個就是「婚姻」的風險，國人的離婚率高，夫妻間的財富或孩子，在離婚當下都可能會導致彼此搶奪的局面，像是永康街的芒果冰店老闆，一段外遇婚變，永康街傳奇「ICE MONSTER冰館」就無預警歇業，老闆與前妻對簿公堂，難撕負心漢標籤，從此跌進憂鬱深淵，不堪輿論壓力，甚至二度自殺未遂。幸好挺過難關，2012年他以「ICE MONSTER」之名在東區捲土重來，但又有幾個人能像他一樣擁有這樣的決心和毅力來重新翻轉人生。

　　第四個就是「家族」的風險，演藝事業以江蕙為例子，江蕙在

演藝過程中為自己賺進很多很多的財富，累積了將近兩億的退休金，交給姐姐去做管理，結果沒想到姐姐投資失利將江蕙的兩億多資產全部的賠光，因為是自己姐姐的關係，江蕙也不忍心責怪，還好她還年輕，又拼命地開演唱會，重新累積自己的財富水位，可是一般的人，如果沒有像江蕙這樣子的能力和影響力的話，退休金被輸光了，那又該怎麼辦？這是值得好好省思的。

第五個就是「人脈」的風險。我有一個朋友，他的爸爸是某私立醫院的院長，收入非常高！可是就是因為年輕的時候，輕易相信朋友而當了對方的擔保人，後來對方在還債的過程，因無法償還而跑路，導致所有的債務變成這位院長來承擔，將近兩億的巨額債務，所以人脈這塊的風險也要好好的留心。

第六個就是「政策」的風險，最有名的就是「三黃一劉」，我們都知道以前並沒有明文規定說不可以投資或炒作房地產，而著名的「三黃一劉」以炒房方式快速累積財富，結果沒想到過去幾年政策大轉彎，讓他們多年所得大多被以連補帶罰的方式充公，還因為找人頭掛名而面臨諸多刑責的問題。所以你會發現有時政策的一個轉彎，就會讓原本的財富面臨到極大的威脅。

第七個就是「稅負」的風險，像是房地合一2.0、最低稅負制、二代健保等等的稅制，都對民眾的財富影響很大。甚至現在連保險在不對的規劃方式下都可能會被列入遺產或所得課稅，所以對於稅負這塊風險也必須特別用心規劃，否則一旦被連補帶罰可說是賠了夫人又折兵。

　　而最後就是「投資」的風險，大部分成功的人，在本業上面都會為自己賺進大筆的財富，可是往往去投資了自己不在行的事業而血本無歸，像是綜藝天王吳宗憲憲哥，演藝事業順風順水，也為自己賺進大筆的財富，可是後來去投資LED，讓憲哥血本無歸，還嚴重波及到自己原本的事業，所幸後來憑著真本事再一次打造出屬於自己的演藝事業；另外一個有名的例子，就是發明抗哮喘藥物的張子文博士，張博士靠著抗哮喘藥物為自己累積了將近五千多萬的美元閒置資金，但是因為聽信了理專錯誤的建議，把錢拿去操作自己都不了解的高槓桿投資，結果最後這五千萬不但都賠光，甚至還倒賠不少錢。

　　以上這些都是我們最常會遇到的財務風險，風險隨時會發生，你無法避免，唯一可以做的是做好準備，讓風險發生時不至於影響到原有的生活水平，當然你也一定會發現上述這些風險因為牽扯的層面太廣，就算現在意識到該做風險規劃，如果沒有一定程度的專業，是做不來的，這就是為什麼一定要找到專業的財務顧問來協助自己檢視全盤的財富藍圖。

💲 7.用專業認證作為基本的篩選

　　既然熟識度和年資都不該是評比的重點，加上還得留心避免各種財務風險，那到底該如何挑選財務顧問呢？俗話說得好，行行出狀元；術業有專攻，雖然網路上有著各式各樣可供自己查閱的資料，但在許多重要領域還是得讓專業來協助，舉例生病了，就得看醫生，以免延誤病情；房子想要裝潢，就得請設計師和工程師協助；有糾紛想

打官司，就得請律師協助，行行業業中都有著該領域的專家，我們統一尊稱為師，醫師、律師、會計師、廚師、工程師、精算師、老師等等都是，而通常這些專業人士的共同要件就是他們都會擁有該領域的專業執照，畢竟專業證照代表的是從業人員的專業素養與專業基底，那如果是理財規劃，如果是財富管理呢？自然也得從有公信力的證照來委託起。但是該如何挑選呢？我們先說說醫師，大家都知道光是醫學就能夠分為好幾類，耳鼻喉科、神經科、內科、小兒科……而財富管理也不例外，下面幾張專業認證是你一定得認識的。

① RFA 退休理財規劃顧問

退休市場是整個亞洲最為龐大的市場，但退休所牽扯到的絕不是報酬率那麼單純，預計退休年齡、預計生存年數、預計退休後生活品質、退休後的圓夢清單、退休金的安全性、如果失智或其他狀況的發生如何確保退休金只能唯你所用、退休金是一筆資金還是能化作源源不絕的終身俸、勞保勞退又能提供多少退休金，以及怎麼領取最划算……說到這裡，你應該已經了解到退休絕不是有多少錢就可以退休那麼簡單，既然牽涉的範圍和專業那麼廣泛，一般人要能夠自己安排確實不容易，所以如果你今天想規劃安排的是退休生活，那你一定要從RFA退休理財規劃顧問來挑選起。RFA退休理財規劃顧問這張證照是由在退休政策領域居權威地位、現任中華民國退休基金協會理事長王儷玲所推廣，她也是引領我邁向專業的恩師，她觀察到台灣一直以來都沒有專門針對退休理財的專業證照，雖然各家金融機構也會自

行訓練，卻不夠全面和深入。況且從業人員很可能因為對退休規劃的理解不足，經常發生將短期套利金融工具，推薦給要做退休規劃的客戶，或者，退休商品屬於中長期規劃，過程不會經常交易、轉換標的，對於理專而言，沒有交易就沒有手續費，讓理專沒有意願推薦退休理財方案等狀況，為了改善這個劣勢，所以積極推動退休理財規劃顧問，如今這執照已成為專業退休理財的代名詞（詳情介紹可見附錄三）。

② RFP 美國註冊財務策劃師

　　如果你今天想做的是更全面的財富規劃，稅負安排、兩岸資金移轉、傳承規劃、信託規劃、理財規劃等，那你得要從RFP美國註冊財務策劃師來挑選起，RFP是個人理財行業的專業資格認證，具有RFP資格認證的專業人士可以作為個人理財或諮詢師，為所在機構的客戶提供個人理財方面的服務和諮詢。擁有RFP資格的人士可服務於商業銀行、投資銀行、保險、證券、基金、債券外匯、期貨等業務的機構，也可從事投資及財富管理等業務。（詳情介紹可見附錄四）

　　那為何要從RFP挑選起呢，國人在理財上常有個盲點，就是總用狹隘的角度來看待理財，當你想要儲備子女教育金，就找人諮詢規劃；年底領到一筆年終，就找人規劃；發現開銷過重，就輕易暫緩所有理財計畫，換言之國人沒有全方位理財的藍圖和邏輯，其實每一個理財規劃彼此都是息息相關，牽一髮而動全身，光是前面所提及的退休就已經那麼複雜了，全面的財富規劃更要讓專業人士來做全方位的檢視和建議，你才有辦法勾勒出一個完整的財富藍圖，但一般從業人員總用一個點一個點來協助規劃，你問我基金，我就推薦你基金；你問我醫療險規劃我就推薦你醫療險，這就像是頭痛醫頭腳痛醫腳，看似對症下藥，實則讓整體的規劃混亂無章。從事多年的財富管理，我總詢問客戶，你為什麼買這些投資標的、為什麼買這幾張保單、為什麼投入這樣的資金、期待藉由這個來達到什麼樣的目標，你也可以檢視一下自己的規劃並問問自己上述那些問題，說真的沒幾個人回答得出來，因為從業人員在給予建議時，也從未與客戶做如此全面且重要的討論，這真的一定得重視才行。

# 31. 債務決定致富

如何思考「債」，決定了你是窮人還是有錢人。

負債，一直以來是讓人又愛又恨的東西，人們聽到負債兩個字的第一反應就是「欠人家錢」，更多人將負債視為妖魔鬼怪；不過「債」其實還分為「好債」與「壞債」，當你學會「理債」，你就開始走向到富人思維。

老一輩迷信「無債一身輕」、「欠錢不要欠過年」等等，總覺得債務就是不好，甚至將借錢與貧窮直接劃上等號，認為只有窮人才會借錢欠錢。然而，在現在的金融生活，不管你是上班族、打工族、中產階級，或是大富豪，幾乎所有人都離不開債務。其實，只要好好善用「良性負債」，貸款能幫助我們累積更豐厚的財富，甚至我們可以這麼說，絕大多數的富人，都是靠著債務翻身的，債務就是致富的重要關鍵之一，這樣講一點也不為過。

但負債確實就是一把雙面刃，就跟火一樣，但你懂得運用火，它可以為你開啟文明生活，為你代入生活上的便利和創新，但如果運用不當，那你也有可能引火自焚。負債也是一樣，運用得當可以改善我們的生活，幫助我們走向成功。

「理債」前先懂這3種借錢的差別

① 銀行貸款

車貸、房貸、學生貸款等，這些是一般較常看到的銀行貸款類型，利率通常在1.5～8%不等，貸款人必須要有良好的信用評等、完善的還款計畫或是抵押品、擔保人。

② 信用卡

信用卡的利率通常在12～15%。或許信用卡利率看起來沒什麼，但大多人都忽略了複利的可怕，加上刷卡不如付現有感覺，付現時當你看到錢包裡的錢越來越少，你會立刻警戒，知道不能再亂花了，但信用卡卻完全沒有這種感覺，因此容易造成透支，入不敷出，然後變成「以卡還卡」，淪為卡奴。

③ 地下錢莊

利率高到嚇人的地下錢莊，貸款人一旦借貸幾乎無力還款！地下錢莊的利率，每個月可能高到100%、1000%，你只會背負龐大的財務壓力、被錢追著跑，千萬不要輕易嘗試。

越早學會「理債」的好處

「理債」說穿了就是「理財」的前哨站，理財的關鍵在自律及堅持，「理債」則是了解並分析自己的總收入與債務狀況，透過「理

債」設定還款計畫，進一步地控管日常開銷、定期追蹤管理。

每當還款金額逐漸減少、能夠運用的財務額度變高，便可試著將少部分錢運用在其他的投資規劃藉此累積財富，若報酬率高於貸款利率，不僅加速還債速度，也等於你所規劃的「理債」方式是有效的；如此一來學會了「理債」，不但可以為自己帶來好生活，也會相對稍稍有「理財」的概念，甚至可以替自己分析、評估投資上的風險，讓錢來為你滾錢。

那麼債務到底可以怎麼區分，債務可以分成良性債務和不良債務，我們也可以把它稱之為好債和壞債。先來說說什麼是「壞債」，所謂「壞債」就是大家所熟知的入不敷出、財務透支，當生活開銷超出自己所能承受的金錢額度，你只會被錢追著跑，嚴重的話還會影響到個人的職涯與人生。

💲 換個角度來看「好債」！

什麼是「良性債務」，就是根據自身的實際償還能力來進行貸款，並用貸款來為自己帶收益。也就是說透過負債，你的資產得到了有效的增值，只要獲得的收益大於負債的成本，那就代表這個負債能夠為你帶來正向現金流，這就是為什麼富人資產配置上總是會有很多「好債」，你一定有聽過或看過新聞，說某某企業家富商，用100%或超高貸款額度買下某一間超級豪宅，以前我總納悶，霧裡看花，不是沒有錢的人才需要貸款嗎？他明明那麼有錢，隨便出手都可以全額繳清，為什麼要貸款，而且貸款一般都是七到八成，如何可以貸款到

100%。有錢人儘管有錢，但還是會想盡辦法貸款100%買房子，顯然有錢人和窮人的思維真的是完全不同的，而富人利用買房貸款的那筆錢，拿去買理財工具，只要金融工具的理財報酬率超過銀行的貸款利率，不僅可繳房貸，錢滾錢多出的盈餘全部都是獲利，這就是標準的用別人的錢來賺更多的錢。

又或者投資型房屋貸款，雖然每個月都需要償還本金利息，但是房屋可以帶來租金收益，如果計算得好的話，租金還可以抵掉貸款的部分，也就是說這類貸款，一樣可以為我們帶來正向的現金流，時間越長所獲得的收益越大，而且是用別人的錢，創造自己的收益。

在這種情況下，適當的「負債」反而能替自己增加資產，但要注意的是，如果你是要純粹借錢投資，那當然還是要特別注意，許多專家不斷地耳提面命「千萬不要貸款投資」，主要是因為怕投資人不了解貸款本質加上理財基礎知識又不足的情況下，最後變成還不出貸款，反倒債築高台。

那麼「惡性債務」又是什麼？惡性債務是指債務不但無法產生正向現金流，反倒產生的是負向現金流，且這負向現金流還遠遠超過自身償還能力，進而導致自己的收入都用於償還債務及其利息上，每個月的淨現金流是負向的，財富呈現負成長。最常見的就是信用卡支出超過自己的負荷能力，明明每個月只會有一萬元的可運用資金，卻因為百貨公司的促銷或優惠，靠著刷卡額度來購買五萬元的東西，很顯然等到下一個月該還款時，自然是還不出來，然後信用卡債就會開始複利滾存，讓你的債務越來越高，這就是最標準的壞債。再來常見的

就是買房或買車，如果今天買房買車自用，那就一定得評估自身財務狀況和還款能力。日本趨勢家大前研一先生在幾年前曾提出了「Ｍ型社會」一說，認為中產階級將會消失，多數將轉往下流社會，只有少數會移動到上流社會，形成一個左高右低的Ｍ型社會，那如何斷定自己是否是Ｍ型社會下的下流社會，其中一項就是，你的購屋還款金額是否超過你收入的三分之一，抑或是你的購屋還款是否已讓你感受到明顯的生活壓力，如果是的話，那你已經進入到下流社會了。

$ 合理地控制好負債比

用總負債與總資產之比，來衡量家庭的綜合承受債務的能力。即資產負債率＝負債總額÷資產總額，通常情況下，這個數值保持在50%左右較為適合。如果數值小於50%，則說明你沒有動用金融槓桿，購買力就是你的實質生產力，表示你家庭理財收益的效益極低。若數值大於50%，則說明你每個月因為負債而支付的利息，已經影響到了你的現金流，隨時都可能會入不敷出，繳不出貸款，從而產生更大的風險。而當負債率接近100%時，就代表你隨時都有可能破產。另外，負債水平也應該跟年齡或家庭中主要勞動力的年齡有關連，因為不同的年齡層，個人或家庭的收入水平、賺錢能力不同，30歲～45歲，應該算個人職業生涯的黃金時期，收入穩定上升，可承受的負債壓力也最大，其他的年齡層，更年輕或更年長的，也都應該適當地視當下狀況來調低負債比例。看到這裡你就會知道富人和窮人在面對負債上是有著完全不同思維的，他們有著完全不同的財富累積軌跡。

窮人財富累積的軌跡通常如下：

努力工作 → 賺取薪資 → 消費支出 → 儲蓄存錢

窮人拼命賺錢，但總是將賺到的錢都存放在銀行裡面，讓錢靜靜地躺在裡面吹冷氣，然後價值因為通貨膨脹越來越薄。所以這樣累積財富，雖然看似風險低，但是累積財富的速度遠遠跟不上物價上漲的速度，導致年老時所累積的財富少之又少，這才是真正的風險。

富人的財富軌跡則是如下：

努力工作 → 賺取收入 → 努力想辦法向銀行借錢 → 用負債的方式來錢滾錢 → 達到致富人生

富人總是想著借別人的雞來生蛋，用銀行的錢、別人的錢來為自己打工，加速自己走上財富自由。有個網路上流傳的笑話是關於中國富豪王建林與他兒子的對話：

王思聰問：爸，我們家有多少錢？

王建林說：你一輩子都花不完！

王思聰又問：那我們家欠銀行多少錢？

王健林說：你八輩子也還不完！

人生的初級階段是為錢而打工，但人生的高級階段是讓錢為你賺錢，尤其是善於利用他人的錢來為你賺錢。這樣你的成功將不再局限於你有限的資本，借錢投資是提高你的資產最快、最有效的方式。在擁有財商的前提下，大膽借錢過日子，適當負債才有機會致富。但我還是要不斷提醒，世界上絕對沒有不勞而獲，你一定常看到一些很有渲染力的新聞和報章雜誌標題。

「90後小伙借錢炒股，負債人生逆襲！」

「經濟學家呼籲年輕人你要敢於負債！」

「年輕人為什麼窮，因為不敢負債！」

於是，你意氣風發，頭腦一熱，在財商不足也不願意做任何學習的情況之下，立刻將還信用卡的錢拿出來，把房子、車子、銀行貸款全部拿出來，過度地支出你的未來……敢於負債這件事本身絕對沒有錯，因為在當前的經濟形勢之下，房貸或許多政府提供的優惠貸款都非常低，也因此良性負債可以使負債者的資產得到提升，但是，一定得先投資自己的腦袋，在選擇負債之前仔細斟酌負債的成本與風險，三思而後行，做好準備，確認你投入的項目能為你帶來豐厚收益，或者帶來的後果是你所能夠承受的。要不然借貸既能放大你的收益，也能放大你的賠本買賣。如果真的沒有這些經驗和底子，那就得找專業且中立的財務顧問來諮詢。

一個人一生能累積多少錢，不是取決於他能夠賺多少錢，而是取決於他如何投資理財，人找錢不如錢找錢，要知道讓錢為你工作，而不是你為錢工作。～華倫・巴菲特

能夠負債，那是你的本事！越有能力的人，越懂得運用借來的錢來實現自己的財富增值。沒有負債，就說明當下的現金流被佔用，資本不僅不能升值，還會造成一定程度的浪費。尋求合理的負債，便是保護財富最好的方法，尤其加上通貨膨脹的情況下，即使不負債，資

產還是會縮水，想想看十年前一萬元的購買力和今天一萬元的購買力是不是有著天壤之別。所以學會利用負債來流動手上的資本，非常重要。否則錢再多，連通貨膨脹都跑不贏。

所以別在最容易利用金融槓桿和負債的能力賺錢的年齡，選擇安逸！看準時機，就算沒錢，你還能使用個人的信用和資產貸款，賺取更多的額外收入。畢竟，在負利率的環境中，欠銀行錢反而是賺的。古人造這個「債」字，便是「一個人的責任」，在商業社會中，一個敢於負債的人，其實是一個對未來有信心，敢於對未來負責的人。

當貨幣的槓桿效應被啟用之後，一個人的非工資收入在家庭收入中的比例就會逐漸提高，而這一比例正是告別窮人生活、從工薪階層向中產階層推進的關鍵。如果一個家庭的非工資收入與工資收入各佔一半之時，財務自由的曙光便開始出現了，而當前者佔到絕大比例之後，你就會擺脫對工作的依賴，越來越自信，開始考慮如何過一種自己喜歡的生活。致富的祕訣是什麼？有一個著名的諺語是「Other people's money, other people's time」，用別人的錢，別人的時間。至於懂不懂得運用，就看你有沒有財商了。

財商筆記：財商的至高境界——延遲享樂

十年最大風口

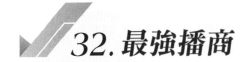

32. 最強播商

接下來，我們要談談如何運用「Other people's time」。直觀來想，我們都會覺得：「不就是要我創業嗎？」是，是創業，不過在經歷過這次的Covid-19新冠疫情後，我想你我都知道傳統的開業方式恐怕沒這麼適合了！這波疫情，影響了非常多外部創業的行業，什麼是外部創業？就是開店，租金、水電、人事、各種固定支出、款項支出，每個月的成本高得驚人，常聽到新聞報導，哪個老字號的店又吹熄了燈號，哪條知名的商圈街道冷清無人。所以，我們要知道如何走向內部創業！用相對少的資金成本投入，卻也能獲得相對大的利潤回報。內部創業，就像是互聯網的模式，低成本或甚至無成本，借用平台的資源來創業，讓成本可以被控制住。所以，不要再用傳統的思維來想，覺得創業就是得花個百來萬，必須深思熟慮才能啟動，甚至聽到創業就反感。特別在這個資訊爆炸，現在互聯網越來越盛的時代，我們更要好好抓住時機跟商機！因為如果過了，可能就要再等十年！這個十年來最大的風口過了，就真的過了，什麼都沒了，沒跟上，也沒賺到一分一毫。這也是為什麼網紅可以變現，直播可以帶貨，因為只要一支手機，簡單的一些設備，運用平台的資源，就可以獲取相對高的利潤回報。而在經營一段時日後，加入更多夥伴來合作，讓它開啟Auto-run的商業模式，打造成系統，即使今天不花太多時間，不花

太多精力照顧，仍舊可以讓它變成是非工資收入，讓錢開始為你辛勤工作！

再延伸來說，大家可以思考一下，這波疫情，世界各地引起了多大的震盪？幾乎每個國家、每座城市都因為要不要封城思考良久，深怕一個封城就影響了經濟，導致景氣一蹶不振，陷入長期低迷的狀態。台灣在2021年三級警戒好幾個月，如今大家都做好長期跟病毒共存的心理準備。而在這過程中，很多人的收入都受到影響，甚至失去了工作，不少人不得已只長期宅在家，那你們待在家，是覺得待得很心安，可以好好陪家人，並且讓自己好好休息？還是待得很慌，煩惱收入的來源？這些都來自於你的生活當中，有沒有好好地替自己準備一筆緊急預備金或源源不絕的現金流！也就是說如果工作收入停下來了，你是否有其他的收入？如果你原本就沒有經濟上的問題，那我相信你現在一定過得很愜意！但如果你現在的生計就已經遇到困難了，你就要思考，平常的收入模式，是不是應該做些改變？你得知道，用勞力去換取收入，是最不值錢的！也是最不合時宜的！所以，你現在就該想，該如何創造新的收入模式！

一個物體之所以會動，是因為動會產生兩種力，第一種力叫做動力，第二種力叫做阻力，但是其實還有一種力要比動力還來得更厲害，那就是趨勢力，以巴菲特的「雪球理論」來說明，這就好比滾雪球，只要找一個最陡的山坡，積雪也多的山坡，然後只需要滾動一個小雪球，往下輕輕一推，它就會自己漸漸變成一個大雪球，而過程當中我們其實不需要特別做什麼，雪球就會自動越滾越大。試想，為什

麼很多人很努力但是卻賺不到錢呢？因為他沒有跟上趨勢，沒有運用到趨勢力，當你不懂得借力使力，甚至要跟著趨勢對打，那就像是你從山底下推著一個雪球上山，試圖把小雪球滾成大雪球，這樣不光是會非常累，一不小心雪球還可能會壓到自己，換言之，所有成功的企業家、所有的富人之所以成功，都是因為站在風口上，俗話說連豬站在風口上都可以飛，更何況是一個有想法有企圖心的人站在風口上，那真的是擋都擋不住。

我們接著來談談趨勢，我們從六〇年代開始看起，了解一下多年來趨勢是如何改變的，而在每一次的改變下，都有人因此致富，也有人因此被淘汰，那你在每一次個改變當中又做了些什麼呢？

台灣60後，我們稱之為坐商，也就是開了一家店然後就坐在店裡直接等客戶上門，就能夠直接賺錢，因為那個時候供不應求，所以客戶會自動源源不絕的進到你的店面消費，當時最具代表的就是迪化街，不管要買什麼，往迪化街走就對了，迪化街就是坐商的代表。

慢慢地十萬人民九萬商，做生意的人越來越多了，客戶買東西也越來越精挑細選了，如果你還堅持只想坐在店裡默默地等待客戶上門賺大錢，顯然不切實際，所以70後我們稱之為行商，這個行指的就是積極地走出去，換言之，就是誰找的業務員比較多，誰就能賺比較多，因為客戶選擇多，不一定會認識你這家店，所以唯有透過更多的業務走出去主動出擊，把店面和產品積極地推廣出去才是王道，就這樣行商維持了十年。

接著馬雲出現，告訴所有人說不要再開店面了、不要再開公司

了，把你的店和公司的產品直接放到網路上吧，讓我們的平台來幫你賣，當時已經習慣坐商和行商的60後和70後，基本上是抱持懷疑和疑惑的，客戶不走進店裡面親自看到產品、摸摸產品甚至是試用產品，怎麼可能會買呢？幾乎都覺得馬雲講的是天方夜譚。但是80後的人相信，80後就是電商的時代，當年跟馬雲最早開淘寶店的如今都已發大財，就連在淘寶上賣一般內褲的一年都能賺好幾億，此時還堅持坐商的店家，除非是非常厲害的店家，否則基本上可以說幾乎都被淘汰了，因為沒有跟上潮流，沒有跟上趨勢。又過了約莫十年以後，Line、FB、wechat等通訊社交軟體風靡全球，90後正式進入微商（微信的微），人們開始發現透過淘寶、蝦皮等平台做銷售，似乎沒辦法有效地做出差異化，營造出自己獨一無二的品牌價值，畢竟人們上到淘寶、蝦皮，搜尋完商品關鍵字以後，第一順位一定是先從價位來挑選，只要是偏貴的就先淘汰掉，找出最便宜的以後，接著就要確認他的評價和留言，避免買到瑕疵品或是不好的服務品質，只要確認評價良好，就可以直接下單，至於到底是跟哪一家店家買，我相信多數人是不在意的，價格和評價就是在淘寶和蝦皮上唯二的考量，這讓一些重視品牌和差異化的店家開始省思，如何能夠做大做強做精，看來最快的方式是離開電商平台，改以FB、Line、Wechat、Instagram等等來經營好朋友圈，如此才能更突顯自己品牌的價值和獨特，也不會與其他競爭者陷入價格戰當中，中國第一批在微信上賣面膜的人在當時都發大財，但是如果你現在才要去做，那肯定越來越難，因為趨勢總是在改變，要想掌握趨勢力，就得隨時觀察趨勢力的脈絡和改

變，趨勢總是一波走了，另外一波趨勢就又來了。永遠會有趨勢在，只是你有沒有辦法迅速意識到它。

如今時代來到了00後，那00後的趨勢又是什麼？隨著時代和科技的進步，我們從3G進入到4G，如今來到了5G世代，3G時代是靠文字；4G時代是靠圖片，那5G時代靠什麼？當我們一般在瀏覽FB或IG，什麼東西最容易讓我們停下來看，那一定會是短視頻，可能是被美妙的音樂吸引；被視頻中的人物正在做的事情吸引；可能是被有趣的特效或背景音樂吸引，總而言之，相較於純文字或是純圖片，現在唯有視頻才能快速吸引人們的眼球，也就是說5G時代就是一個快速眼球經濟年代。平常我們在瀏覽FB、IG或Tiktok時，你會不會把每一個人的發文都很仔細的看完，基本上是不會的，大多是用極快的速度不斷往下滑，直到看到吸引自己眼球的我們才會停下來認真看。根據統計，任何一個發文如果沒辦法在3秒鐘以內吸引到讀者的目光，那這篇文章已經結束了，但實際上我認為，任何一個發文如果沒辦法在0.7秒內吸睛，基本上就已經被快速滑走了，所以00後就是播商的時代，跟著年輕人走才有趨勢，因為他們在時代的前沿，因為他們的思維是打開的，是沒有任何固化的。

到底什麼是播商？所謂的播商，說穿了就是直播和短視頻，這兩年的直播太火熱了，基本上人人都在看，當然很多人會認為這種都是00後的年輕人在搞的玩意，如果已經有年紀了，還能怎麼搞？我原本也是這麼想的，直到有一天看到直播間有一個80多歲的老奶奶在做直播，2小時內就賺了幾十萬塊，就是在分享她年輕時的故事，有無數

老頭給她刷禮物。另外許多企業家、明星也都在做直播了，直播已成為大多數藝人的副業，就連馬斯克也說自己要直播，其實不知不覺當中全民直播時代已經來臨了。不得不說，疫情確實加速了這個時代的來臨，尤其在中國或馬來西亞，因為疫情的影響較為嚴重，所有民眾和店家完全無法開業，唯一的方法就只有一個，就是上線直播或錄製短視頻來推廣，如果只是消極地等待疫情過去，那就是死路一條。從2020年疫情開始到現在，已經有多少店家，其中還不乏諸多百年老店在疫情期間倒閉。因為還來不及找到因應之道，財務上就已經撐不下去了。中國和馬來西亞就是因為如此，所有店家已無計可施，不論喜歡或相信與否，都硬著頭皮跨入了播商的領域，結果竟然開創出了無限商機，全世界雖然有許多店家因為疫情而結束了營業，卻也不乏許多店家或新創趁著疫情，藉由播商的趨勢可以說是大發利市，績效甚至比疫情前還好，反觀台灣因為疫情管控得相對好，所以民眾在播商的涉略和使用度上遠遠不及中國，但這也變相地突顯出播商在台灣的商機和市場是不容小覷的。

　　我用個例子來說明，如果你原本是賣服飾的，在坐商時期你只要有店面就可以開始賣，然後慢慢地因為競爭對手太多進入到行商時代，你可能要多招募一些業務或多開拓一些渠道來銷售，再來進入電商時代你必須要在網路上有個網店才能銷售，再接著微商時代來臨，你必須有個FB或IG粉絲團抑或是Line@群組等等，用個網路商城來

財商筆記：把握趨勢就是把握未來

239

賣，而現在是播商時代，就是直接在直播間或在短視頻裡面賣，不管你接不接受或喜不喜歡，這就是趨勢。2020年11月11日也就是所謂的雙11，透過手機端和透過直播消費的已經佔到百分之六七十，未來比例還會更高，所以要注意，播商不是一個職業，也不是一個行業，更不是一個工作，你得去學習和適應它，否則你將會被淘汰。

那不想被時代淘汰的話，怎麼才不會被時代淘汰呢？就是這個時代讓我們做什麼我們就做什麼。財商裡面有一個非常重要的概念，什麼是最大的資產？趨勢就是最大的資產，這個概念非常重要，因為是趨勢讓你變貧窮或者讓你變富有，而不是房產讓你變貧窮或者變富有。當房產是一個趨勢的時候，只要投資房產絕對比做什麼都賺錢。

曾經在北京有兩個四合院，這兩個四合院的小孩從小一起長大，後來其中一個長大後為了做生意出國，他把四合院的房子賣了千來萬，然後去美國打拼，一拼就拼了十來年，等到回國後，他就覺得自己是成功人士，賺了將近兩百萬美金吧，折合台幣也就五千多萬，他覺得自己很成功，至於他那個小時候的玩伴，就在北京什麼也不做，吃喝玩樂，那位玩伴說：「我那個四合院剛剛被拆遷，國家補了我將近五個億！！！」這是個真實的故事，所以趨勢會讓你變窮或者變富，如果沒跟上趨勢，就算努力打拼幾十年都還不如那個人每天在家吃喝玩樂的。

所以當房地產是趨勢的時候，你投資什麼都不如買房子。再舉個案例，當年的中國首富王健林給了他兒子王思聰五億讓他去創業，後來他創立了很多公司全部都虧損賠光，當時就有網友說，如果說他拿

這五億啥都不幹，就在深圳南山買房，過去這五年來南山的房子翻了四倍左右，這就叫做躺贏，這就是趨勢的力量。

在未來幾年內，會出現很多的新型窮人，什麼是新型窮人呢？就是家裡面有一千萬的房產，開著百來萬的小車，但是想拿幾萬元現金出來都很費勁，為什麼會這樣？因為以前賺錢太容易，你身邊應該會有因為賣建築材料發財的、靠買了幾套房產就變成了富人的，他們都是靠著趨勢紅利期致富的，這不是他們真實能力的收入。但這兩年的經濟發展趨勢，基本上沒有了過往這樣的機會，如果還想憑著膽識抓機會賺錢，基本上都很容易踩坑。

現在的賺錢方式變成什麼了？現在拼的是什麼？是誰有真正的技術，誰有真正的知識，誰能夠幫助別人解決一般人解決不了的問題。看看美國和日本他們走過的歷程，你就知道我們的未來，如今日本前100名的富豪當中沒有一個是靠房地產發財的，現在他們國家如果想致富，必須要靠科技創新，我們以後也會是這樣。當然你可能會想自己不過是一個普通的老百姓，怎麼可能搞什麼科技創新？那是有公司，有團隊的企業在做的事情，我們一般人要做的事情，就是更新自己的知識和技能，成為能夠為新時代輸出價值的人。說簡單點就是要不斷學習，緊跟時代的步伐，每一天都要不斷地清理自己過去陳舊的思想和習慣，與時俱進。未來只是想把產品放在商店裡面，等著顧客來買的生意，又或是單純只想靠著品牌價值就要提高賣價的日用產品，以後這些都是賺不到錢的，網購和直播帶貨，讓消費者和廠家直接掛上了鈎子。於是所有的批發商和零售商都會失去存在的意義，那

些想靠著賺差價的商家就會被淘汰。如果你感覺到現在的錢很難賺，那說明你已經落後了，再不抓緊學習，更新自己的大腦系統，兩三年之內你就會是新一批的新型窮人。

**　　你想要在播商新世代中獲得「不公平優勢」嗎？**

如何在疫情衝擊下，不用與客戶面對面還能十倍百倍成交你的客戶呢？

**　　如何在百業蕭條下，以素人身分順應趨勢來翻轉自己的人生呢？**

限量的短視頻直播金牌線上課程來了！老師會帶你學會最落地的秘笈！

（詳情請見附錄六。）

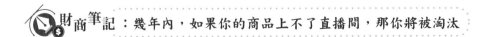

財商筆記：幾年內，如果你的商品上不了直播間，那你將被淘汰

23.元宇宙 Metaverse

2021年，我在一場講座上聽到一位區塊鏈的專家將近四十分鐘的元宇宙的專題講座，元宇宙這個名詞第一次衝擊了我，我立即做了功課，真的是讓我非常憧憬，為什麼呢？人類社會的每一次發展都是由技術的進步而推動的，我們從工業革命蒸汽機的發明到電力的傳輸，到互聯網到今天，每一次技術的進步都大大推動了人類的前進，不管是哪一個國家，擁抱技術都是必然的，每一個國家，每一個政府都想走在世界的前端，都想國富民強，那麼哪裡是關鍵，技術是關鍵，所以近來各國的經濟戰比的都是技術，你我也不該例外，都應該擁抱元宇宙。「元宇宙」這個名詞，可能很多人不懂，不懂是正常的，因為2021年才是整個人類探索元宇宙的元年，對元宇宙的定義到現在沒有一個統一的標準定義，但是，大家已經有一個共識，就是元宇宙是互聯網發展的終極形態，也就是發展到元宇宙的時候，互聯網就達到登峰造極的地步了。互聯網早已徹底改變了我們的生活形態，那它的終極形態，我們更要毫不猶豫地擁抱它，因為趨勢性的機會給到你，你選不選擇，是你的事情，但是最終你都會被時代的洪流給吸進來的，不管你參與不參與，你我都是回避不了的。那不如早點參與，你就可以站在這個時代的風口上起飛。

2021到2022年，多數人只要聽到元宇宙或相關的議題，大多

只會有兩種反應，不是當作花邊新聞來聽，就當作詐騙來對待，只要有人跟我說多好賺多厲害，一律全部都視為詐騙，我不得不承認，詐騙案多年來一直存在，而在近年，詐騙的內容和議題已經都跟元宇宙脫離不了關係，畢竟詐騙集團也是需要與時俱進的，而這也代表一件事情，元宇宙太火紅了，正是因為元宇宙在浪潮上，所以詐騙集團才會緊咬著這個議題不放，富人和窮人就會在此刻先區隔開來，窮人只要一聽到有人被詐騙過，加上自己也搞不清楚到底什麼是元宇宙，所以只要一接觸到就全面性當作詐騙，關閉自己所有的思維，不願面對、不願接觸、不願了解，這不僅讓我想到世界上許多古時候的部落原住民，面對外來的科技和技術的變遷，他們始終抱持著排外抗拒的心態，只要不懂就說是巫術，然後就說神會懲罰你，站在現在的時間軸往回看，這不是一件極為可笑的事情嗎？但我看到如今大多數的人們，就像這些古代人一樣，因為看不懂加上感受到風險，就全部都說是詐騙，抵抗排外。坦白說在世代的轉變下，本來就會有無比的風險，但相對的也隱含著無比的機會在裡面，不是嗎？當然也有一些人是毫無風險意識的，只要聽到有賺頭就完全不懂的情況之下就一股腦地投入，顯然這就是詐騙集團最喜歡的目標市場，這也是標準韭菜的特性，注定要任人宰割，千萬不要這樣啊。我們要以嚴謹、求知的角度來面對來學習，知己知彼、百戰百勝，這就是富人之所以富有的秘密，那麼接下來我們來談談這個有機會讓你創造財富的新世代。

　　網路是一個沒有邊界的巨大國度，當它和實體世界碰撞時，擦出來的火花足以顛覆這個世界。2009年，比特幣由一位化名為「中本

聰」的程式設計師所發明，至今沒人知道他是何方神聖。比特幣的鑄造過程，就是一套複雜又艱深的電腦程式，下載程式後，每個人都可以透過解決一個複雜的數學演算問題來取得比特幣，這個解數學題取得比特幣的過程就是我們常聽到的「挖礦」。挖礦功力越強，可以獲得的虛擬貨幣就會越多。最初，比特幣單純只在網路玩家之間流通，直到後來有人建置網路交易平台，讓一般消費者可以用普通貨幣來兌換比特幣，這時才開始和現實世界產生連結。

2010年5月22日，一位程式設計師Laszlo Hanyecz在比特幣論壇（BitcoinTalk Forum）上表示要用「1萬顆比特幣交換兩個大披薩」，另一個也在幣圈的同好Jeremy Sturdivant看到以後立馬回覆並訂購兩盒披薩送到Hanyecz手上，23日按照約定收到1萬顆比特幣。1萬顆比特幣以當時的價格來算大約是41美元，但是在2022年1月來算的話，折合新台幣大概130億！這是世界上首次以比特幣進行的交易，也是加密貨幣史上影響深遠的大事件，也因此5月22日被訂為比特幣披薩日，如今幣圈同好們都會在每年5月22日當天訂披薩來慶祝。

隨著人們開始對加密貨幣越來越了解，比特幣的價格也隨之水漲船高，一度漲到1顆比特幣折合新台幣180萬左右。後來又開始出現一個新的詞彙，叫做「元宇宙」，如今「元宇宙」這個詞可以說是無處不在。隨著各大科技、數位產業的積極關注，「元宇宙」成為近年最火熱的話題。元宇宙一詞最早來自美國小說家尼爾‧史蒂文森（Neal Town Stephenson）在1992年出版的作品《雪崩》（Snow

Crash）。在這本小說當中，元宇宙是一個集體虛擬共享空間，打破了虛擬世界、真實世界與網際網路的藩籬，透過配戴裝置如 VR 眼鏡，就可以用虛擬身分進入到虛擬世界，如果你有看過《頭號玩家》這部電影，那你一定能了解，片中的人們就是透過各式配戴裝置來讓自己在虛擬世界中社交、購物、闖關。

元宇宙和虛擬實境有什麼不同呢？元宇宙破除了平台、遊戲等空間的限制，人們可以戴上裝置，以數位物件及身份進入臉書的世界與人交流，再轉身走進隔壁的遊戲世界中戰鬥，原先各自為政的社群平台、遊戲等空間如今都有機會化整為一，人們可以自由地在不同空間穿梭，而這樣一次性整合並打造出來的世界，就是現在越來越火熱的元宇宙。

2021 年 3 月，美國遊戲公司 Roblox 於紐約證券交易所上市，上市說明書內提及「Metaverse」元宇宙一詞，隨後開始帶動元宇宙風潮，被外界稱為「元宇宙的引領者」，如今公司市值已突破 400 億美元（約新台幣 1.1 兆）。在新冠疫情爆發後，人們失去許多社交互動的機會，元宇宙順勢成為這新世界的重點項目，FB 執行長祖克柏更表示元宇宙就是下一個世代的網際網路。而 Facebook 於 2021 年末將公司改名為 Meta，這個名稱其實就是 Metaverse（元宇宙）的前半部，它們認為未來人類的生活將會有很大部分會是在虛擬世界中，有點像是全球最賣座電影之一的《阿凡達》，或是另一部由 Ryan Reynolds 主演的電影《脫稿玩家》，後者把元宇宙概念簡化以後再加上 AI 人工智慧，而真實的元宇宙也具有類似的娛樂性與生活性，讓我們對未來

生活充滿無限遐想。Meta公司計畫未來五年將在歐盟徵才一萬人，聚焦元宇宙概念，全力投入開發。

除此之外，Google、微軟、騰訊、字節跳動等大企業和不少遊戲公司也正積極投入元宇宙。Google多年來一直致力於元宇宙相關的技術研發，蘋果也都在開發自己的相關設備，微軟執行長納德拉（Satya Nadella）宣布未來將推出「企業元宇宙」（Enterprise Metaverse）的解決方案，透過旗下的智慧型眼鏡HoloLens、公用雲端服務平台Azure Cloud等產品，將數位與現實世界融為一體；Tiktok的母公司「字節跳動」則投入50億人民幣（約新台幣217億）收購中國大陸VR開發業者Pico，搭上元宇宙熱潮。未來在元宇宙世界裡，人們的生活與互動方式都將大幅改變，人們會開始習慣在虛擬世界中社交、學習、玩樂。未來的小孩也可以與朋友相約在元宇宙的遊戲世界中遊玩、或進入社群平台聊天，透過配戴裝置來享受沉浸式的社交生活體驗。而與其相關的行銷、設計等是否可能成為具發展潛力的新興職業、元宇宙又將會被哪些企業獨佔鰲頭，都是未來全世界關注的焦點。

元宇宙就是由兩個存在多年概念的融合：虛擬現實和數位第二人生。幾十年來，技術專家們一直夢想虛擬生活將和現實生活發揮同樣重要的作用。未來人們會花很多時間在虛擬空間與朋友和同事互動，與現實世界相同，人們也會在那裡花錢為自己的數位化身購買服裝和道具。虛擬現實是一個讓人們在網上過第二人生的平台。在虛擬現實中，只要戴上頭盔，就可以讓自己沉浸在3D環境中，再戴上動作感應

控制器與虛擬對象進行互動,使用麥克風與他人交流。

　　想像一下這樣的生活場景,再也不用一早為了趕公車慌慌忙忙地準備,也不用再到捷運上人擠人,日復一日早出晚歸,只要在家穿戴上裝置,就能用虛擬化身進入栩栩如生的虛擬世界,孩子就在虛擬學校跟同學一起上課,爸媽就在虛擬職場與同事一起打拼,爺爺奶奶則是在虛擬公園裡跟三五好友打打麻將、跳跳土風舞,這樣是不是超方便。在虛擬世界裡,我們可以到服飾店快速試穿並且客製化自己的穿搭,不用怕買錯 size 或跟其他人撞衫;也能去銀行向行員申辦各項虛擬金融服務,省去排隊時間;還能參加親友的開學或畢業典禮,並訂製祝賀蛋糕送到家;抑或是約三五好友一起看球賽或聽演唱會,而這一切都是在各自的家中就可以完成。元宇宙不只是類似遊戲的虛擬世界,它即將打破現實框架,全面改變人類生活的平行世界,接下來十年,正是元宇宙蓬勃發展的黃金時期!

　　韓國政府在 2021 年 5 月宣布成立「元宇宙聯盟」,南韓代表企業:三星、LG、現代汽車、Kakao、Naver、KT、樂天世界等都在這「元宇宙聯盟」當中。其中,Naver 的元宇宙平台 Zepeto 還獲得軟銀集團 1.7 億美元的投資,這將幫助 Naver 與 Facebook、Google、Roblox 等國際對手在競爭上更具競爭力。Zepeto 目前已經擁有超過 2 億用戶,其中包括龐大的海外客戶群,約佔九成。該應用程式除了能讓用戶玩遊戲、透過 3D 分身與其他人交流,還能透過製作時尚配件和其他內容來賺錢。現在已經成為年輕人最熱門的遊樂場,青少年佔其用戶的 80%,K-pop 女團如 Blackpink、TWICE 都在應用程式上創作

內容，與海外粉絲做交流。韓國的「元宇宙聯盟」顧名思義，便是結合了政府以及聯盟中的私人企業與研究團隊、政府機構、電信公司，共同搶占元宇宙商機。事實上，韓國科技部在2020年底就公布了一份「沉浸式經濟發展策略」，其最終目標是要將韓國打造為全球五大XR（包含VR、AR、MR）經濟國家，透過國家的力量，投資相關的基礎建設並且培育相關人才。

韓國科學技術情報通信部（MSIT）也在2022年發布韓國政府的元宇宙產業戰略藍圖，為這項戰略制定了四個主要目標，包括活化元宇宙平台生態系、培育元宇宙專業人才、扶持元宇宙公司，以及為所有元宇宙用戶打造一個安全的環境，可見該國對發展元宇宙產業的重視。整個數位新政2.0經濟計畫的規模達到1900億美元的程度，這也是日前韓國政府為應對COVID-19肆虐而啟動的1,390億美元經濟計畫的延伸，文在寅說這項政策已經不是為了解決疫情帶來的眼前的困難而已，而是為了讓韓國更有希望地向前邁進，成為全球領導者，可見元宇宙在未來的重要性。根據估計，到了2025年，元宇宙所產生的價值將達到2,810億美元，無疑的是，韓國將利用其強大的文化輸出以及具有前瞻性的產業策略，在國際上扮演要角。

而隨著元宇宙這個名詞出現以後，馬上又出現另一個詞，叫做「NFT」，2021年可說是NFT的元年，世界知名網站《柯林斯英語詞典》宣布，「NFT」正式獲選為2021年度十大代表關鍵字的冠軍，力壓「新冠肺炎」與「疫苗」，而「元宇宙（metaverse）」與「加密貨幣（cypto）」則緊追其後！就像知名YouTuber老高所說

的：「NFT是孕育元宇宙的基礎，沒有它，就沒有元宇宙。」所有你知道的知名企業品牌都投入元宇宙，NFT也從原本一小群人關注的話題，如今變成全球矚目的新興趨勢！

美國的數位藝術家Beeple將自己14年來每天的畫作作品組成全新作品《Everydays：The First 5000 Days》，並透過佳士得拍賣行拍賣，成交價近19億台幣，也因此吸引到越來越多藝術家搶搭這波全新的創作商業模式！然而這個紀錄不到一年就被Pak的實驗性NFT《Merge》打破，該作品總額販售將近$9200萬美金，在元宇宙議題的發酵下，NFT交易量暴增，2021年NFT市場產值已經達到269億美元！現在不論是藝術品、攝影、錄像、書籍、音樂、文字、憑證……只要是你想的到的東西，全部都可以NFT！

💲 什麼是NFT？

NFT（Non-Fungible Token的縮寫）叫做「非同質化代幣」，是一種新型態的數位資產。《柯林斯英語詞典》將「NFT」定義為「一種在區塊鏈（blockchain）上註冊的獨特數位證書，用以紀錄藝術品或收藏品等資產的所有權。」就像在真實世界中，人們交易房地產、競標藝術品、珠寶時，若交易成功都會獲得一張「購買證明」，也就是該物品的「所有權證」，包含我們的身分證、健保卡、行照等也都是，而NFT就是存在於虛擬世界中的所有權證。NFT利用區塊鏈的技術，透過一組「電腦編號」，讓作品無法被複製和造假，不論是一首歌、一個遊戲裝備、一張圖片、一本書，只要發行獨一無二的編號，

它就是世界唯一、不可替換，這也是NFT最大的特性。隨著NFT出現，數位創作者多了一條可以保障權益以及作品價值的途徑，透過區塊鏈的技術，能夠為數位資產提供認證，解決了數位創作的真品認證和防偽問題，同時以「限量」、「記名」和「持有紀錄」等特性，賦予數位內容收藏意義，也因為有了NFT的標記識別技術，收藏者重新有機會真正擁有喜歡的藝術品，也可以再次賣出，而不管轉手幾次，最初的創作者還是可以從中獲利，透過這個過程獲得持續的現金流。

而且不只全球房市漲翻天，就連虛擬世界房地產也跟著大漲。自從臉書更名Meta炒熱元宇宙商機以來，虛擬世界的地價漲幅高達五倍，一塊地要價動輒數十萬美元，甚至有人花數百萬美元只為了在元宇宙當名人的鄰居。試想如果你家旁邊就是周杰倫或是任何一位你喜歡的明星，那不是很酷嗎？多倫多數位資產投資公司Tokens.com執行長基奎爾（Andrew Kiguel）表示：「元宇宙是新一代社交媒體。大家可以在元宇宙裡參加嘉年華、演唱會或參觀博物館。」小賈斯汀（Justin Bieber）及亞莉安娜（Ariana Grande）等知名歌手都已經在虛擬世界開過個人虛擬演唱會，就連好萊塢名媛芭黎絲希爾頓（Paris Hilton）也在虛擬世界主持跨年派對。雖然虛擬世界在電玩問世後就已存在，但至今多數玩家都是透過電腦螢幕接觸虛擬世界。相較之下，元宇宙是透過VR頭套及其他穿戴裝置所創造的360度沉浸式體驗，從虛擬化身的服飾到虛擬世界中的住家都成為商機。加密資產管理公司Grayscale估計，虛擬世界在短期未來的市場規模將超過1兆美元。基奎爾日前就投資250萬美元在熱門虛擬世界Decentraland買下

一塊地。他表示：「價格在幾個月內飆漲4到5倍。」虛擬房地產開發商Republic Realm更斥資430萬美元在Sandbox虛擬平台買地。該公司執行長尤利歐（Janine Yorio）表示，2021年公司以單價1.5萬美元賣出100座虛擬小島，一年不到單價漲至30萬美元，恰巧和美國平均房價差不多。基奎爾表示虛擬世界和現實世界的房地產其實道理相同，都是看重地理位置。他表示：「大家進入虛擬世界的第一站通常是人群聚集地，因此這類地點會比沒有舉辦任何活動的地點值錢。」迪士尼（Disney）也打算在元宇宙（metaverse）提供更沉浸的主題樂園體驗，其「虛擬世界模擬器（virtual world simulator）」專利已獲得美國專利與商標局（USPTO）批准。根據PhocusWire報導，迪士尼的虛擬世界模擬器包含投影裝置、追蹤系統、運算平台，運算平台跟投影裝置與追蹤系統在背景互相溝通，能在遊客逛主題樂園時對應其所在實體世界設施與場所，找出應配合投射的虛擬特效進行展示，透過擴增實境（AR）技術提供遊客更沉浸且具吸引力的虛擬世界體驗。迪士尼希望運用元宇宙結合實體世界的主題樂園與度假區、數位世界的娛樂與媒體資產、巨量的消費者接觸點，轉變迪士尼實體與數位資產供人們體驗與進行互動的方式，最終將緊密連結虛實世界推出迪士尼自己的專屬元宇宙空間。

Marriott International也與數位藝術家合作打造基於旅遊的非同質化代幣（NFT）以跨足數位商品領域，並持續強化在元宇宙領域的存在感。加密貨幣專業廠商ColossalBit在杜拜混合實境（MR）餐廳MetaTerrace已開幕，內有一個融合實體與虛擬世界的虛擬實境

（VR）房間。

2022年初，科技巨頭微軟（Microsoft）在電競遊戲和元宇宙產業內投下一枚震撼彈，微軟以元宇宙為由，以價值約687億美元的全現金交易收購遊戲巨頭──動視暴雪（Activision Blizzard），稱該交易將「為元宇宙提供基礎」。動視暴雪旗下擁有《星海爭霸》、《魔獸世界》、《暗黑破壞神》、《Call of Duty》與《Candy Crush》等膾炙人口的熱門遊戲，此次收購將加速微軟遊戲業務在行動、PC、遊戲機和雲端領域的增長，並將為布局元宇宙奠定基礎。此舉也將大幅擴張微軟的遊戲業務規模，微軟也自然成為全球收入第三大遊戲公司，僅次於騰訊和Sony。

再來說個更厲害的，新冠疫情的全球大流行重創了全球服務行業的低技能工人，人員流動性的遽減使得越來越多的失業者遷移到了能足不出戶賺錢的虛擬世界，也就是元宇宙。一款號稱「區塊鏈神奇寶貝」的超Q遊戲，讓其背後遊戲開發商Sky Mavis，成為越南最新入榜的獨角獸（市值超越十億美元），也是該國少數獨角獸之一。這款將加密貨幣和寵物小精靈相結合的遊戲，名為Axie Infinity，玩家可以在遊戲中飼養、對戰和交易名為Axies的NFT寵物，越南開發商Sky Mavis在2018年推出了這款遊戲，短短5個月內，它就獲得兩輪融資，第一輪獲得750萬美元融資，投資人包括NBA達拉斯隊老闆馬克・庫班（Mark Cuban）；第二輪它再次獲得高達1.5億美元融資，市值也因此超越30億美元。

為何區塊鏈遊戲開發商受投資人如此追捧？近來資本市場對加

密貨幣的熱情有目共睹，但Sky Mavis獨特之處，是它開創「邊玩邊賺」（Play-to-Earn）的機制，讓玩家合法地獲利，迅速吸引大量玩家，也替它帶來大量收入。Axies遊戲在以太坊區塊鏈上運行，Sky Mavis還設計了一個名為Ronin的側鏈以支持遊戲內快速交易。在該款卡牌策略遊戲中要開始遊戲，你必須從遊戲的市場上購買至少三個圓滾滾、有如神奇寶貝一般的玩偶「Axies」互相對戰，贏了以後可以賺取名為「平滑愛情藥水」（SLP）的遊戲代幣，玩家可以用代幣培育更多全新的玩偶，轉售或增加遊戲勝率。但代幣最重要的好處是，玩家可以在公開市場把代幣換成實際的錢。2021年最高峰時SLP代幣約為10塊台幣一顆，每日完成任務後大約可以獲得100到150個代幣，一個月換算下來，大約可以賺到新台幣3萬到4萬5千元不等。

這對有些人來說不一定是大數目，但對於許多發展中國家的人來說，卻是足以支撐生活的收入來源，像菲律賓就是，該遊戲四成玩家都來自該國。菲律賓的薪水本來就低，疫情封城讓大量人失業，該遊戲成為許多人唯一可依賴的收入來源，因此快速在當地爆紅。菲律賓小鎮甲萬那端（Cabanatuan City），在疫情中儼然成為「Axie Infinity村」，有村民知道玩該遊戲可以賺錢以後，一傳十、十傳百，連高齡75歲的雜貨店夫妻都每天玩。至於Sky Mavis則是從用戶相互出售的所有Axies寵物、虛擬房產和其他物品中抽取4.25%的費用。不過，隨著遊戲爆紅，該公司也面臨挑戰。因為遊戲越來越受歡迎，而代幣SLP卻是一種無限增發的加密資產，供應量不斷增加，價格跟著下跌，玩家的每日收入隨之開始下降，到2022年初，SLP已經一

顆價格降到一塊台幣以下，如果以一顆5毛台幣來算的話，那每月收益就會變成1500～2000塊台幣左右，與2021年落差非常大。不過Axie這款遊戲也讓我們知道，未來元宇宙的世界裡，遊戲將不再只是遊戲，它可以是一份斜槓收入，甚至可以是一份事業，顯然這也是很值得我們去關注的。

　　為什麼要告訴你那麼多關於元宇宙的訊息，從虛擬貨幣到元宇宙到NFT，從FB、Google、微軟、韓國、迪士尼；從虛擬會議到虛擬演唱會到虛擬土地再到虛擬遊戲，最主要是要告訴你，這已經是你完全無法否認更無法抵擋的趨勢，而且用趨勢來形容還有點太保守，這世界即將面臨的劇變，就跟我們從原始人時代進到農業時代；從農業時代進到工業時代；從工業時代進到互聯網時代；而如今要從互聯網時代進入到元宇宙世代，這是一個世代的改變，它將從方方面面改變現有你所認知的所有一切，所以聰明的人早已踏入這個領域試圖賺到時機財、趨勢財，而無知的人只能漠視這一切，等待一切都已改變的時候再來被世代淘汰。我們前面有提過，你不應該在不了解的情況之下，貿然的投入，所以當務之急就是開始學習關於元宇宙的一切知識，積極向元宇宙大師學習，而不是只是到處聽從小道投資消息盲目跟風。

財商筆記：你永遠無法賺到你認知範圍以外的財富

34. 業務即將消失

　　隨著時代的改變，生活越來越便利，資訊越來越沒有壁壘，換言之已經越來越難靠資訊落差來獲利，因為不管是任何東西，人們都可以直接上網搜尋、了解，未必一定要透過業務了解，所以我們可以想像未來業務將會被時代淘汰。舉個例子，過去為了應付大量走進建案的客戶，因此現場都得安排較多的代銷業務來跟客戶互動，但未來只要戴上智能眼鏡就可以直接進到建案裡面，只要建案有跟某明星簽約的話，說不定還能讓該位明星在虛擬世界裡為你介紹這個建案，換句話說如果我要買房子，我再也不用花費無數個週末東奔西跑，看了大半年卻可能還是找不到理想中的房子，真的可以說是曠日廢時，尤其是大老遠地跑來建案，卻只看了一下就馬上不喜歡，這種經驗相信有看過房子的一定都有過，但未來我只要在家裡就可以吹冷氣，幾個小時內我就可以透過智能眼鏡去到各個不同的建案，一碰到不喜歡的就立刻結束，毫不費力，等到真的看到喜歡的，精挑出三間，最後再到現場仔細評估即可。在這樣的情況之下，你會發現對於買方而言可以說很省事，對於賣方而言也沒有不好，只要把虛擬平台設置好，就不需要聘請許多代銷員在現場販售，因為沒興趣的客戶都不會來，只有真的有興趣的才會來現場勘查，所以現場只需配置最厲害的銷售人員即可，甚至為了提供VIP服務，也可使用預約制的方式，避免不同組

的客人在看房時撞在一起，更能大大提升服務品質。所以說這樣的方式對賣方買方都是好事，但是對於銷售人員而言，除非你是最頂尖的房產顧問，否則在未來的趨勢下，基本上都是會被淘汰掉的，因為市場已不需要那麼多業務。

我再舉個案例，以保險從業人員為例，現在如果你要買保險，除非是最基本最簡單的險種比如旅平險，你才能從網路上直接投保，如果是一般險種，按照法令你找從業人員才能投保，因為非得透過業務員投保，導致不少公司或業務主管習慣濫用海嘯戰術，也就是不管這位準引薦對象是否合適，又或者是加入後是否真的有提供完整的教育訓練，都不重要，秉持一種有人就有業績、有樹就有鳥棲的心態到處招募，招募到業務員以後就想著如何運用他的人脈，反正只要能成交，公司能賺錢就好，至於銷售過程是否專業、規劃的工具是否真的合適、業務員是否有足夠的專業來做後續的服務反倒都沒那麼重視，多年來保險業也因為這樣的狀況層出不窮，無數人加入到這個產業然後又迅速離開這個行業，過程當中產生出無數孤兒保單，讓保戶觀感不好，這也是為什麼保險從業人員的地位和形象始終比不上其他專業人士，就是這個原因。但是隨著科技的進步以及法令遲早也要與時俱進，未來要投保保險還是需要透過從業人員嗎？

我們先談談一般的醫療險，雖然內容確實複雜，但早已有無數專業又好用的網站來供民眾使用，像是Finfo、My83等等網站，直接把全台所有醫療險種全部放到網站裡，你可以在裡面查詢到所有該險種的相關資訊，保單條款、保單介紹、保單特色、保單費率、投保規

則應有盡有，最厲害的是直接可以做各家比較，把同類型的各家保單直接做全面性的比較，優缺點一目了然，再也不用單純只聽業務員的片面之詞，畢竟網站裡面的資訊是非常客觀的，甚至還有當月份詢問度最高或是投保率最高的險種介紹，相當方便。試問這樣一來，未來為什麼還一定要經過從業人員購買呢？儲蓄險更不用說，話術連我讀小一的女兒都可以馬上學會：「叔叔，一年十萬，六年六十萬，但你可以拿回七十萬，而且還可以免稅喔」，多數不專業的從業人員大概都是這樣銷售的，一樣的，那麼簡單的話，我為什麼一定要透過從業人員購買？其實是因為現行法令上的規範，所以無法從網路購買，但如果未來法令開放了呢，試想市場上還會有那麼多不專業的從業人員嗎？勢必這些人會消失，因為上述所說的這些基本款的險種投保都再也不需要透過從業人員，你會發現，業務員將會消失，留下的都不會是一般業務，而是專業的顧問，那你可能會好奇顧問跟一般業務員有什麼差別呢？說明如下。

💲 專業財務顧問和業務員的差別

業務員本身只會賣工具，只賺取商品的佣金，所以每次看到你就是告訴你，我們公司有新產品開賣，你要不要趁機規劃，或者我們公司有商品要停售了，趕緊規劃好不好？換言之業務員不管怎麼講都是在講商品，也就是所謂的商品導向，最終目的就是把商品賣出去。但顧問最主要是要收取談話費跟規劃費，譬如說不少老闆都會有自己的會計師和律師，通常也會有財務長，但是當老闆要做財務規劃時，他

自己可能也不是很清楚他自己的財務藍圖，所以老闆就會請會計師或律師去協助執行，律師、會計師雖然都是專業人士，但畢竟會計不是那麼懂法律，律師不是那麼懂會計，就算懂了，那也還得對財務有一定了解才行，所以在無法全盤理解的情況之下，最後做出來的規劃可能就會是一個不符合需求抑或是高財務槓桿高風險的規劃，等到金融風暴一來，他的資產可能就會減半腰斬甚至歸零，這時候就需要財務顧問在旁邊協助，顧問會先跟老闆討論財務邏輯和老闆的價值觀，等到勾勒出財務藍圖出來以後，如果有需要，就會再委請律師或會計師來一同執行，所以顧問的工作某種程度上也很像是室內設計師，就像你買了一個房子，可能你想要做美式的裝潢，但是你太太卻想要做歐式的，一旦你們沒有找室內設計師做規劃就直接去做，最後就會變成四不像。

　　所以顧問就像室內設計師，先畫出財務藍圖，然後向你說明要怎麼安排，諮詢你的意見，確認之後就開始執行，也有可能你不需要該顧問來執行，但是設計師這個設計圖可不可以賣你，有裝潢過房子的一定知道，你是可以單獨購買設計圖的，所以專業的顧問其實是可以收鐘點費，也可能收取規劃費，如果對於內容如何落地執行不是那麼了解，那也可以直接讓顧問來協助執行，這時候就會收取1%～3%的資產管理費，這就是財務顧問跟保險銷售員的差別，也就是說保險業務員賣的是工具，而財務顧問是在賣解決方案，用解決方案來解決客戶的問題。其他的領域都是一樣的，用口才和三寸不爛之舌來把業務做好的時代即將過去，未來會留下來的都只會是專業的顧問。所以

如果你是客戶，一定得從顧問來尋求協助，如果你是業務員，一定要趕緊精進，讓自己升級為顧問才行。

接下來我也跟大家分享一下身為專業的財務顧問，到底能提供什麼樣的協助，一般財富管理服務主要有六大項：

① 稅務規劃

全世界的政府都很缺錢，中華民國當然也不例外，常言道中華民國萬萬稅，所以除了過往我們常聽到的所得稅、二代健保以外，遺產贈與稅也早已來到10、15、20%的級距，另外過往也有非常多關於不動產相關的稅賦，像是奢侈稅到後來的實價登錄，房地合一2.0等，如何能夠在專業且合法的前提下來協助客戶做到稅負減免，都是顧問所能夠提供的稅負規劃服務。

② 國內企業的規劃

除了個人以外顧問也可以針對企業來做安排。一般有兩項，一個是重要幹部留才，我們常聽到美國的大聯盟也好或是籃球NBA也好，任何一個球隊都會有當家球星，而這個球星往往都是其他球隊非常渴望得到的優秀球員，所以球隊為了有效留住這名優秀球員，就會祭出諸多的薪資福利計畫，試圖藉由優渥的福利計畫讓球員願意留下來。顧問為企業提供的專業是一樣的，當企業裡面有重要幹部的時候，顧問就能協助制定出一份福利計畫來留住重要幹部。第二個就是股東互保計畫，其實任何一個股東都可能會因為其他股東的離開或增資等諸

多的因素導致本身的權益受影響，這些在八點檔鄉土連續劇裡面的劇情時常可見，而實務上也確實常常發生，所以顧問如何協助任何一位股東能夠確保財富不會因為其他的股東而受到影響，進而確保公司的經營權能夠永續經營，這都是顧問在企業端所能夠提供的專業服務。

③ 信託

最早期的信託其實是運用在家庭中有身心障礙的小朋友時，父母擔心未來自己不在時身心障礙的小孩沒有足夠的能力和經驗來管理自己的財富和人生，因此就有了信託這樣的機制。而如今信託更可以解決眾多的財務風險，像我們耳熟能詳的台語天后江蕙，28年的演藝生涯存了將近兩億的退休金卻因為一時的輕忽而將所有的財富交由姐姐管理，結果兩億退休金不但化為烏有，還負債700多萬，我們也看過很多的企業主，在年輕的時候因為輕易做了別人的保人，而當朋友跑路，他們就得扛下百萬甚至千萬的債務，我們也常聽到因為婚姻而導致財富受到影響的案例，像是賈靜雯、于美人、陳美鳳等，她們都是赫赫有名的女強人，在婚姻關係消滅以外，還得將自己婚後所賺到的龐大財富分給對方一半。可見，人生其實有非常多的財務風險，包含官司、人脈、婚姻、家族、政策，而顧問藉由信託就能夠降低當這些風險發生時對我們財富的影響。

④ CRS（國外資金的移轉及運用）

目前整個亞洲有超過50%的高資產族群，藉由投資全球的市場

來進行風險的分散，當然其中也包含稅負的考量，同時也有不少台商在大陸深耕或者是雙重國籍居民，目前全世界的政府都有一個共同的共識，都要一起反避稅、反洗錢、反貪汙，也因此他們都希望能夠防堵非法資金，所以才會出現肥咖條款。肥咖條款最開始是由美國所啟動，目的是追蹤美國居民在全世界各地的資產狀況，因此要求世界各國企業一定要把相關資料提供出來，這就叫肥咖條款。美國以外的其他各國則是成立了一個叫CRS，CRS就是美國以外的世界各國，共同成立自動稅務資訊交換的機制，目的是防堵跨國的逃漏稅，所以CRS又被稱為全球版的肥咖法案。如今大陸的肥咖已經啟動，台灣的肥咖也已上路，這將完全衝擊兩岸的高資產族群，也就是說我們可以知道各國政府都已經要掌握居民在其他超過100個國家或地區的金融帳戶資訊，所以海外的資產將不再具有隱蔽性，而且極有可能被各國的稅務機關進行資訊的交換，而必須繳納相關稅負，當然也不排除因為過往曾有的稅負狀況導致面臨連補帶罰的窘境。

⑤ 家族傳承

我們常聽到富不過三代，其實根據統計，確實只有30%的人能夠有效地將財富傳承到第二代，而能夠傳到到第三代的只有10%的人而已，最著名且成功的案例就是洛克斐勒家族，他們的家族財富目前已經傳承到第六代且從未引發過任何的爭產或紛爭，可以說是非常厲害，而家庭財富的傳承首重財富的完整性以及和諧的移轉，傳給誰？傳什麼？怎麼傳？傳承的效果如何評估？而顧問就會針對不同的目的

與資產的屬性來協助客戶資產傳承的方式與時間,進而提供客製化的服務,這就是家族傳承。

⑥ 退休金規劃

這是所有人一定都會面臨到的財富目標,但顧問談的退休規劃有點不太一樣,大部分的金融從業人員頂多幫助客戶賺到一定的退休金就準備退休,可是如今我們知道在高齡化和少子化以及各國政經環境如此動盪的情況之下,其實顧問真正該在意的是如何確保客戶財富的高度能夠符合人生的長度。

以上這六項就是顧問未來除了最一般的投資理財、風險規劃之外,所能夠提供的客製化財富管理,所以才說一定得找專業顧問,或是一定得讓自己從行業裡的業務升級為行業顧問,這是必然的趨勢。

財商筆記:做任何事之前先去學後去做

35. 能吸引財富的技能

　　你覺得你真的會說話嗎？劉邦因為會說話，建立了大漢王朝，越王勾踐因為會說話？讓他的士兵在敵軍多餘他十倍的前提下，還敢上陣殺敵？馬雲因為會說話，說服亞洲首富孫正義投資他2500萬美金。賈伯斯因為會說話，直接說服可口可樂總裁把工作辭掉，放棄百萬年薪跟他幹。張儀因為會說話，讓秦國得以統一建立大秦帝國。張儀從小家裡窮，張儀學成之後遊說諸侯，任楚國相國昭陽的門下客。曾經同楚國的相國共飲。後來楚相丟了一塊璧（相傳為和氏璧），楚相下人認為張儀「儀貧無行」，必是張儀所為，打了他數百下。張儀不服，楚相放了他。張儀之妻子悲憤道：「你要是不讀書、不遊說諸侯，怎麼會受到這樣的侮辱？」張儀這時對他妻子說：「你看看我的舌頭還在不在？」其妻笑道：「還在。」張儀說：「這樣就夠了。」今天這個仇，我來日一定報。

　　戰國時代群雄逐鹿，縱橫家們憑借三寸不爛之舌四處游說，可謂「一口傾國」，這其中最關鍵的人物當屬主張「連橫」的張儀。據司馬遷《張儀列傳》記載，張儀曾師從於春秋戰國時期道家代表人物、縱橫家的鼻祖鬼谷子。年紀輕輕便掌握了縱橫家的看家本領，幾經輾轉後，他來到秦國，得到了秦惠王的賞識，被封為相，後來張儀出使各國，憑三寸之舌戲弄天下諸侯，首先破除了秦國和齊國兩個大

國的聯盟，後來又先後到齊國、趙國、燕國，說服各國諸侯「連橫」親秦。最後六國「合縱」聯盟終於被張儀拆散。也因為張儀的連橫之術成為後來秦國滅六國、統一天下的基本戰略。這全部都是靠演說，不管你從事什麼職業，你都離不開說話，很多人敗就敗在不會說話，夫妻為什麼吵架，因為不會說話，員工為什麼背叛，因為主管不會說話，為什麼合夥人到最後會拆夥甚至反目成仇，因為不會說話……所以說不會說話是非常可怕的，如果會說話，一句話就可以建立一個王朝，建立一個帝國，這就是所謂的一言興邦，一言喪邦。但問題是我們從小到大似乎沒有特別學過說話？說話的最高境界是什麼呢？就是用別人喜歡的方式來達到自己的目的。

那你會說話嗎？演說其實就是說話，會演說的把人說醉，不會說的把人心說碎，各位是屬於把人說醉的那種，還是把人說碎的那種？我相信大多數都是把人說碎的那種，因為壓根搞不清楚這說話到底是說給誰聽的？如果說話是說給自己聽的，還你還需要說嗎？自己在心裡跟自己說就可以了，為什麼還需要要說出來？顯然說話不是說給自己聽，而是說給別人聽的，既然說話是說給別人聽的，我們應該說自己想說的話，還是想說別人想聽的話？那當然是說別人想聽的話，但是，我們仔細想想，實際上大多數時候我們說的都是自己想說的。所以夫妻感情不好，親子關係不好，跟父母關係不好，上下級關係不好，跟同事之間關係不好，一定要記得，生命就是關係，那關係好和關係不好跟什麼有關？就是跟說話有關，所有的關係全是說話說來的，跟你關係好是因為你們聊得來，跟你關係不好是因為聊不來叫

做一言不合。說話甚至比長相都還重要，學生時期我們是不是都認為校花都會被校草給追走。有的人明明長得很帥，就是交不到女朋友，有的人長得不怎麼樣，女朋友卻一直換，這就是會說話和不會說話的區別，校花長得漂亮，認為一定得等別人來追她，校草也覺得自己很帥，怎麼可能親自去追別人，結果那個長得比較一般的，就只能主動去追求別人。所以你就會發現美女的旁邊都是相貌一般的男生，帥哥旁邊也都是相貌一般的女生，因為彼此都不主動去追求更適合自己的人，全是一般般的在追求她，追了幾年之後，日久生情覺得他對我也挺好的，其實就是這麼回事。所以你會發現，說話與人生品質、財富、生命關係、幸福指數可以說是息息相關的。

那說話的最高的境界是什麼呢？話是說給別人聽的，所以說的是別人想聽的話，用別人喜歡的方式來達到自己的目的，就是說話的最高境界。演說就是一把倚天劍，演說就是一把屠龍刀，一刀在手，天下全有，你會發現所有行業最厲害的人一定都會演說，所以你必須學會演說，你離成功就差演說，演說可以讓你倍增人脈，倍增財富。

💲 用公眾演說成為古代聖賢

孔子在魯定公十三年春天離開魯國以後，與一些願意跟隨的弟子，展開長達十四年的周遊列國，孔子並不是茫茫然地四處推銷自己的學說，而是希望能找到受信任的地方，推行自己的政治理想，進而使天下安定。他每到一個國家，都會觀察當地的政治情勢，一方面審度需要停留多久，另一方面也思考適合的施政方法，當有人詢問時，

就能提出相應的見解。孔子一路上仍持續教學，途中也遇到不少敬重孔子德行修養的人物，也遇到不少隱居的賢者，對孔子的做法提出異議。例如桀溺便對仲由說：「天下都是一樣亂，誰能改變呢？你與其跟從一個不能與人相處之人，不如乾脆跟從不與世事往來之人吧。」孔子聞言後感慨地說：「我又無法加入鳥羣獸羣，不跟人在一起，要跟誰在一起呢？假使天下有道，我就不會去改變它了。」

孔子這段話，道出自己周遊列國的心情。以孔子的學識，要謀職是很簡單的，但是他想做有利天下的事情，想要改變無道的世界，所以才如此奔波四方。譁眾取寵、迎合當權是輕鬆而容易得到榮華富貴的辦法，堅持行正道、違逆天下潮流卻會讓自己非常艱困。但是孔子的眼中不只看到自身，還關切著世人。雖然沒有找到能夠推行改革的有道之邦，但是孔子所追求的精神與理想，卻透過他周遊的行跡，流傳到魯國之外的廣大天下。

自古以來的聖賢，孔子、孟子、莊子、老子、佛陀，哪位不是周遊列國到處演說，藉由演說把自己的思想和理念發揚並傳承，換言之，成為聖賢的第一要務就是要會演說。

用公眾演說成為國家領袖

前美國總統歐巴馬（Barack Obama）原本是一名默默無名的伊利諾州參議員，初選時他的對手的財力與知名度遠遠大於他，再加上美國從未有過黑人總統執政的經驗。然而聽過他演說的人，都很難不被他感動。歐巴馬非常善於演講，雄辯的口才、燦爛的笑容，比明星更

有光環，他從基層一路走到白宮，最後傳奇性地當選美國總統，也是美國總統史上第一位非洲裔的黑人總統。

至於川普（Donald John Trump）就更不用說了，川普是美國第一位不曾服過兵役、也沒有任何從政經驗的商人總統。在入主白宮前，他只是一名財大氣粗、自吹自擂的地產大亨，名下大樓、飯店、賭場、飛機、遊艇大多冠上「川普」名號，他的婚外情與三段婚姻則讓小報津津樂道。當川普宣布參加共和黨的總統初選時，美國社會並沒有當一回事。川普的歧視與仇恨言論口無遮攔，卻意外推高了他的人氣，最後竟在初選中脫穎而出。競選口號是「讓美國再次偉大」（Make America Great Again）的川普，宣稱美國已身處絕境，只有他親自出馬才能挽救危局、重振破碎的美國夢。一場競選演說，抓準了藍領階級對自身處境的憤怒、不滿與恐懼，讓川普乘勢而起。成功召喚出厭惡傳統政治的保守派群眾，特別是那些因全球化收入銳減、甚至丟掉工作的白人勞動階級，化身造勢大會上的狂熱川粉。靠的就是一場振奮人心的演說。

用公眾演說成就品牌宗教

一個企業領導者的演講魅力就是企業的超級影響力。領導者走上台，企業魂就油然而生。因為企業家的公眾演說力就是企業的核心競爭力。每個領導者都是企業的最佳代言人，美國管理學家彼得斯有一句名言：「21世紀的工作生存法則，就是建立起個人品牌。」現在越來越多企業家站出來為自己的企業代言，郭台銘、雷軍、馬雲、賈伯

斯、馬斯克都是，企業管理者開始從幕後走向台前，化身為企業代言人，讓企業形象隨著CEO本身的形象深入人心，達到最大的宣傳效果。這仰賴的就是每位領導者的表達、公眾演說的能力。

　　企業老闆運用演說的方式，用自己的形象為自家產品宣傳，把公司品牌和創始人形象串連起來是一個非常有效的品牌策略，在對產品宣傳中，容易產生共鳴和欣賞，在各種社交及商業場合去表達公司的理念、願景及使命在現今已經是一種常態的工作方式，再者企業家的演講力就是影響力，能夠贏得合作夥伴信任，獲得更多的支持和幫助；快速贏得客戶信任，提高成交率與績效；快速獲得員工信任，讓企業上下一心，增加團隊凝聚力。領導者的演說魅力，讓企業資本和實力不斷壯大，從而實現資源整合；進而在競爭者中脫穎而出，獲得市場的青睞。一個企業領導者的演講力，之所以是競爭力，是因為他不僅要通曉管理學，具有駕馭企業的雄才大略，善於高效表達，獲得更多合作機會和支持，做行業的引領者；還要熟悉領導藝術，兼備與員工交往的技巧，善於用語言激勵員工，運用語言魅力留住核心人才，進行有成效的管理；更是肩負傳播企業文化，打造個人品牌，為企業代言。

　　蘋果公司創始人之一的賈伯斯（Steven Jobs）打造出如宗教般的品牌，其簡約兼顧便利的設計理念贏得許多忠實粉絲。每當賈伯斯出席Apple產品發表會的演說，總是造成轟動，令全球的蘋果迷為之瘋狂，熬夜觀看，他們被稱為「果粉」，就像信徒一般虔誠地熱愛著蘋果的產品。

　　蘇格拉底說：「這個世界上存在著一種能力能夠讓人用最快的速度建功立業，並獲得世人的稱讚與賞識，那就是令人喜悅的說話能力。」美國人類行為科學研究者湯姆森曾斷言：「出現在成功人士身上的奇蹟，至少有一半來源於口才。」美國口才訓練大師戴爾·卡耐基說：「假如你的口才好，可以使人家喜歡你，可以結交好的朋友，可以開闢前程，使你獲得肯定。」有許多人因為善於辭令，而獲得晉升，因此獲得榮譽，獲得財富，人的一生，有一大半的影響力是來自於說話。

　　人人都想要賺錢，但是錢在哪裡？錢在別人的口袋裡。全世界最遠的距離，就是我的口袋跟你的口袋的距離，要想把別人口袋裡的錢裝進你的口袋，只有兩個方法，第一個是用手去拿去搶，顯然這是違法的，第二個是把話說出去，把錢收回來，如果你不希望用手而是希望用嘴的話，那你一定要學會演說。演說並不局限於上台，就連兩個人在談話，都可以算是演說。

💲 演講，幫助人收穫勇氣

　　美國幽默作家馬克·吐溫（Mark Twain）大部分的收入都來自於演說而非寫作，他曾說：「演說家有兩種：會害怕的和說謊的。」對多數人來說，站在台上說話，就像是身上沒有降落傘的情況下，被迫從高空飛機上一躍而下那樣的恐懼。有許多國外研究都做過「人類害怕的事物」的相關調查，例如：《The Book of Lists》雜誌發表了「人類最恐懼的事物」，在三千名受訪的美國人當中所得的排行榜如

下：

No.1. 在群眾面前演說

No.2. 高處

No.3. 昆蟲

No.4. 貧窮

No.5. 深水

No.6. 疾病

No.7. 死亡

No.8. 飛行

No.9. 孤獨

No.10. 狗

我們很容易可以理解為什麼大家害怕「高處」、「貧窮」、「疾病」和「孤獨」，但是「在群眾面前演說」竟然超越了死亡所帶給人們的恐懼，可見，人類有多麼地害怕站到舞台上與人群對話。既然演說這麼可怕，一旦學會了，那麼你還有什麼好怕的？這種通過演說獲得的勇氣，讓人敢於在公眾面前表達自己，敢於嘗試自己害怕的事情，從而獲得各種成就的可能性就會更大。成功者不畏懼做那些自己會害怕的事情。有人曾問蕭伯納是如何學會氣勢磅礴的演講，他說：「我採用了自己學溜冰的方法，逼自己不斷出醜，直到學會為止」。勇氣，讓人敢演講；不斷地練習演講，幫助人收穫更大的勇氣。演講，可以讓一個怯懦的人變得落落大方，可以讓一個膽小的人變得無所畏懼。

 演講，倒逼人更好地思考

在眾目睽睽之下講話，人們會更加謹慎，而不會像平時說話那麼隨意，當嘴巴說話的同時，大腦也在飛快地運轉，從而訓練了人的思維靈活性。優秀的演講者，思考一定是深入而又清楚的。準備演講的過程就是一個思考的過程，人們會對自己學習過的東西、看過的書、聽過的道理，進行思考、總結、提煉，最後呈現。凡是概念和故事，一定能通過思考進行合理組織，最終通過演講表達出來。

演講，幫助人提升自信

自信也是演講帶來的好處。自信是一個人最寶貴的資產，它可以幫助人度過豐盈的一生；反之，沒有自信的人就算能過好這一生，但終究是平庸地度過，就像沒有綻放的花苞，不會飛翔的小鳥，無法發揮出自己最大的潛能。自信從哪裡來？從成功的經驗中獲得，成功的經驗從哪裡獲得？通過做一件件的事情取得成就而獲得，有的人從職場升官加薪中獲得自信，有的人從廚房做出美食獲得自信，有的人從運動競賽中獲得自信，有的人從唱歌跳舞中獲得自信，而成功者從當眾演說來獲得自信。大部分人不怕日常說話，卻怕在眾人面前演講，因為害怕面對眾人的目光，害怕自己思維混亂，害怕自己當眾出醜。當一個人演講時，敢於直視觀眾的眼睛，能在眾目睽睽之下冷靜思考，能把大腦中的無數想法井然有序地組織起來並說出來，能協調全身的器官（大腦、眼睛、嘴巴、耳朵、呼吸、肢體）在壓力下運轉自如，這樣的成功經歷能帶給人多麼大的自信，可想而知。演說帶來自

信，需慢慢培養、累積，從自己一個人能講好，到面對親朋好友能講好，再到面對陌生人能講好，最後到面對重要的合作夥伴能講好；從小舞台能講好，到大舞台能講好；從能講好 1 分鐘，到能講好 5 分鐘、10 分鐘、半個小時、一個小時、兩個小時。這個過程就像一朵幼苗，需要吸收豐富營養，遭受風吹雨打，經歷漫長的過程方能長成參天大樹。演講，絕不只是演講，它能提升一個人的綜合素質，讓我們成為更好的自己。

💲 演講，幫助你抓住商業模式

　　隨著科技的演變和全球民眾消費習慣的改變，已經有越來越多的商業模式由然而生，以前想創業都會擔心沒成本沒經驗沒平台沒機會，此時此刻，只要你用心去看，你會發現到處都有讓你無本創業的好機會，現在就是一個最適合空手套白狼的時代，為什麼呢？目前全球企業為了快速拓展客群，普遍會運用一種商業模式叫做介紹人分潤模式，它幾乎可以套用在各種產業。舉個例子，假使我建立了一個付費學習平台，這學習平台每週都會有線上說明會，你只要加入，一來你可以做自己的學習，二來你就可以成為我們的合夥人，合夥人可以做什麼呢，你只要每週都邀請朋友參加每週免費的線上說明會，只要你的朋友也加入，你就能得到介紹費，通常都會有 10 ～ 30% 不等，你不用付出創業成本，你也不需要會講，就只要負責把人帶到直播間讓他被促成即可，這是最簡單的，但不是所有的平台或項目都會這樣定時幫你舉辦免費的線上說明會，一旦沒有這項資源，而你又不會演

說，創造不出影響力，那麼你的創業機會顯然就會少非常多。網紅就是一個最好的案例，網紅會在直播間或短視頻裡推廣著各種商品，但實際上他壓根不是那間公司的員工，也不需要囤貨來賣，就連客戶下單了他也不需要負責寄貨，也不需要任何的售後服務，但只要有成交，他就能夠分潤，甚至如果你是流量夠高的直播主，廠商還會自己帶著產品來請你跟他合作幫他代言，靠著也都是演說力。所以我們或許無法像馬雲、像馬斯克一樣找到大商機開創大企業，也不一定能像網紅那樣厲害地在直播間裡能言善道、能歌能舞，但只要你會說話、只要你會演說，哪怕是在日常生活中與朋友的交流，更好的是去學習演說，累積演說經驗，那你也能隨時在抖音或任何一個實體場合作演說，搭配你認同且看好的合作項目，這就是這個世代最被人看好的斜槓收入，換言之，如果你也想增加斜槓收入，那你一定要學會演說，這是你無本創業，打造斜槓收入的最重要關鍵，也會是你的核心競爭力。

　　一個人一輩子成就的大小取決於兩個方面：一是取決於你的關係，你和什麼樣的人建立人際關係，你和這些人的人際關係程度如何；二是取決於你的口才，如何在不同的場合說話，如何說好想說的話，如何說好難說的話。

　　李開復說過：「一個有思想而不會表達的人等於沒有思想。」可遺憾的是，我們很多的人像兵馬俑一樣，不願意講話，也不願意打開自己。在企業經營中，在與人的交流中，都透過演講獲取人心，通過演說，能使人們認同你的觀點，學習你的知識，使人們對你的認知度

更高。一家企業的成功＝戰略＋執行。如果企業的戰略方向錯誤，執行得越快，越是加速了企業的死亡。而一個人的成功＝想的能力＋做的能力＋說的能力。有效表達是你成功不可或缺的能力。

英國前首相邱吉爾（Winston Churchill）說：「一個人可以面對多少人說話，就意味著他的成就有多大。」

公眾演說是一個事半功倍的工具，能讓你花同樣的時間卻產生數倍以上的效果！公眾演說的最高境界要能收人、收心、收魂、收錢。最成功的演說，要能把自己「推銷」出去，把客戶的人、心、魂、錢都「收」進來。

財商筆記 成為領袖的唯一通道——演說。

Chapter

10

財商之器

VEALTH
BIBLE

36. 活存／定存

　　相信你至今一定有不少理財和運用工具的經驗，所以這裡我不打算一一贅述各項理財工具，我反倒想針對不同工具做一些不同角度的補充和建議，相信會對已了解財商之道、財商之法和財商之術的你有所幫助。剛開始對於理財沒有經驗也沒有概念的時候，最常聽到的理財工具就是銀行活定存、儲蓄險或股票，把資金存入銀行活定存中，通過新聞及網路資訊開始得知每年的通貨膨脹會讓資金購買力越來越薄，假設每年定存金額不變，但因為通貨膨脹，加上支出的金額每年不斷調高，導致原本的資產受到威脅，支出提高而存到的錢卻越來越少，在這樣的情況下，人們就會開始煩惱如何將金錢做更有效的運用。其實每個人的理財觀念不同，一定得讓自己選擇認知範圍內的理財工具，詳細瞭解後再做個人的全盤理財規劃，設定個人投資目標、評估投資風險承受度、設定獲利停損點以及投資時程等，並切記不懂的投資工具不要輕易接觸，高報酬投資工具，風險一定相對高，相信對於正在投資或正在抉擇理財工具的你一定會有所幫助。

銀行活期存款

　　活期存款可將個人資金隨時存入銀行，此筆金錢能靈活運用，也可輕鬆提取，不受任何限制，但是，存款利率相較低於其他投資

工具。活存最大的特色就是彈性，但多數人都誤解這份彈性的核心意義，總會說那等我要用錢時怎麼辦，講完就把絕大多數資金放在活存，這絕對是錯誤的，理財本來就有短中長期，活存連短期都稱不上，因為下一秒鐘你就可以全部領出來不是嗎？活存裡到底該存多少錢，其實所謂的彈性，是為了符合理財上所謂的應急狀況，也就是緊急預備金的概念，天有不測風雲人有旦夕禍福，一旦發生突如其來的狀況，我們便可仰賴緊急預備金來做短期的生活支撐，所以緊急預備金通常會準備三到六個月的月開銷，如此便可確保生活在三到六個月內是不會受影響的，換言之不論發生什麼狀況，我們都會有三到六個月的時間去處理，就能讓自己的生活趕緊重新回到軌道。所以超過的存款切記領出將其做更有效的運用，以免錢放在銀行裡吹冷氣越吹越薄。

💲 銀行定期存款

定期存款是將資金定期定額存入銀行，可分為定期存款及定期儲蓄存款兩種，可讓你獲取比活期存款高的利息回報。

1.定期存款：最短一個月，最長三年並得由客戶指定到期日，可選擇按月領息或到期領取本息。

2.定期儲蓄存款：最短一年，最長三年並得由客戶指定到期日。計息及領息方式有三種如下述：

（1）整存整付：「整筆錢存進去、整筆錢一起出來」，本金和利息會在到期時一次還給存款人。

（2）存本取息：將本金一次存入，按月單利提取利息，到期領回本金。

（3）零存整付：將本金分次存入按月定時定額存入，複利計息，到期本息一次領取。

關鍵建議：全世界唯獨把定存當做個人理財工具的，大概就只有台灣了，其實定存的起源是讓企業做資金調度的，舉例貿易業，我的貨款預計半年後一年後要撥給廠商，但這貨款放在活存利息太低，如果拿去做投資也不行，因為一旦虧了，企業付不出就會違約，因此最好的方法就是擺在可挑選期間的定存當中，既無風險還能獲取比活存高的利率，又或者是有些上市櫃公司會把收到的款項暫時放在定存裡，預備作為未來發放股利之用，由此顯見定存對於企業的資金運用可以帶來許多的幫助。但國人卻把定存當做個人最主要的理財工具。多年來看到許多人每存到一筆錢就去放定存，通常50萬到300萬不等，每次期滿就固定到銀行續存，就這樣這輩子辛苦賺來的錢就都放在這連通貨膨脹都無法抵抗的工具當中，錢真的是在銀行吹冷氣越吹越薄。2021年六月底據中央銀行的統計，活期存款餘額創歷史新高來到21兆940億元；而不含外匯存款的定期存款餘額為14兆6,150億，雙雙創近年新高。一年到期就續存一年；兩年到期就續存兩年，就這樣存了一輩子，或許N年前的利率還很令人期待，但定存存款利率卻默默地不斷下滑，如今可謂得不償失，所以除非是極短期的資金停放，否則請勿將定存用於個人理財工具。

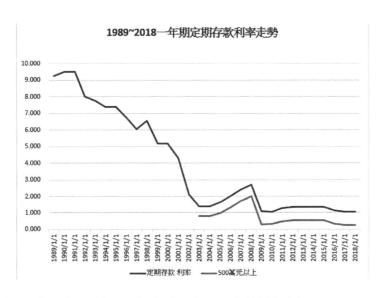

銀行利率逐年下降。（圖／取自GD價值投資）

💲 數位銀行活存

因應網路時代的來臨，許多銀行開始發展數位項目，透過網路、行動裝置的App服務，相較於上述兩種傳統型銀行，更為方便且比起傳統型活存利率更高。而目前最具代表性的非王道銀行莫屬，王道銀行是台灣第一間數位銀行，免臨櫃、手機上網就能線上開戶，提供高利活儲、刷卡現金回饋無上限，還有信貸、房貸、基金投資與保險等服務，並提供24小時真人視訊客服，可以說是數位銀行的始祖，值得好好認識一下。

37. 儲蓄險

　　接著談談儲蓄險，儲蓄險顯然也是個國人非常熟悉的工具，將資金存放在保險公司，由保險公司替你保管，並運用這筆資金進行投資，因保險公司受到金管會的高度監管，所以較無安全上的疑慮；儲蓄險是個強制存錢的方法，更是適合拿來做財富打底的工具，理財就像一棵大樹一樣，我們往往只看到大樹宏偉的表象，但其實在地面下有著我們所看不到的根撐起了整棵樹，讓蒼天大樹能不畏風雨屹立不搖，換言之想要讓樹長得高，樹根就要先扎得深，理財也是如此，你期待能擁有更多的財富報酬，那你就得先為自己建立起厚實的財富地基，儲蓄險便是最適合拿來做財富地基的工具。

　　只是儲蓄險的種類繁多，千萬不要拿來做錯誤的比較，有的儲蓄險著重於壽險保障；有的儲蓄險著重於還本率；有的儲蓄險著重於年金的發放（也就是每年都可領到生存金），因為多數人對儲蓄險不理解，這也導致從業人員常藉此機會胡亂比較一番，讓客戶在資訊不對稱的情況之下去做解約或轉換的動作。例如，客戶規劃了一張年年有生存金的好方案，非常適合做退休之用，無奈客戶不清楚，業務員則一直死咬著說你看，這張保單期滿的解約金那麼低，壓根就不是一張值得持有的好保單，用諸如此類的言論來誤導客戶，筆者並不是說有生存金的儲蓄險最好，而是不同儲蓄險的著重重點都不盡相同，因此

沒有好壞，只有適不適合而已，一定要從自身的需求來判斷才行，切勿單純聽從業人員的片面之詞，同時市場上的金融從業人員，因為在推廣股票、期貨等相對高報酬的工具，所以也喜歡抨擊儲蓄險的低報酬，但你一定得知道，香蕉和芭樂怎麼可以拿來比，風險性資產和保守性資產本來就是資產配置裡不同的配置，沒有好壞也無法比較，而你都需要。

　　筆者就以帆船來解釋，保守性資產就像是船身；而風險性資產就像是船帆，當船帆過大而船身過小，你可以想像大風或大浪一來，這艘船大概就會翻船，如果人生的帆船翻了那還得了，只顧追求風險卻不懂得建立財富防護網或者稱之為財富地基的就會這樣，平常或許會賺到一些錢，但金融風暴一來就會血本無歸；再來看另外一艘船，如果你的船身過大而船帆過小，基本上你的船是很難前進的，船身過大導致前進緩慢，假設前進的速度叫做 1（定存大概 1%）；然後碰到逆流也就是通貨膨脹，這逆流的速度是 3（通膨大概 2 ～ 3%），那船不但無法前進還會被逆流越推越後退，財富目標永遠無法達成。

風浪一來，隨時翻船　　　　**永遠不倒但也無法前進**

 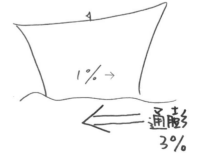

　　所以風險性資產和保守性資產的比例配置就非常重要了，這比例當然也沒有一定的答案，端看你的風險承受度、資產規模、財務目標等等因素，絕非憑靠感覺來決定，而保守性資產，也稱之為核心資產，最少都建議30%以上，如果你是穩健型，則考量至少40～50%以上，如果你是較保守的，核心配置最高也不要超過80～90%。

　　關鍵建議：這幾年大家會發現，隨著時代和金融法規的演變，儲蓄險的利率從早期的預定利率7～8%，已經下降至如今的1～2%，光以利率來看可能已經跟定存差不多，又或者是只比定存好一些而已，在這樣的對比之下就會覺得那規劃儲蓄險還不如規劃定存就好。在這裡跟大家分享，歐美或亞洲金融重鎮香港在金融發展的領域一直以來都領先台灣，而他們多年前也面臨一樣的狀況，而如今歐美或香港市場已顯少在規劃傳統儲蓄險，取而代之的是英式分紅保單，分紅保單是兼具分散風險與紅利共享兩個特色的一種保單類型，相對於其他金融保險工具，英式分紅保單具有一定的穩定度，你可以同時享有壽險保障及透過專屬分紅帳戶獲得紅利分享，當投資市場暴起暴落的時候，更不用擔心付出全部付諸流水，藉由分紅保險明確的平穩性機制，長期持有降低短期投資市場的波動對紅利分配金額的影響，分享保險公司的經營成果。分紅保單已是歐洲投保的趨勢，投保比例甚至高達36%，可是在台灣尚未普及，民眾更是多不了解，原因在於大多數的保險公司並未推出，因為分紅保單的推出門檻高，目前僅有英國保誠人壽推出，英國保誠人壽長期深耕分紅保單市場，也是台灣第一家推出英式分紅保單的保險公司，絕對適合作為財富基底的首選。

（詳情介紹請見附錄五）

38. 外匯或外幣存款

　　簡而言之就是個人在國內證券商開通外幣帳戶進行存款，一般皆需先有國內帳戶再辦理外幣帳戶，兩者皆已完成後，可由台幣帳戶存款金直接換匯至外幣帳戶內，依據各間匯率有所不一，而外幣種類也因各間證券商有所不同；而如今許多銀行也開啟數位版APP，由帳戶裡的錢，直接依據表定匯率轉換，自動存至APP的外幣存款內，非常方便，無需至銀行臨櫃辦理。

　　最多人選擇的外幣存款排名分別是1.美金 2.人民幣 3.日幣。

　　而外匯買賣是依據個人國家貨幣來交換另一種國家的貨幣，買進預期幣值會上升的貨幣來獲利；反之，則是先行賣出預期會貶值的貨幣。外匯的分類如下：

　　1.政策型貨幣：貨幣走勢依據政策和經濟變動密切連動。例：美元、歐元及英鎊。

　　2.避險型貨幣：用來規避國際貿易和金融市場上各式風險。例：日圓、瑞士法郎。

　　3.商業型貨幣：經濟依賴大宗商品出口為主的貨幣。例：紐幣、澳幣及加幣。

　　4.新興市場貨幣：匯率受到當地政府嚴格管制。例：人民幣。

　　外幣存款一定要先注意匯率再來看利率，以免賺了利率賠匯率。

而匯率的影響因為牽扯到國與國之間，換言之受到投資市場以及政
治的影響太高，除非是長期有在研究，或者是看好後勢做中長期的投
資，否則不建議接觸匯市。

外匯常見四大類型

政策型貨幣	商業型貨幣
如美元、歐元、英鎊 貨幣走勢依據政策和經濟變動有著密切關係	如澳幣、紐幣、加幣 經濟依賴大宗商品出口為主的貨幣
避險型貨幣	新興市場貨幣
如日圓、瑞士法郎 用來規避國際貿易和金融市場上各式風險	如人民幣 匯率受當地政府嚴格管制

 **39. 債券**

　　類似一張「借據」，由政府、公司企業或金融機構等發行機構為了集結資金而發行的一種債務憑證，投資人買入債券，發行機構將承諾依發行條件支付約定的配息，並於債券到期時返還債券所載明的面額。而多數債券均定期配息，因此債券被視為有固定收益的投資工具。但多數人一樣對債券缺乏了解，總聽人說，股市就是高風險；而相對的債券就是安全低風險，如此的迷思也讓不少人在規劃上有所偏頗。

　　債券的分類可以發行單位來區分，政府發行的為公債、超國籍債是跨國性國際機構所發行的債券、一般企業發行的是公司債，而金融機構發行的則是金融債券。

	簡介
政府公債	為政府機構所發行，一般而言，流動性最佳、信用風險最低。
超國籍債	歐洲債券、亞洲債券及美洲債券等所發行的債券。
公司債	公司企業因業務所需而發行的債券。
金融債	銀行或金融相關機構所發行的債券。

　　以一般企業債券為例，默克藥廠、輝瑞大藥廠股份有限公司、微軟、Alphabet公司、亞馬遜公司還有由巴菲特主導的波克夏海瑟威金融公司都是詢問度極高的公司債券，不過通常會直接購買債券的多為

企業或高淨值客戶，一般散戶最常規劃到的反倒是債券類型的基金。

而一般投資者較為關注的則是債券信用評等選擇，由三大信用評等機構（還款能力由高到低排列）

通常所謂的高收益債券，就是垃圾債券，要謹記，投資報酬率永遠是跟風險成正比，也就是高收益必然伴隨高風險。

等級	S&P標準普爾 信用評等	Moody's穆迪 信用評等	Fitch惠譽 信用評等	總評
投資等級	AAA	Aaa	AAA	最高信用
	AA	Aa	AA	非常良好信用
	A	A	A	信用優於一般
	BBB	Baa	BBB	信用中等
投機等級 (垃圾債券)	BB	Ba	BB	投機
	B	B	B	高度投機
	C	C	C	低信用
	D	D	D	違約

剛提到一般民眾接觸和規劃最大宗的便是垃圾債券基金，此等債券因為評等差，為了得到投資者的青睞，只好用較高的利息來吸引投資客，在景氣好的時候，會是絕佳的理財工具，但當金融危機或景氣大幅震盪的時候，垃圾等級債券也相對更容易出現問題，絕非傳統迷思認為只要有債券兩個字就必然是安全的，這點還是要特別注意，不過債券型基金確實對於一般沒有時間理財的人而言是個很適合的規劃工具。

40.ETF

　　ETF是Exchange Traded Fund的簡稱，也就是「股票型指數基金」，屬於基金的一種，放置於交易所讓投資人自行買賣；每檔ETF都有特定的追蹤指數，並根據追蹤的指數定期調整本身的投資標的，如美國SPY這檔ETF是追蹤美國最著名「標普500指數（SPX）」，投資者買入SPY等於買進美國前500強企業。對於沒時間研究股票又不想把雞蛋放在同一個籃子裡的人而言，ETF也是個不錯的選擇，不過ETF因為屬於基金的一種，因此會有管理費、保管費等內扣費用，加上因為在台灣證券商交易，所以買賣需支付手續費、證交稅等交易成本。

💲 ETF怎麼買？

　　你需要有「銀行帳戶」及「證券帳戶」，銀行帳戶主要是股票買賣的收付，證券帳戶則是負責紀錄ETF的進出及損益。

　　你有銀行帳戶，但沒有證券帳戶，可以從你目前已有的銀行帳戶之中，挑選一家銀行再辦理此銀行的證券帳戶。

　　你如果沒有銀行帳戶，也沒有證券帳戶，那就可以選擇你住家附近的銀行，先申請辦理銀行帳戶後再開證券帳戶。現在都可以在線上開銀行帳戶及證券帳戶，銀行線上開戶需準備雙證件（身分證及健

保卡或護照），若不放心也可以到臨櫃辦理，臨櫃辦理請先準備雙證件、印鑑和部分現金（千元左右，開戶存款用），而證券線上開戶需準備雙證件及銀行存摺，或選擇臨櫃辦理，臨櫃開戶需要準備雙證件、銀行存摺及印鑑。

💲 ETF 的分類

可分為股票ETF、債券ETF、商品DTE。

① 股票ETF

股票ETF追蹤股票市場的指數，在台灣知名度最高的就是0050。股票ETF追蹤的股票市場指數可以是單一國家指數、區域指數、產業指數或者特定主題的指數。

- ▶ **區域型**：投資特定區域的ETF，例如歐洲等區域。
- ▶ **單一國家型**：投資個別國家的ETF，例如台灣、美國、中國、印度、日本等。
- ▶ **產業型**：投資特定產業的ETF，例如金融指數、科技指數等。
- ▶ **主題型**：投資特定主題的ETF，例如高股息指數、AI等。

② 債券ETF

追蹤、模擬或複製之標的指數成分為債券之ETF，提供投資人債券指數的報酬。投資人可以依據信用評等、投資地區、特定產業等進行選擇，像是公債、公司債、產業債、投資級債、新興市場債、高收

益債等。

③ 商品ETF

商品型ETF透過期貨提供投資人原物料等商品的報酬，標的有能源ETF：例如石油；貴金屬ETF：例如黃金、白銀等；農產品ETF：例如黃豆等；工業金屬ETF：例如基本金屬、銅、鎳等。

④ 槓桿型及反向型ETF

每日追蹤標的指數報酬正向倍數（簡稱槓桿型ETF）或反向倍數（簡稱反向型ETF）之指數股票型基金。

⑤ 外匯ETF

主要連結匯率或相關指數。

有些ETF為了吸金，會命名成較受歡迎的名稱，所以一定要檢視好投資標的，千萬不要用名稱來篩選，同時交易前也得注意成交量，成交量越大，流動性越好，但如果成交量太小，可能會有買得到卻賣不掉的狀況，簡而言之，如果不是對投資太了解的人，與其買賣ETF，不如買賣基金會單純一些。

以下列出2021台灣ETF排行榜，你會發現不少ETF裡，單一股的佔比都有點偏高，大多是台積電，畢竟也是台灣最厲害的權值股，只是當單一股的佔比如此高，也變相的喪失了資產配置、資產分散的

精神核心，所以才說除非對於ETF有一定程度的了解，否則購買基金還是比較符合懶人投資法，不過當然基金的挑選上也是要特別注意才行。

2021台灣ETF排名			
排行	代號	ETF名稱	最大成分股佔比
1	0056	元大高股息	長榮6.3%
2	0050	元大台灣50	台積電46.9%
3	00881	國泰台灣5G	台積電29.2%
4	00878	國泰永續高股息	光寶科4.1%
5	006208	富邦台50	台積電47.2%
6	00891	中信關鍵半導體	台積電19.4%
7	00692	富邦公司治理	台積電41%
8	00850	元大台灣ESG永續	台積電28.4%
9	00892	富邦台灣半導體	台積電22.7%
10	00701	國泰股利精選30	中華電9.2%

💲 ETF投資成本費用

ETF是基金的一種，因此會有管理費（經理費、保管費）等內扣費用，在台灣證券商交易時需支付手續費、證交稅等交易成本。

① 交易費用

手續費：在買賣ETF交易時收取的0.1425%手續費與股票相同。

證交稅：在賣出ETF時所收取的0.1%證交稅相較於股票收取的

0.3%便宜。

② 內扣費用

　　經理費、保管費及其他費用都是屬於隱藏成本，時常讓投資者的收益在不知不覺中蒸發，扣款方式都是從淨值中內扣，所以一般不容易注意到。像是元大台灣50ETF，年度內扣費用為0.355%，換言之日扣為0.355%/365 = 0.0009726%，也就是每天會內扣基金總資產的0.0009726%，一般來說，幾乎都是每日提列，按月支付的方式。

41. 信託基金

　　基金目前也是國內極受歡迎的理財工具，因為符合懶人投資法，極適合不懂理財或沒有時間理財的人，且可達到不要把雞蛋放在同一個籃子裡的投資原則，由專家來代為投資，能投資的標的如，股票、債券、短期票券、證券相關產品及其他經證期會核准之投資項目。

　　投資者可以在銀行、郵局、投信投顧、基金平台、保險公司、證券公司及數位銀行等購買到基金。但一般投資者最常購買基金的當屬銀行和保險公司，筆者就從這兩者來做個分析，從哪裡買比較好？當然得視不同的情況，如果你的投資目的是屬於中短期訴求，通常十年以內，那從銀行買一定會比較划算，手續費會相對低廉，也比較能立即把握到眼前的商機。但如果你的耳根子太軟就要特別注意，因為部分理專會將手續費收入看得比客戶收益還來得重，這時就會發生一個有趣的狀況，你的基金漲了，就建議你趕緊落袋為安，不要貪心；如果基金跌了，就叫你趕緊停損，轉換到其他更有前瞻性的標的；那如果基金不漲也不跌呢？就告訴你這檔基金不行，無法達到預期的績效，總之無論如何就是希望你轉換標的，如此理專才會有手續費收入的產生，並不是說理專都是這樣，但制度總會引導人的行為，所以身為投資者的我們還是要特別注意。

　　如果你投資目的是屬於中長期訴求，通常十五年以上，或是你希

望打造一個自己的終身基金投資平台，又如果你同時有壽險保障的需求規劃，那從保險公司來購買基金會是較合適的，上述建議是針對定期定額類型所建議的。如果你曾有過投資經驗，那你一定知道透過保險公司購買基金，最大的問題就是前五年會收取不少的成本，叫做前置費用，通常是年存保費的150%，會讓人覺得才剛投資，怎麼錢就被扣走一堆，坦白說有很多不了解投資型保單的金融從業人員，總會為了業績胡亂的攻擊投資型保單，我甚至看過有人辦說明會，標題叫做保險業務員不會告訴你的祕密，你知道投資型保單一買就先被扣超過一半的費用嗎？這雖然是事實，但卻無礙於投資型保單能帶來的優勢，而且我們一定要理解市場上所有的理財工具之所以會存在，代表這個工具一定有可以滿足人們財務上的需求，只是說這個需求是不是剛好也是你的需求，僅此而已，所以如果未來你聽到有從業人員隨意地批判其他金融工具，那你就得小心，這很可能又是一個為了業績而亂說一通的業務。

所以一定得是中長期的，因為前置費用一旦收完以後，終身轉換標的或贖回都可以有6～12次的免費，有的甚至還沒有次數限制，就長期來看，整體手續費其實更加划算，讓我簡單試算給你看：如果我月投資1萬也就是年投資12萬，前置費用通常是年存金額的150%，也就是會在五年內共收取12萬的150%那會是18萬，短期看很驚人，但如果這是你一輩子的投資平台，那太划算了，因為未來你的轉換和贖回都不再需要費用，反之在銀行，我們剛開始因為金額不高，所以每次轉換或贖回都會扣1～3%，可能也沒啥感覺。假設我今天

早上跟朋友A去吃早餐，他跟我聊到現在能源基金超夯，一定得投資，所以中午回到家後我就把1000萬的退休金全部從原本的美國基金轉換到能源基金，手續費如果1～3%的話那就會是10萬～30萬不等，傍晚又跟朋友B吃飯，朋友B說投資忌諱換來換去，而且能源相對風險高，美國是世界強權又穩定，建議我不要換，所以晚上回到家後我聽從建議再把錢從能源再換回美國基金，看似轉了一圈又回到原點，但第二次的轉換一樣的又是1～3%的手續費，又一筆的10～30萬不等，就算手續費有折扣，但你光是一年配合趨勢轉換一次，其實成本早已遠遠超過投資型的18萬，再加上投資型保單本身是用定期壽險的費率來購買壽險，還可藉此補足自身保障的不足，絕對會是長期投資的好選擇，不過如果你的財務需求是短期的，那當然不要規劃期繳的投資型，前置費用都還沒扣完你就要拿回錢，基本上那是一定虧損的。所以工具沒有好壞，真的是要看需求而定。

但如果不是定期定額而是單筆投資的話，我認為重點不是從哪裡買，而是從哪裡你可以找到值得信任的投資顧問，能夠協助你定期檢視基金配置；擁有一定程度的專業給予你投資建議，更重要的是擁有高度職業操守，不會把自我利益放大超過客戶的投資利益，這才是最重要的。至於基金分類就更多元了：

💲 依基金的風險高低來區分

▶ **積極成長型**：追求風險大的投資標的，藉以賺取最高的利潤，因此具有高風險、高報酬的特性，通常投資於高科技股、新公司股

票、投機股。

▶ **成長型**：追求長期穩定的成長，故多投資於大型績優股或有潛力的股票上，具有增值與保值的雙重效果，此種基金有中高風險，中高報酬的特性。

▶ **平衡型**：追求成長與穩定的收益，故多投資於獲利穩定的股票及有固定收益的債券上，屬中風險，中報酬的基金以平衡型為代表。

▶ **收益型**：其特性為追求定期的收益，多投資於有固定收益的債券票券定存，偶爾也有少部分的股票，主要以債券型基金為主。

▶ **固定收益型**：主要是為追求穩定的收益，故多投資於有固定收益的債券，風險及利潤均較收益型基金為小，以貨幣型基金為代表。

💲 依基金的投資標的來區分

▶ **股票基金**：主要將資金投入於股票市場上的基金，可投資於各種類型的股票，其流動性高，報酬高，但風險也較大。

▶ **債券基金**：投資於各種債券的基金，多為追求穩定收益的投資人所青睞。

▶ **貨幣基金**：以投資貨幣市場之金融工具為標的的基金，流動性高，獲利較活存為高。

▶ **貴金屬基金**：此種基金會將資金投資於貴金屬或其相關的有價證券上。

▶ **指數基金**：依據股價指數中個股所佔的比例來作為選股的準則，

於是基金的績效將與大盤的股價指數有一致性，對於會看大盤卻不易選股的人將是很好的投資標的。

💲 依基金的投資範圍來區分

▶ **單一市場基金**：基金公司以投資單一國的金融工具為其標的所設立的基金。

▶ **區域型基金**：基金公司以投資於一地區的金融工具為其標的所設立的基金。

▶ **全球型基金**：基金公司以投資全球各國的金融工具標的所設立的基金。

　　關鍵建議：基金挑選上選擇非常多，但在長期和穩健理財的考慮上，如能提供相對穩定的配息絕對比淨值大幅波動來得更重要，挑選每年可穩健配息5～7%的債券基金，相對是穩健的，如果超出這個報酬率，其風險相對也大很多，一旦風暴來襲，鐵定也是應聲倒地，所以5～7%的配息是比較穩定的配息區間，當然在挑選上也不是單看配息多寡，投資的標的或產業、國家是否分散，過往的配息率，尤其在遭逢一些經濟變動的時候配息率是否有明顯受影響，這些都是很好的評斷點，你可以去檢視2020年2月起疫情起約半年到一年的時間，該檔基金的配息狀況，是否有受到明顯的影響，進而判斷該檔基金的配息是否穩健。當然再穩健都仍然存在風險，不排除如有重大風暴來襲，本金仍然會有波動，所以資產配置仍然是非常重要的。

42. 股票

　　持有股票可代表投資者對發行公司之所有權，簡單來說就是購買股票者能成為公司的股東。例如：買入台積電就可成為台積電的股東！而對於美股最為著名的組合FANG，FB，AMAZON，Netflix以及Google四大知名企業，無論是投資什麼股票，都要記得買股票前必須對該間上市公司有所瞭解，看好公司的未來成長性或穩定的配股配息，進而買進股票投資該公司，也有些投資客選擇短線投資，倚靠消息面及技術分析能力做買賣，坊間也有許多股市老師或股市相關書籍教導人們各種投資法則，或是教導如何透過線圖來觀察買賣，KD線、MACD等等各式線圖，所有的技術線分析都有它的道理和可參考性，但這裡我要提醒的是，在過去這麼多年來，股市已經不是單純受到投資市場的左右，如今更多的是受到政治和國際情勢所影響，這也是為什麼諸多投資大師都在過去幾年滑鐵盧的原因，趨勢前瞻性或許可以判斷，但當牽扯到政治因素的時候，難度可就高多了。

　　再者，一般我們在公開管道所得到的公開資訊，其實全都是二手資訊，真正的投資專家其實都得花錢去買第一手訊息，以作為投資買賣的根據，這也是我認為單純用技術分析會不精準的另一個原因，畢竟拿來分析的都是第二手資訊。所以股票一直以來是個讓人又愛又恨的工具，始終都有願意投入極大心力研究，並且在裡面獲得財富的

投資者，只可惜這類投資者真的是少數，多數人到頭來投資都變成投機，賺或虧最終都變成了運氣。所以我常說股票絕對不是個適合所有人的理財工具，如果你的買賣依據是根據飯局上朋友的推薦，新聞媒體上的報導亦或是所謂股市名嘴或現行一堆網路詐騙的投資建議，買賣往往是一時興起，持有股票的過程當中也是每天一顆心上上下下，總感覺心神不寧，那麼，股票絕非適合你的投資工具，我已經看到無數人為了炒股，不但把本業賺到的錢都拿來投資，還把在本業應該要付出的心力和時間也都分散到股市上，搞到最後顧此失彼，這真的要特別注意。

關鍵建議：針對股票的運用，筆者倒有一些建議給大家，針對存股，也就是長期不賣打算領股息的股票可以出租，出租股票的好處，就是除了原本的股票配息以外，你還可以有出租的利息，出租股票的利率是以年利率來計算，而且是以天計費，利率是可以自行決定的，一般是0.01% ～ 20%不等，公式如下：**股價 × 張數 × 出租利率 ×（出借天數/365）× 分潤成數**

舉例如果我把100塊的股票共10張拿來做出租，年利率2%，出租期間300天，公式是：100元×10張×2%×（300天/365天）×70% ＝ 11500元，反正你的股票短期內也沒有出售的打算，何不出租一舉兩得，300天就可以多領11500元的出租利息，雙重獲利。

第二個就是股票質押，上市公司的股票可以質押六成，上櫃公司的股票則是五成，質押的還款其實是相對輕鬆的，每月只要繳息，不用還本金，換句話說質押貸款100萬，如果是2%利息，那每個月只

要繳 1,666 元，只是要注意股票質押貸款的條件是融資維持率得大於 140%（融資維持率 ＝ 股價現值/貸款金額），假設你今天有 50 張中華電信，每張 10 萬元，所以這 50 張中華電信價值是 500 萬，可以質押六成，也就是可以貸款 300 萬，然後你再拿這 300 萬買入 30 張中華電信，接著這 30 張中華電信再質押貸款出 100 萬，再拿這 100 萬買入 10 張中華電信，總計下來新增加了 40 張中華電信，加上原本的 50 張總共有 90 張。

透過這樣新增股票可以穩定套利，原本 50 張中華電信獲利如下：

配息 5% ➜ 收入 25 萬；出租 3% ➜ 收入 15 萬，原本 50 張總共獲利 40 萬

新增的 40 張中華電信獲利如下：

配息 5% ➜ 收入 20 萬；出租 3% ➜ 收入 12 萬 ；貸款利息支出 2% ➜ 8 萬

新增的 40 張中華電信共獲利 24 萬

從上面你可以發現，原本的股票可以有配息收入和出租收入兩次的收入，然後再透過質押來新增股票，配息收入＋出租收入－貸款利息支出，可以額外多賺 6 ～ 8% 的穩健套利。實際操作，可以從證券戶 APP 裡面來操作，或請你的證券營業員來協助你。

43.房地產

俗話說:有土斯有財, 投資房地產的特性就是穩定性及安全性,有實質的物體且房價居高不下的情況下,受到眾多投資客的青睞,多年來一直是有錢人的重點理財工具。根據統計,國人所擁有的資產有至少50%是在房地產,而高淨值客戶則是超過60%,可見國人對於房產的熱愛和堅持。

💲 房地產的分類

1.預售屋:預售尚未完成的地產,購屋者在房屋未興建前,可用只要約房屋總價一成左右的金額,先預約購買,其餘價金再以分期攤還的方式逐期付款。

2.新成屋:指剛興建完成且尚未賣出、預售時剩下的餘戶、屋齡大約兩年無人居住過。

3.中古屋:已興建完成、屋齡5年以上且有人住過。

同樣的,我不會輕易斷言不動產到底可不可投資,到底是不是個好的標的,因為永遠會有人賺到錢,也會有人虧錢,對於不動產,我有以下五個重要提醒。

💲 千萬不要當蝸牛族

辛苦工作一輩子，換來的就是揹負一個沉重的房貸在身上讓自己寸步難行，絕不要輕易把房產放入自己的負債表當中，會讓人一輩子吃不消。

💲 基本面長期不看好

不動產雖然在不同的區塊不同的訴求之下，會有不同的漲幅空間，但它終究是一個有人居住才能有價值的標的，然而台灣早已少子化多年，加上高齡化，人口不斷在減少，而且城鄉差距大，其實房地產的基本面一直都不被看好。

💲 國稅局已列為頭號稅負對象

這幾年來，房地產的價格未必漲，但可保證的是相關稅賦真的是連年飆漲，房屋稅、地價稅，之前的奢侈稅到現在的房地合一2.0，國稅局不斷的用加稅來提醒大家不要炒作不動產。

💲 傳承問題叢生

不動產絕對是最不適合拿來做傳承的工具，多年來幾乎所有的繼承權糾紛都是跟房地產有關，因為房產一旦兩人以上持有，就容易帶來源源不絕的紛爭，我想住你想租；我想租你想賣，到最後的下場就是兄弟鬩牆，土地就更不用說了，台灣現行多的是一塊土地幾十人甚至幾百人擁有，因為都是從阿公那一輩傳下來的，從未做過任何傳承

的規劃，加上以前孩子生得多，因此一代傳一代，最後就變成幾十人甚至幾百人擁有。

賺價差不如賺金流

現行不動產的獲利，已經鮮少人在賺價差，因為也沒什麼價差可以賺，反倒有財商的人都把焦點放在房租收入，不過當然這還是得下功夫的，如何判斷區位，如何找到好房客，亦或是當二房東，把屋況相對差的案件租起來以後，做裝潢升級或是分隔後再出租，坦白說現行因為房價貴，許多年輕人在外打拼，租房其實蠻普遍的，尤其是捷運附近10分鐘內路程的案件，通常都很火熱，只要肯下工夫，這些都是近年較常見的不動產投資方式，你也可把這稱之為空手套白狼，我本身沒有擁有房產，但我去借用人家的房產做些巧思的改變進而套利創造非工資收入，這就是所謂的空手套白狼，只要運作得當，基本上是不需要負擔成本和風險的。平常也可關注都市發展局、法院、捷運工程局等，也常有不動產公開招標，都有機會取得低於市價行情的建案。

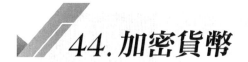

44.加密貨幣

　　加密貨幣是新興投資工具，也是未來的趨勢，不受限於地區，是以去中心化方式運作，無需透過金融機構進行交易，投資者可私下直接完成交易，並利用匿名的帳戶，保護交易隱私，但也因為無需通過金融機構管制，所以投資者需自行承擔投資風險，過去幾年最火熱的比特幣及以太坊都是，特斯拉執行長馬斯克一直以來也是加密貨幣的愛好者。

💲 加密貨幣購買方式

　　1.個人交易（私下交易）：與有加密貨幣的朋友、幣圈社團等方式，雙方私下講好交易加密貨幣。

　　2.加密貨幣交易所：屬於加密貨幣代買代售的平台。例：BitoPro、Max等。

　　3.7-11及全家便利商店

　　4.價差合約（CFD）：加密貨幣交易中投資人付給交易平台資產現行價值和平倉價值之間的差價。例：eToro等。

　　加密貨幣即時新聞及資訊可下載下列APP來多做了解：金色財經、非小號行情、MyToken News。

　　一年多來，世界各地出現極大量的虛擬貨幣詐騙案，加上加密貨

幣的價格波動極劇烈，多數人在一開始接觸到
都會有些反感，但其實加密貨幣在歐美已非常
普及，反觀亞洲還有很大的進步空間，加密貨
幣也因為是新興工具，它所代表的不僅僅只是
一個投資工具，而是一個時代的改變，未來會
是個虛擬與現實共存的世代，加密貨幣只是冰
山一角，未來的元宇宙，就如同電影頭號玩家
一般將會翻轉我們的生活模式，這也是為什麼
加密貨幣後勢如此看好的原因，遲早它會變成
跟美元跟黃金一樣的重要，成為我們生活中不
可或缺的工具。如果你想對元宇宙有更進一步
的了解，那你一定得閱讀這兩本創見文化的
《區塊鏈與元宇宙》、《NFT造富之鑰》，書
中將會詳細介紹這塊未來大商機。

　　而加密貨幣日前也越來越上軌道，你可以把它想像是加密世界
裡面的貨幣，那個虛擬世界未來會跟我們的真實世界一樣，而未來我
們也可透過裝置讓我們置身於虛擬世界裡，而那個虛擬世界就是元宇
宙，所以加密貨幣目前除了可以被拿來投資買賣以外，它也可以拿來
做定存活存，也可以拿來購買NFT。

　　所謂的NFT全名是「非同質化代幣」（Non-Fungible Token），簡
單來說，NFT跟你我熟悉的比特幣這類加密貨幣，概念上是相反的。

　　每個人所持有的比特幣，全都是一模一樣、價值相同，交易時也

可以被分拆，不需要購買完整一顆比特幣；NFT則相反，每一個NFT都是獨一無二、不可相互替代的，而且交易時不可以被分拆。以新台幣來說，每一張100元紙鈔的價值都是相同的，可以相互替代使用、找零，但如果政府發行建國100年的限量紀念版100元紙鈔，每一張都有獨一無二的編號，雖然一樣是100元紙鈔，卻因為上面的限量編號、特殊設計，突顯稀有性跟價值，如此一來每張紀念版紙鈔都是獨一無二，無法被互相替代的，這就是NFT的概念。

在實體的世界中，如果你有一棟房子、一條黃金、一幅名畫，是可以透過現有的機制，如房產地契、商品購買證書等方式證明所有權，不過在虛擬世界中，過去卻沒有一套理想的機制可以證明虛擬資產的所有權，或是這些保護機制的作用過於薄弱。

這些原因引發NFT爆炸性成長，透過區塊鏈公開透明、不可竄改的特性，將數位資產的所有權紀錄，透過代幣（token）的方式交易，舉凡音樂、藝術創作、體育卡牌等，都可以有一個數位版的所有權，用來驗明正身。

NFT規模有多大？我們可以從一組數字看出，根據追蹤網站NonFungible資料，光是2021年的一月，NFT的交易額就高達2億美元，相較之下，2020整年全年也才交易了2.5億美元。現行已經有無數人在NFT上大發利市，藝術家、創業家、歌手黃明志、AV女優波多野結依、NBA球星等都已經進駐到NFT的領域。

我也在這裡以其中一個項目做為舉例，非項目推薦，而是藉案例來讓大家學會元宇宙投資邏輯供大家參考，那就是元宇宙裡面的

Microverse微宇宙。如果你也想掌握這個新興商機,與其從成千上萬
種虛擬貨幣裡做挑選買賣,還不如挑選一個值得期待的平台和未來。

Microverse是一個去中心化的世界建設平台,允許人們在一個廣
闊的虛擬世界裡,憑藉自己的想像力創造無限的可能。Microverse旨
在結合NFT的稀缺性、不變性和流動性的特點,為開發一個全新的元
宇宙做出貢獻。用戶可以購買和收集獨家的NFT,在平台內用於交易
和遊戲等。

Microverse平台將包括與NFT、虛擬實境等相關的所有內容。用
戶購買的NFT可以用於平台上的遊戲,而有企圖心的交易者也可以使
用這平台的專屬貨幣MVP代幣參與流動性挖礦,以解鎖其他地方沒有
的稀有NFT。

Microverse 將成為虛擬實境領域的領先品牌之一,給予用戶前
所未有的自由去探索新領域。在這裡,用戶可以使用最新的技術來社

交、玩遊戲，並培養一個擁有數百萬用戶的新市場。

Microverse致力於打造一個最新穎的生態系統，讓使用者、開發者和品牌都可以在元宇宙享受全新的社交體驗，進而創造一個具有無限商業潛力的全新空間。使用者也能夠享受平台的一切產品和服務，開啟一個有趣和充滿活力的旅程，這將會是本世紀最具價值的品牌之一，給予用戶前所未有的自由去探索新領域。在這裡，用戶可以使用最新的技術來社交與玩樂，並一同搭建擁有數百萬名用戶的新市場。簡單說微宇宙就是一個領先群雄的元宇宙空間，幾乎現行元宇宙能做到的事，在這微宇宙裡也都能做到，你可以在此做社交互動，你可以在此買賣微宇宙專屬的NFT，你可以在此購買土地當地主（我個人到2022年2月為止已經買了三塊地，朋友稱我為黃大地主），你可以在此暢遊微宇宙開發出來的數款遊戲，每款遊戲裡的角色道具都得用微宇宙專屬的MET幣購買，當然你也可以買賣MET幣做投資。

Microverse Land 1*1

Microverse Land Location -3649,2728

Microverse Land 1*1#267

Microverse Land Location 2001,-2972

💰 元宇宙理財項目案例介紹：每月收益15%

免責聲明：本文僅為元宇宙理財機會的示範介紹，目的在讓讀者了解該從什麼樣的角度來審視元宇宙理財項目。**元宇宙瞬息萬變，進入前請確保有足夠的風險承受度，元宇宙為高風險投資，絕無保證、保本的理財機制。**

這裡我想分享且做為案例示範的是一個你可以瞭解的趨勢理財機會，人們購買房產，不是期待房價上漲、就是期待租金收益；人們投資股票，不是期待股價上漲、就是期待股利收入；換言之就理財的角度，我們會關注兩個重點：第一就是該品項是否有增值空間；第二就是該項目是否能創造出穩定的現金流。

加密貨幣也是如此，它除了能創造漲幅空間以外，也一樣能做定存活存的規劃。目前已有不少虛擬貨幣可以拿來做質押（也就是活

存、定存），領取利息，而這些利息都極度吸引人，只是問題在於領了利息之後，要如何確保本金安全，畢竟虛擬貨幣的漲跌幅都是非常驚人的，容易賺了利息卻虧了本金，得不償失。微宇宙裡的質押（定存），是質押USDT，所謂USDT就是虛擬貨幣裡的美元，它的價值是100%跟美元連動的，等同於可以在微宇宙裡質押美元的概念，季定存的話每月收益10% ～ 15%；年定存的話每月收益15% ～ 20%，你並沒有看錯，這裡說的是每月，它的質押收益是以專屬貨幣MET幣來發放，合約結束給予對等價值的MET幣，過程利息也是給出MET幣，而一旦微宇宙越來越成熟，MET幣也勢必越來越有價值，不排除成為下一個幣圈的明日之星。

註：合約性倉位就是定存的概念
合約性倉位期間（類定存期間）：120天 每月收益10-15%（日結算）
合約性倉位收益（類定存收益）：一年每月收益15-20%（日結算）
收益幣種：MET幣（微宇宙專屬貨幣）（幣圈下一個明日之星）

換言之，這是一筆性價比極高的理財方式，當然實際要質押多少都是自己決定，但我提醒大家不論任何項目千萬不要投入大筆資金，我認為1000～2000美元已經足夠了，而Microverse微宇宙是你跨入到虛擬貨幣和元宇宙的一個最佳跳板，在這裡推薦給大家做學習。

推薦 Microverse 的理由

當然你一定好奇，那風險為何？會不會是詐騙？錢拿得回來嗎？這個項目可信任嗎？這裡我來分享我評比Microverse的四大方式：

元宇宙的項目非常多，那麼我為什麼要舉例Microverse，首先遇見就是緣分，遇見就一定是一個必然，而不是偶然。

第一，在接觸到Microverse之前，我就對元宇宙方面的專業知識有了基本的了解。「你永遠不可能賺到超出你認知範圍以外的錢」這句話可能很多人理解起來有點困難，但是換一句話說，就容易多了，我們經常在推薦項目給朋友的時候，他可能拒絕你就一句話，這個我不懂，我不做，這就是最標準的你永遠不可能賺到超出你認知範圍以外的錢。

我本身是台灣第一個元宇宙公司的股東，也即將在2022年取得兩岸區塊鏈執照，而在我第一次聽區塊鏈專家介紹元宇宙之後，讓我非常的憧憬，為什麼呢？因為人類社會的每一次發展都是由技術的進步而推動的，我們從工業革命蒸汽機的發明到電力的傳輸，到互聯網到今天，每一次技術的進步都大大推動人類的前進，不管是哪一個國家，擁抱技術是必然的，每一個國家，每一個政府都想走在世界的前

列，都想國富民強，那麼什麼是關鍵，技術是關鍵，所以我要擁抱技術，擁抱元宇宙。元宇宙這個詞很多人不懂是正常的，因為2021年才是整個人類探索元宇宙的元年，對元宇宙的定義，現在也沒有一個統一標準，但是大家已經有共識。元宇宙就是互聯網發展的終極形態，也就是發展到元宇宙的時候，互聯網就會達到登峰造極的地步，那麼大家回想一下，上個世紀90年代開始互聯網，漸漸被人類認知了解，但到今天大家已經可完全感受到互聯網已經徹底改變了我們的生活形態、生活方式。所以它的終極形態，我們就一定得毫不猶豫地去擁抱它，因為這是趨勢性的機會，給到你不管你選不選擇，最終你都會被時代的洪流給吸進來，但如果早點參與呢？你就會站在這個時代的風口上起飛，不管是你的財富夢想也好，還是其他更高的夢想，比如說服務你的家庭，服務你的社會，服務人類都好，每個人的夢想都不一樣，總之抓住時代的風口，抓住時代的趨勢性機會，你才會有一個夢想起飛的機會。

　　第二個理由，就是這個項目的真實性和安全性，我們很多人投資各種項目一路以來，可能是基於自己的認知，或者是自己的運氣，很多人是一個坑跳完又跳另一個坑，一路賠到底，都沒有賺到錢，所以要去反思，為什麼有些人賺得到錢，你卻沒有賺錢。當我們在選擇項目的時候，首先我們要看清楚項目的真實性和安全性，這是必然的，Microverse如今已經有無數人投入質押挖礦，幾次虛擬土地的買賣也一銷而空，平台上的NFT買賣也很火熱，其真實性不言而喻。當初接觸這個項目時，這個平台的錢包是一個中心化的錢包，不是去中心

化的，所以有疑問是肯定的，所以，我就用了bscscan也就是幣安的一個區塊流覽器來查證這個項目，確實這個項目通過了幣安的認證，公司的這個logo、官網還有合約位址都能查到，這就證明這個項目是絕對的真實。再來看安全性，安全性從哪裡去查呢？有一個全球最權威、最大，專門做安全性認證的平台叫做Certik，它在智能合約和區塊鏈的安全性驗證方面相當具有公信力，我也查到了這個Certik對於Microverse的審核報告，換句話說安全性就得到了證明。真實性有了，安全性有了。那麼肯定就可以考量了對吧，這是第二個理由。

那麼我要補充一點，其實Microverse目前已經有很多的呈現給我們，而且是令人驚歎的呈現，因為你以前所遇到的平台，都會規劃願景，卻一直沒有呈現出任何成果，每個承諾都是一個故事，但是就沒有呈現，但是微宇宙的代幣MVP，截至2020年3月已經上線三家中心化的交易所，包含新加坡的Jubi、新加坡的CoinW和Coin Star，新加坡可以說是亞洲區塊鏈最發達的國家之一，它的法律規範也是目前最完善的。更重要的是，微宇宙還推出自己的去中心化交易所，叫做Microswap，相信不少人已經運用過，也已投入過質押挖礦，之前遇到很多平台，都說自己要做自己的去中心化交易所，結果從開始一直說到尾，一年過去兩年過去都沒有實現，因為這是需要技術、需要實力的，不是你想做到就可以做到的。而微宇宙還有一個很落地的呈現，就是Microverse的NFT交易市場已經上線，而且第一批土地286塊和第二批土地486塊都已成功售罄，這些應用的落地都給了我巨大的信心，因為這些呈現，都代表著平台背後的實力，包括平台的技

術、公司的組織、公司的運營、系統的教育能力、客戶能力等都已體現。

可能很多人不懂呈現，所謂呈現呢，就是你要把你虛擬的承諾、你的願景要給人們展現出來，讓人們去體驗，讓人們去用。例如，你可能不認識任正非，你沒聽說過也不認識，你也不知道華為是哪個國家的，但如果華為把手機拿給你使用，你用了手機以後，就能感受到它強大的功能，那你就會知道生產這個手機的公司一定是一個強大的公司，而這個強大的公司，不管他的董事長任正非你認不認識，他都一定是很有能力的人，就這麼簡單，所以我們一定要用一個結果導向去思考去溯源，這就是邏輯能力，這就是一個人的邏輯思維分析能力，這就是第二個理由。

第三個理由就是這間公司的戰略規劃，我在瞭解Microverse的時候，我首先看到的是它的PDF介紹檔，做得非常好，介紹分成兩個部分，第一個部分是元宇宙的基礎知識，介紹區塊鏈、NFT市場、GameFi等基礎知識，第二個部分才是講到Microverse的年鑑，也就是這間公司的三年戰略規劃，具體到每一個季度，要落地什麼樣的應用，這讓我覺得這間公司真的了不起。因為多年來我身為企業領導者，我知道光是要做一年的規劃，就很不容易，因為要去做一年規劃的話，需要人才、需要各個部門來配合，而不是光寫一個商業計畫書那麼簡單，得要落地才行，因為會涉及到技術方面的能力、組織方面的能力、客服系統教育的能力，因為你要說落地的話而不是說空話，因為說空話很簡單，你說了空話卻沒有呈現，那麼一個月兩個月後就

沒有人相信你了。Microverse的三年戰略，它是精確到季度，而且一直到2022年第一季為止都是準確呈現的。

請不要小看戰略規劃，一個公司、一個平台可以做出三年的規劃，而且還落地，真的很不簡單，那麼背後就反應出來平台具有強大的組織能力、系統運營能力，還有系統教育能力以及客戶的服務能力等等，這些都是軟實力。我們可以從它的戰略規劃，去看到它背後的東西，我們要用我們的邏輯能力去分析，而且要認真去看看這份年鑑，既然你有夢想，你想獲得財富，學習是前提，千萬不要不學習就做選擇，因為你不學習就選擇的話，那就叫做盲目，盲目只會導致盲從，盲從會導致你的失敗，所以失敗其實不可怕，沒有人一生當中沒有經歷過失敗，關鍵是失敗以後要去總結，總結以後你才會走向成功。那麼這些所有的能力，歸結到一點，我們會說今天要成就一番事業，不管一個國家或一個公司都好，得要有人才，因為這些事情是需要人才去做的，需要技術方面的人才、運營方面的人才……必須是人才的大匯聚。所以我從戰略規劃和戰略落地，我看到了這家公司的人才儲備。

第四個理由，我本身是學行銷出身的，所以我非常看重它的經濟模型，因為一個完善、一個成功的經濟模型，從邏輯上來看應該要是可以行得通的，那麼我研究它的經濟模型之後，我覺得非常棒，最重要的是，你一定要記住，學習最好的方法是邊做邊學，因為我們現在有很多技術其實對你來說是抽象的，但是，你在用它的時候卻是簡單的，舉個簡單例子，如果你看有些人用Line用了多年了，但是很多

人還不會匿名截對話圖，其實很簡單，就是一個動作，但是你如果不去做那麼一次，那你永遠也不會，但是你只要做過一次，你就永遠都會，所以我希望大家在記住新的事物、新的機會一定要勇敢做一次嘗試，給它一次學習的機會。因為邊做邊學是最好的方法。那麼針對經濟模型我來概括一下，它有兩種質押，兩種合約質押，一個是季度合約質押，所謂季度合約質押就相當於你把錢存在銀行裡面，就像定期存款，而收益是每個月給你10% ～ 15%；而另外一種，是年度合約質押，給你的收益是每個月15% ～ 20%的收益，而且是天天給你，每天凌晨12點整錢就到你的帳上，而且到帳是給你MET幣，這個MET幣是每天給你。你每天都可以轉到交易所，秒秒變現，看是要變現成美金、人民幣、台幣都沒問題，根本不用擔心變現的問題，同時投入門檻也是非常低的，最低是100 美金起步，因為一個USDT就對標一個美金，最高則是沒有上限。以郵箱註冊為準，一個郵箱可以註冊一個帳戶。以下總結它的幾個特點：

① 門檻很低

因為元宇宙是一個全新的概念，元宇宙的很多經濟現象、經濟規律都和我們的傳統經濟學不相同，所以大家就該認真學習元宇宙。一個現實物理世界的映射，但也不是完全一對一，這個所謂映射就是說物理世界有的，元宇宙裡面也都有，而且元宇宙裡面還比我們現行的物理世界更豐富，所以我們將來會在書店裡面看到很多關於元宇宙的書，比如說元宇宙的哲學，元宇宙的能量學，元宇宙的經濟學……

等等，也就是說關於元宇宙這個專門的學術正在誕生，也正在不斷進化，現在僅僅是一個探討的階段，所以我們能遇到它，現在就可以以最低100美金來起步，台幣也不過2800～3000左右（2022年的匯率），我們就可以來邊做邊學，所以每一個人都要勇敢的給自己一個機會去學習新的東西，只有學習新的東西才標誌著我們的成長，如果你抗拒新的東西不去學習，那將永遠沒有成長。

❷ 風險相對低（但別忘了這裡是元宇宙）

只要你參與了體驗，給自己一次嘗試的機會，那麼你就會發現，每天給到你的MET幣，每天給你的收益都是送給你的，因為合約期滿一季或者一年以後，你的本金是會以等值的幣退給你的，也就是說你在這裡的賠錢的風險是低的，你只有盈利，百分之十到百分之十五就是最基本的。所謂最基本的，是因為我們還沒有考慮到幣價上漲的因素，如果幣價上漲，那麼你就不只得到了10%～15%，而且這個10%～15%一定要記住這個僅僅是給到你，還不包含你做團隊、做推廣，就自己投入而已，就可以賺到每個月10%～15%，若加上幣價上漲，就會賺的更多，因為不知道幣價會漲到多少對吧？MET的發行價格是0.01 USTD？光是能漲到1 USDT，就表示翻了100倍，那麼當然市場是有漲有跌才叫市場，只會上漲的市場有嗎？其實有的，只是最終你會發現那是資金盤，資金盤都是內部控盤或者就是自己內部平台的一個內盤，所以這種盤一出來你就知道，你隨時都該擔心不能提現，隨時都要擔心項目方要關網跑路的問題，但是Microverse上

的市場不是內部的，而是協力廠商交易平台，你是秒秒都可變現的，而且還有自己的去中心化交易所，什麼叫去中心化交易所，就是政府想監管也沒有辦法，這是區塊鏈的特性，這就是技術的力量，也是我拿Microverse做為示範案例介紹的原因，切記一定要掌握商機，擁抱機會。

而Microverse微宇宙未來平台上會有兩款幣，一款是前面提及的MET幣，另外一款是較早期投入微宇宙的夥伴領到MVP幣，而這個MVP幣可以轉成購買米諾寶貝（平台專屬小恐龍）（見下頁圖）每一隻恐龍400MVP幣，恐龍等級有一到十級，每一個等級都會有三～四種不同的造型，只能從等級一開始購買，然後相同等級的兩隻可以合成，這些米諾寶貝會二十四小時幫你搬運虛擬黃金，虛擬黃金可以兌換MVP幣，米諾等級越高，每天能幫你搬運的虛擬黃金也會越多，而到最高等級十級的時候，你可以考慮把它轉換成獨一無二的NFT，然後轉到市場上兜售或收藏，而MVP幣的取得則需要至二級市場購買。

　　透過米諾寶貝領到的MVP幣，因為期待未來的升值，所以一般不建議立即變現，但等待的過程也是機會成本，不如把MVP再變成米諾寶貝，讓米諾來幫你搬運黃金，最終可以兌換出更多的MVP幣，讓效益極大化。

　　當然光看這樣的資訊，如果你從未接觸過虛擬貨幣，對元宇宙或區塊鏈也不了解，那你一定還會有些疑惑？這個要怎麼進行？這個是

安全的嗎？MET/MVP幣要如何變現？MET/MVP幣的後市是否看好？你可以掃描以下的QRcode，內有更多詳細資訊，也可以得到更落地的協助。要知道時代在改變，沒看過的東西不代表不存在，學習財商的第一步就是要走出去學習，習慣主動去了解各種機會，先掃下面條碼加入群組，研究一下對你一定會有幫助，不過元宇宙千變萬化，又是新興平台，也尚未有完善的法令保障，投資前務必要三思喔。

Microverse
免費註冊

元宇宙
Line討論群

元宇宙區塊鏈投資必勝五心法

1.真實性

2.安全性

3.成長性發展性

4.本金穩定性

5.本金上限

45. 資訊

　　羅斯柴爾德家族，在全球金融業裡可以說是帝王般的存在，在當代歐洲五大強國之外，這個家族甚至被稱為「第六帝國」，而且被認為是目前人類歷史上最有權勢的金融商業集團，據說財富有高達50兆美元，你或許很難想像50兆美元是多少？相當於510個比爾‧蓋茲，1,123個馬雲，如果把50兆美元平均分給地球上將近70億的人口，每一個人可以得到7萬美元（約200萬台幣），這就是50兆美元，5的後面總共有13個0，地表最神祕的銀行家族羅斯柴爾德所擁有的資產。當然，50兆只是外界的粗略估算，有200多年歷史的羅斯柴爾德家族，一直是靠自有資金來做生意的私人企業，再加上家族已傳承數代，成員眾多，要計算確切的財富其實是非常困難的。

　　雖然羅斯柴爾德家族如此的富有，但一般人提到世界首富，通常都不會看到它們家族的身影，也因此很多人其實沒聽過羅斯柴爾德家族，這是因為他們非常低調。羅斯柴爾德家族有個非常著名的家訓：「金錢一旦作響，壞話隨之戛然而止。」龐大的財富讓這個神祕的家族完全可以控制住輿論，隱匿在社會大眾的關注之外。不過，這個全球最富有的家族，其創始人卻來自於一個貧民窟。這個神祕又富有的家族是如何起家，又是靠著什麼致富的。

💲 出身貧民窟的全球經濟地下統治者

羅斯柴爾德家族的創始人是邁爾・阿姆謝爾・羅斯柴爾德（Mayer Amschel Rothschild），最初並沒有「羅斯柴爾德」這個姓氏，是在邁爾決定創立家族時，偶然看到自己家的紅色門牌，一個靈感下就命名了家族姓氏為羅斯柴爾德，在德語中的意思是「紅色的盾牌」。老羅斯柴爾德生於1743年，來自德國法蘭克福一個貧困的猶太人地區，他曾在銀行學習金融實務，眼光獨到的他意識到貨幣非常具有收藏價值，於是創立了家族第一間公司，專門從事貨幣兌換、古董和古代錢幣買賣。不久他輾轉認識了德國黑森國國王繼承候選人之一的威廉伯爵，因為威廉伯爵特別喜歡收集古幣，老羅斯柴爾德就把自己珍藏的古幣全部送給威廉伯爵，而且還不遺餘力地協助他收集古幣，黑森國國王死後，威廉伯爵成為了繼承人，繼承巨額遺產，老羅斯柴爾德也順勢成為了他的御用金融管理人，就此開始奠定家族財產的基礎。

老羅斯柴爾德有五個兒子，其中三兒子納森・羅斯柴爾德是最早到國外發展，也是最有能力、最成功的一個。

納森1804年一個人來到英國經商，從棉布生意做起。當時歐洲動盪不安，大小戰爭不斷，一些德國貴族也流亡到英國，包括與羅斯柴爾德家族交好的威廉伯爵，威廉伯爵為了保護自己的財產，協助納森在英國發展，並委託納森大量購買英國債券。納森不僅將威廉伯爵的生意管理得很好，自己也做起債券和股票生意，每當有戰爭，就貸款給需要經費的各個小國，賺取戰爭財。由於為人精明幹練，生意版

圖越來越大，最後乾脆開設銀行，成為英國倫敦當時首屈一指的銀行巨頭，之後他經常於危難時機提供英國政府巨額軍費，與軍政要員建立起緊密的關係。

納森在英國的成功，觸發了老羅斯柴爾德發展跨國生意的想法。1811年，幼子詹姆士（James Mayer Rothschild）被派往巴黎；相隔數年，老二所羅門（Salomon Mayer Rothschild）與老四卡爾曼（Calmann Mayer Rothschild）亦相繼於維也納和那不勒斯設立分行，長子阿姆歇爾（Amschel Mayer Rothschild）則留駐法蘭克福鎮守祖業。

就這樣，羅斯柴爾德銀行的霸業儼然成形，堪稱全球第一家國際銀行。充分利用各分行獲取在地國政治、經濟等重要情報，第一時間通知全體並做出迅速的應變，就是羅氏家族出奇制勝的關鍵。他們的另一個策略，便是不惜重本，用盡各種手段與特定人士建立深厚情誼，譬如王室成員、貴族、政要、將領等等，這些人多數具有巨大潛在利益，羅氏家族為他們提供情報，或直接讓利給他們，並獻上最熱忱且可靠的服務，等雙方的交情越來越好以後，再從對方身上獲取更大的資訊來創造利益。

💲 靠情報在幾小時內成為世界首富

1815年英國和法國爆發滑鐵盧戰役，當時戰情膠著，勝負難料，這一場仗如果打贏了，英國債券一定會狂漲，但萬一英國輸了，手上持有的國家債券就會暴跌變成壁紙。作為英國銀行巨頭的納森，

手上當然也持有大量的債券，但就在戰事即將結束的時候，他的一項神操作，不但在英國造成轟動，還徹底翻轉羅斯柴爾德家族的聲勢與財富。1815 年 6 月 18 日，在比利時布魯塞爾近郊展開的滑鐵盧戰役進入尾聲，傍晚時分，拿破崙的敗局已定，一個名叫羅斯伍茲的快信傳遞員親眼目睹了戰況，然後一路騎快馬，再換乘有特別通行證的快船，然後又付了一大筆錢找人幫忙連夜渡過了英吉利海峽。當他在 6 月 19 日清晨到達英國福克斯頓（Folkstone）的岸邊時，納森已經親自在那邊等候多時，快速流覽戰報標題後，便快馬奔回倫敦股票交易所，當時交易所裡的所有人都焦躁不安，這場仗到底打贏還打輸？手上的債券到底該買還是該賣？當下所有人都盯著納森，納森的神情非常的驚慌，一衝進交易所就開始大量拋售自己手上的債券，納森的這個舉動嚇壞了交易所內的所有人，他們認定納森一定已經得知了英國戰敗的消息，於是紛紛跟進，造成債券恐慌性拋售，價格暴跌，幾個小時後，英國公債已成垃圾，票面價值只剩下 5%。這時，納森又私下大量收購債券，不久後傳來了英國戰勝的消息，英國國債價格馬上一路飆升，就這麼翻身一躍，納森一下子就變成世界首富。由此可知，羅斯柴爾德家族致富的關鍵，就是資訊。

你會發現，成功者要嘛建立上帝視角，從未來看現在，找到未來的趨勢和商機，要嘛就是雖然看不出趨勢商機，但卻總能夠比其他人更快速地獲得寶貴的資訊，並立即有效的運用它，這也是為什麼窮人抗拒新資訊，只要是沒聽過的不熟悉的總是不愛聽，總認為那是騙人的，然而富人卻積極地去找出各種資訊，積極地結交人脈以利資訊

的流通與交換，畢竟網路上、報章雜誌上的資訊都已經不知道是第幾手的訊息了，資訊之所以寶貴，就是別人不知道只有我知道，如此而已。

💲 2021 全球富豪動向

　　股神巴菲特正在做他人生當中最後一次戰役，這是他人生當中最後一次狩獵，過往一年多裡世界發生了幾件大事，常年世界首富的比爾・蓋茲離婚，比爾・蓋茲宣佈離婚的同時，股神巴菲特召開了一年一度的股東大會，當他在股東大會裡面宣佈自己 2020 年的收益率只有 2.4%，而美國大盤去年都漲了 18.9% 的時候，所有人都覺得巴菲特老了、不行了，但這些看似花邊新聞，實質卻隱含了重要的資訊在其中，我看到了一個巨大的浪潮即將來臨，首先談談比爾・蓋茲，他當了世界十幾年的首富，他從來不會輕易發佈新聞的，因為他隨便發一個新聞，其公司股票都要波動，他的身價都會因此大受影響，而他這輩子只發過四篇新聞，這四篇新聞都對整個世界的經濟產生了重大的影響，第一次發重大新聞是在 2000 年的 1 月 13 號，比爾・蓋茲宣佈要卸任微軟 CEO 職位，新聞宣佈之後不到半年，人類有史以來最大的一次互聯網泡沫發生，整個美國大盤崩盤，縮水 80%，而就因為他宣佈了卸任，所以他理所當然地賣出自己微軟的股份，藉此躲過金融風暴，而當景氣觸底的時候，他手握天量現金，重新買回股票，讓財富在不到兩年的時間內倍增整整 30 倍；第二次，比爾・蓋茲發佈消息是在 2008 年的 4 月 8 號，他宣佈自己卸任微軟董事長的職位，就在他宣

佈卸任董事長職位的兩個月後，雷曼兄弟破產，美國發生金融危機，人類半個世紀以來最大的一次金融風暴席捲全球，而因為他宣佈卸任董事長職位，他再次理所當然地賣掉手中的微軟股份，股市崩盤，甚至有些股票跌幅90%，等到谷底的時候，他再次手握天量現金，收購大量房產，收購大量股票，他的資產這次倍增了將近40倍，他再一次躲過金融危機，第三次就是在2020年的1月3號，他宣佈永久退休，消息一出美國股指阻斷四次以上，他又在宣佈以後賣掉自己的股份，躲過這次動盪，而最後一次，他宣佈跟他太太離婚，他更加可以名正言順的處理他手中的微軟股票。

接著我們再來看一看股神巴菲特，巴菲特這一次宣佈說自己91歲了，搭檔芒格更是已經97歲，我們不行了，2020年股市漲18.9%，我們的投資回報率卻只有可憐的2.4%，此時大家都覺得巴菲特不行了，但是你得知道，巴菲特手握5000多億的現金，他曾經說過，現金是這個世界上最大的投資，他也總是想方設法把現金變成公司股票變成資產，他在巔峰的時候，持股比例最高高達89%，平均也都有在76%以上，而在2020年，他的投資比只有50% 不到，他不斷地減倉，所以才導致他去年的收益有2.4%，他上次跑輸大盤是2000年，那一年他報酬率只有18%，而大盤卻漲24%，他每一次跑輸大盤，不是真的輸大盤，而是因為看到了金融危機，所以把手上的股票大量變現。所以當我看完了三個小時股神巴菲特股東大會的時候，我發現到一個驚人的事實，那就是金融危機真的離我們不遠了，此時此刻，我完全能感受到巴菲特正在進行他人生當中的最後一次戰役，他拿著狙

擊槍準備狙擊，旁邊趴著原世界首富比爾‧蓋茲，他們手握天量現金準備狙擊，就像是獵人一般，而沒有財商的人在他們眼裡都是獵物，很多人可能不在意，但是大家一定要提高警惕，現在不要花錢買房買車，不要花錢購買任何負債，把握住危機背後的財富機遇，財富才有機會翻轉。

💲 2022金融風暴

金融危機真的即將爆發嗎？我們再試著從其他資訊來判斷，現行的美國經濟形勢不容樂觀，2020年3月，因為疫情影響，導致美國股市暴跌，後來美國聯邦準備理事會（The Federal Reserve System 或者 Federal Reserve，非正式稱為 The Fed 簡稱聯準會，是美國的中央銀行）靠大量印鈔票把股市從懸崖邊上拉了回來，隨後美股屢創新高，成就了今天史詩級的泡沫，但是這個泡沫一旦破了，也會造成史詩級的災難，2020年以來，美聯準會實施量化寬鬆政策，所謂的量化寬鬆就是說，美聯準會印了錢直接借給美國政府，然後政府直接把錢發給老百姓，讓大量失業的老百姓能夠維持生活，這一切表面上看起來都沒什麼問題，但後果就是美國政府欠美聯準會的錢越來越多，負債甚至超過二戰水平，達到歷史新高，越來越多的國家開始懷疑美國的還債能力，而開始拋售美國國債，美聯準會也只能無奈地吞下美債這個苦果。現在美國的策略是借新錢還舊債，拆東牆補西牆，但是債務不可能長久的拖下去，另外，持續的低利率和寬鬆的發展環境，導致老百姓和企業的負債也越來越重，目前大家還能勉強還上利息，因

為利率比較低，需要還的利息比較少，但一旦美聯準會提高利率，政府、企業和個人就會都還不上錢，如此一來遲早會爆發債務危機。我們都知道，債務危機往往會引發金融危機，那麼，美聯準會一直不提高利率行不行呢，答案是不行，因為長期維持低利率會讓市場上的錢越來越多，通貨膨脹越來越嚴重，貨幣貶值，物價飛漲，過去一陣子美國CPI增速一直維持在5%以上，創下了次貸危機以來的最高值，目前從房產、二手車到各類食品通通都在漲價，這就導致貧富差距更加嚴重，底層消費能力枯竭，有人生產沒人消費，遲早會引發更加嚴重的金融危機，所以說目前美國聯準會可謂騎虎難下，美國經濟形勢也非常嚴峻，這就是金融危機的徵兆。再次強調，現階段千萬不要因為感覺市場很火熱就隨意地投入大筆資金，投資歷史總是不斷的循環，就是因為人們總學不會教訓，在歷史上任何一次金融危機的來臨，總有無數的人自告奮勇擔任韭菜，他們沒有財商，只懂得道聽塗說，就奮不顧身一股腦地把辛苦賺來的錢都砸進來，一定要記得，你永遠無法賺得你認知範圍以外的財富，看到市場熱，什麼都不懂就想投入賺大錢，這就是最標準的韭菜思維。

Chapter

11

財道使命

VEALTH
BIBLE

46. 何謂自由？

　　人類最偉大的夢想是什麼？自由。生命誠可貴，愛情價更高，若為自由故，兩者皆可拋，我相信每個人都嚮往自由自在的生活，為什麼人們喜歡看金庸小說？因為他寫的小說故事結尾全是男主人公，女主人公笑傲江湖，我們嚮往那份無憂無慮，而且還有一個最重要的核心，就是你看武俠，你會發現主人公從來不用煩惱錢，也不知道錢到底是從哪來的，我們都嚮往這樣的世界，那是一種無拘無束的自由，那我們如何擁有自由呢？

　　自由有五個等級，第一個人身自由，第二個時間自由，第三財富自由，第四心靈自由，第五靈魂自由。

　　人活在兩個世界，一個是物質世界，一個是精神世界，前三種自由指的是在物質世界幫你實現解脫得到自由，一個人為了賺錢不擇手段，甚至違法，就算賺到錢了，被抓去關再也無人身自由，那有什麼意義，什麼是人身自由？我想去哪就去哪，不會受人拘束這就是最基本的人身自由；那什麼是時間自由？就是我想做什麼就做什麼，有很多很有錢的大老闆，他們每天行程幾乎是排滿的，拚到最後把身體也拚垮了，甚至搞到太太小孩都不認他，試問這到底是擁有財富？還是

財商筆記：宇宙當中最偉大的夢想：自由

被財富所擁有？你到底是擁有事業？還是被事業所擁有？這種人其實從財商角度看來就是窮人，因為他並沒有實現真正的自由，所以比起財富，其實時間往往是更難賺的，必須犧牲掉所有時間的財富不算是真正的財富，那什麼是財富自由？再也不用為錢煩惱，能過上自己想要的生活，不再為錢所困，生活中做的一切也不再是為了賺錢，而是為了興趣、為了使命、為了夢想，那就是財富自由。財富只有一個公式，財富自由等於被動收入大於總支出，什麼是被動收入？財商把事業收入分為兩種，一種主動，一種被動，主動收入就是你做就有，不做就沒有，如工資收入、勞動收入，而被動收入就是我把買的房子租出去的租金，大過於我每個月的房貸，這就是被動收入，如果每個月家裡面開銷最多2萬塊，而我的被動收入是3萬塊錢，那我這輩子都可以不用工作，因為我的被動收入大於總支出，已經財務自由。

　　而後兩大自由指的是在精神世界幫你實現解脫得到自由，只有當你從物質世界解脫，你才有機會在精神世界也解脫，俗話說拿得起才能放下，你都還沒有實現財富自由，都沒拿起過財富，你就去修佛去了，隱居山林，家裡所有東西都不要了，為什麼佛陀能夠這樣做而你不能，因為佛陀是國王，生下來就擁有全天下的財富，他把所有一切都體驗過，他曾經擁有過，拿得起才能放得下，你都從未拿起，談何放下，所以只有在物質世界實現這三個自由，才有可能進入精神世界，只有在這精神世界實現這兩個自由，才有可能實現人生真正自由。

　　許多人把人生目標只訂在財富自由，達成後卻發現自己內心貧

脊得不得了，像是已故明星張國榮，或是好萊塢喜劇泰斗羅賓・威廉斯，他們都透過事業的發展賺進人人稱羨的財富，也早已達到財富自由，卻因為沒有持續昇華到精神世界，導致最終都選擇結束自己的生命，這就是所謂的窮得只剩下錢，所以要知道財富自由只是個過程，能夠活得痛快、活得愉悅、活得開心、活得有價值，那才是真正的富有，所以你得改變你對富有的定義，追求外在財富的同時，不要忘記也要追求內在的財富。

財商筆記：要想進入精神世界，首先要從物質世界解脫

47. 福報決定你的財富

　　財富的本質，從低維度來說是能力的變現，從中維度來說是認知的變現，從高維度來說是福報的變現，財富就是外在的德，能量是內在的德，這兩者永遠是守恆的，想增加財富的數量，就得先修煉自身的品行，提升自己的貢獻，這就是厚德載物。

　　錢不是越多越好，錢是夠花就好，多了反而不一定是福報，因為你不一定能承載得住，如果你承載不了，對你來說反而是一種傷害，這個世界最大的財富是福報，聰明人跟老實人在一起，請問是聰明人會吃虧還是老實人會吃虧？當然是老實人吃虧，因為聰明人吃定老實人，那請問老實人吃誰呢？老實人吃老天爺，因為老天爺會給他福報，這就叫傻人有傻福，這個生態鏈就是如此，聰明人吃老實人，老實人吃老天爺，那老天爺也不能餓著，所以老天爺吃聰明人。

💲 沒有福報，有財富也守不住

　　在西藏，曾經有個國王，看到貧富分化嚴重，就下了一道命令，把所有富人的財產都拿出來，平均分給窮人，讓每個人的財富都均等。國王以為這樣子國家就會變好，因為人人都有錢，就不會再有紛爭，不會再有窮人，不會再有抱怨，天下就能太平，國家就能富強。不料只過了一年，國王就發現，那些原本貧窮的窮人最終還是又變回

了窮人，而原本就富有的富人最終還是擁有了富貴。事實證明，財富無法強求，最終還是會回到跟你的認知和你的福報最匹配的財富水平。

不要抱怨這個世界不公平，其實世界永遠是公平的。這個準則，就是因果。富人因為有富貴的心，所以能成為富人。富人如果失去了富貴的心，變得驕奢淫欲，不累積福報，那慢慢地當福報用完了，富人就變成窮人了。佛說一切唯心造，這個世界，永遠是公平的。

大財靠福報，小財靠努力。你沒有福報，卻占據那麼多錢，也守不住，就會生病，出事故。古人講的，一兩黃金四兩福，你要有四兩的福報才能壓得住一兩黃金的財富，如果沒有那你就會守不住，所以應該努力培養福報，慢慢的福報來了，財富自然就來了。為什麼要捐錢做公益，就是為了讓錢流通的同時也能增加我們的福報。直接操控財富的，就是個人的福報，只要有福報，天下財富可以到我們手上。像陶朱公范蠡，一輩子經商做生意，三次發財，發財後把財富全部布施給窮人，接著白手起家，又發財。陶朱公有福報，所以能吸引到天下的財富，哪怕一下子散盡了，財富還是能再回來。所以後人稱他為財神爺。

福報別人是搶不走的，都是自己培養的，也是自己減損的。有福報自然就會有財富。福報是因財富是果，很多大學生，給只有小學學歷的老闆打工，這也是因為老闆福報大。不要小看福報，能夠做老闆，代表著他有一定的德行和福報。我們這輩子，除了修智慧，一定也要修福報。傳喜法師說自己沒有出家前是做生意的，別人一個月很

努力就賺兩三百時,他能賺兩三千,這就是人家修來的福報。所以不要光想著怎麼賺錢,因為有智慧沒有福報,一樣是賺不到錢的。有福報,也要有富貴的心態,踏實地好好做事,多做善事,廣結善緣,這樣才容易收穫財富。

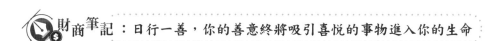
財商筆記:日行一善,你的善意終將吸引喜悅的事物進入你的生命

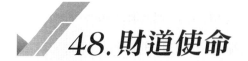

48.財道使命

　　天下大勢，浩浩蕩蕩，順道者昌，逆道者亡，這個世界上根本沒有成功，也根本沒有失敗，所有的成功，只是因為與道合了，而所有的失敗，都是因為與道背道而馳，所以失敗，僅此而已。

　　一瓶礦泉水瓶，如果想讓它運動，我們把它往下一丟，這礦泉水瓶就有力了，動力大於阻力就往前走，阻力大於動力，這個問題就停止不前，只要沒有力，它就會停止，月亮繞著地球轉，地球繞著太陽轉，太陽繞著銀河系轉，銀河系繞著整個宇宙中央的黑洞轉，這個世界沒有一個東西是靜止的，這個世界的所有一切都在運動，那麼，請問整個宇宙都在不停地運行，有沒有一種力在推動它往前走呢？這個力，稻盛和夫先生說：我不知道它叫什麼名字，我強行給他取名叫宇宙力，那麼宇宙力是什麼呢？宇宙力如果是往東走，拼命的往東走，結果你剛好跟好跟宇宙力走同一個方向，你就會感覺到你是被整個宇宙推著往前走，但如果你非要往西走，那你就必須跟這個宇宙力抗衡，但人類跟整個宇宙力抗衡，簡直就是蚍蜉撼樹、螳臂擋車，這股力能夠把整個宇宙推著往前走，整個地球都能推走，我們根本不可能與之抗衡，那這個宇宙力，它是往什麼方向在運動？它的方向就四個字「無我利他」。太陽在運行的時候，太陽有跟我們索取東西嗎？太陽普照大地的時候，是不會去區分這個人是好人還是壞人，它是沒有

分別心的。對於人類來說，最重要的就是陽光、空氣、水，這些讓人類得以維生的要素全都是免費提供不求回報的，換言之整個宇宙就是無我利他。

　　所以，創辦公司也好，做人做事也好，只要是「無我利他」的，就能順著這個宇宙力前進，但如果你做這家企業的目的就是為了自己賺錢，是自私的，是有我的，那宇宙力就會抵抗你，只有等到你搞懂道的運作規律，你才有可能永立於不敗之地。稻盛和夫把整個王陽明心學全搞懂後他推算出了宇宙力，無我利他，然後他就給自己寫了四個字，作為他這輩子做人做企業的最高宗旨，就是「敬天愛人」。敬天的天就是道的意思，所以敬天的意思就是我敬仰道，我跟著道走，我絕對不能背道而馳，至於愛人也是道，指的就是利他，天是道，人也是道，只要我敬天愛人，我就能得道，這就是稻盛和夫的企業經營成功關鍵，順著宇宙力，讓整個宇宙幫他做什麼就成什麼。

　　二十七歲那年，稻盛和夫創辦了京都陶瓷（Kyocera），創業五十六年來，從沒賠過錢。雖然他早在六十歲就自京瓷退休，並將京瓷交棒給專業經理人，卻在年近八十歲時，以義務職、不領薪水的方式，在一一五五天內，將已宣告破產、下市的日本航空（JAL），做出遠超乎眾人預料的V型復甦，再度寫下傳奇，他這輩子順著宇宙力可以說是攻無不克，戰無不勝。

　　道家修行的最高境界就一個字叫無為，不是不為，是無所不為，佛家修煉的最高境界就一個字叫空，空不是沒有的意思，而是萬有的意思。假設今天有一個水杯裡面是有水的，我現在想給你裝飲料就會

裝不進去，但是如果這個杯子是空的，我就能想裝什麼就裝什麼，所以空不是沒有而是萬有。

假設今年你35歲，那請問36年前你在哪裡，你當時是不存在的，你是從無中生有的，再問個問題，150年以後，你在哪？那時就又不存在了，又回到無，無為不是不為而是無所不為，為什麼激情的人更容易成功，就一個字，「愛」，因為三維空間最高的能量就是愛，你能夠找到一個愛的人在一個愛的地方做愛的事業，你的人生會順流而下，如果說你違背自己的本性，背道而馳，你就會被世俗社會所牽引，做自己不喜歡做的事，陪自己不愛的人，你的人生痛苦不堪，得逆流而上。有兩種人生等著你選擇，第一種人生順流而下，第二種人生逆流而上，為什麼能做到順流而下，因為合道天成，合道不是你成就你而是老天爺成就你，馬雲能把阿里巴巴做成今天這樣，不是他成就了他自己，我們看到的都是表象，真實的背後是老天爺成就了他，你做一件事只要是合道，接著往前走就叫做大勢所趨，所以合道天成。逆流而上，為什麼叫背道而馳？人生為什麼會背道？因為你在用頭腦也就是假我，你是在用假我，是在用頭腦過這一生，頭腦是自我跟本我，那都是分裂出來的假我，你聽頭腦的，你只能成為普通人，所以有這麼一句話，「順成人，逆成仙，玄妙只在顛倒間」，《心經》裡無數次提到遠離顛倒夢想究竟涅盤，說的都是這個意思，順流而下，就是因為你用高我過日子。

為什麼王陽明先生開悟以後開始講心學，心學就是一切跟著自己的本心走，發生任何事情不先問頭腦，而是跟著自己的心走，人有三

個我，自我本我跟高我，活在頭腦裡面叫假我那是獸性跟人性，心才是我們強大的內在，只要不忽略它，每個人都能成功，就像王陽明先生講的一樣，心學的四顆心──第一顆心惻隱之心，第二顆心修悟之心，第三顆心恭敬之心，第四顆心是非之心，王陽明先生說，每一個人的心中都有著四顆心，只要用這四顆心，每個人都是君子，都是聖人，只要用這四顆心，每個人都能合道，但是最可悲的是一旦用腦那四顆心就會立刻不見。

什麼叫惻隱之心，在路上見到一名老太太跌倒，我們下意識會想幫她，這叫惻隱之心，這是人的本能。但如果大腦上線的話，立馬想她會不會是騙我的呢？扶了她以後訛我怎麼辦？大腦想完以後就當作沒看見；什麼叫修悟之心，我知道什麼事能做，什麼事不能做，修悟之心每個人都有，每個人都知道，但是大腦一上線就成為惡人；第三顆心恭敬之心，我們每一個人其實都是有恭敬之心的，見到老師，見到父母都是有恭敬之心的，但是大腦一上線就又不見了；最後那顆心也是一樣，叫做是非之心，對就是對錯就是錯，根本不需要教你什麼是君子、什麼是小人，什麼事能做、什麼事不能做，每個人天生都知道，但是最可悲的是大腦上線後，我們就會用得失心來代替是非心。

所以，宇宙最一開始是什麼？是無極，無極生太極，太極生兩儀，兩儀生四象，四象生八卦，八卦生萬物，最終的狀態還是回到無極當中，換句話說，當每一個人頭腦裡面只想著自己的時候就是小我，開始為家族、為員工著想就是大我，但還是有我，最高境界是什麼？就只有你上升到無我狀態的時候，你就能鏈接到道家講的無的

狀態，你就能鏈接到佛家講的空的狀態，所以你必須要上升到無我狀態，你想要成功，你想要賺錢，這是你的小我，這個時候產生的所有東西都叫欲望，而當你有大我思維的時候，你想為家族、為員工請命的時候，你就已達至大我，這個時候叫夢想。那何為使命？就是把我變不見就叫使命，如何把我變不見呢？就得要提高格局，使命等於格局，格局等於使命。

格局就是指一個人的眼光、胸襟、膽識等心理要素的內在布局。一個人的發展往往受局限，其實「局限」就是格局太小，為其所限。謀大事者必要佈大局，對於人生這盤棋來說，我們首先要學習的不是技巧，而是佈局。大格局，即以大視角切入人生，力求站得更高、看得更遠、做得更大。大格局決定著事情發展的方向，掌控了大格局，也就掌控了局勢。在人與人的對弈中，捨卒保車、飛象跳馬等種種棋招就如人生中的每一次博弈，棋局的贏家往往是那些有著先予後取的度量、統籌全局的高度、運籌帷幄而決勝千里的方略與氣勢的棋手。

以前我學習財經、學習財稅、學習財商，無非都是希望能夠讓自己、家人和信任我的客戶或夥伴能擁有好收入、擁有圓滿人生，所以我非常認真地學習並且不斷與客戶和夥伴分享，過程中我也慢慢地找到屬於我自己的道，那就是演說，而後當我越來越理解「道」，越來越理解「宇宙力」以後，我也開始找到自己的使命，那就是透過演說讓至少300萬以上的家庭能夠因為我的分享而達致財富自由、達到圓滿人生，所以我透過Tiktok做短視頻和直播的分享；透過這本書讓更多的人可以接觸到財道，未來也會透過更多的演說讓我可以接觸並幫

助到更多的人擁有財富思維,讓大家都能找到自己的道,面對自由的彼岸,我們一起出發一起到達。

附 錄

VEALTH

BIBLE

金錢類型測驗分析

摘自《金錢性格》

低利率、薪資凍漲的時代，不少社會新鮮人、小資上班族或菜籃族，常常不曉得錢花到哪裡了， 投資理財前，必須先知道自己的「金錢性格」！瞭解自己的財務性格傾向，再搭配專業財務顧問的引導，就能找到自己的理財之道。以下18個測驗能讓你弄清楚、並建立最適合的財務好習慣

你是否嘗試過許多投資理財方法，成效卻不太理想？美國財務教育家梅麗莎・布朗恩Melissa Browne在《金錢性格》透露：「或許是你不了解自己的『金錢性格』！」快用以下的測驗量表，找出最適合的財務習慣。

找出你的金錢類型

以下問題是為了幫助確定你的金錢類型。回答問題時，請選擇最適合自己的答案（a、b、c、d），以你會如何回應來做答，而非你認為該如何回應，或你想如何回應。如果有兩個答案是你認同的（或即使沒有任何答案是你完全認同的），請選擇最可能的回答。再說一次，你要明白這並不涉及評判，沒有正確或錯誤的答案，也沒有哪種金錢類型比其他類型好。

　　你會發現有些問題與你的財務狀況無關，看起來可能有點隨意或太輕鬆。不要因此卻步，有時我們不習慣透過自己的財務來理解自身的行為，有時我們可以透過觀察生活其他方面來了解自己的財務行為。但最重要的是，你要相信自己和你的答案。

金錢類型測驗

1. 人們可能會這樣描述你：

   a. 敬業、勤奮、專注、有動力

   b. 創新、熱情、有趣、有創造力

   c. 成功、聰明、智慧、機智

   d. 忠實、好施、善良、富同情心

2. 最讓你感到挫折的是哪些人：

   a. 只想坐著聊天，而不想把事情做完

   b. 不像你那樣理想主義和具有大局觀念

   c. 按照特定的方式做事，因為一直都是這樣做

   d. 不考慮人性的一面

3. 開始一項專案時，你喜歡：

   a. 直接開始動手做；你能解決過程中出現的任何問題

   b. 花時間創建願景板、陳述任務，想像項目可能的發展、予人的感覺和成功

   c. 思考如何能將它處理到最好；你花在思考上的時間和花在執行上的一樣多

d. 與他人合作——交談並找出你們可能一起解決問題的最好方法

4. 運動時，你最喜歡：

　　a. 自己鍛鍊，喜歡在身體上挑戰自己

　　b. 瑜伽或與私人教練一起鍛鍊

　　c. 彈性做法，取決於目前培訓的目的和想達到的目標

　　d. 集體活動、體育課和與他人一起鍛鍊

5. 你採用或傾向使用的激勵技巧：

　　a. 你通常不考慮採用激勵技巧，寧願直接開始

　　b. 日常口號、願景板和肯定

　　c. 取決於任務是什麼，但你可以決定幾個可能有用的，然後看看哪　　個較合適

　　d. 告訴別人並讓他們提醒你想要達成的目標

6. 你是哪種人：

　　a. 專注完成任務

　　b. 喜歡嘗試新的活動

　　c. 喜歡了解背後的理論

　　d. 考慮別人的感受

7. 對一個財務決定感到壓力時，最可能做出哪樣決定：

　　a. 低下頭繼續工作，這樣就可以避開這個問題

　　b. 做白日夢、設計和迴避財務上的細節

　　c. 在腦中想像多種場景，不做任何決定，導致分析癱瘓

　　d. 受朋友和家人影響

8. 你更喜歡藉由下列哪個方式放鬆：

   a. 鍛鍊或保持忙碌

   b. 冥想

   c. 讀一本書或完成拼圖

   d. 和喜歡的人出去走走，聯繫一下

9. 你感覺最好的時候是：

   a. 你的成就得到認可，或達到了自己設定的里程碑

   b. 你富有想像力地表達自己

   c. 你的智力受到挑戰或刺激時

   d. 你關心、鍾愛或拯救他人

10. 當涉及到你的財務和投資時，你會感到沮喪是因為：

    a. 其他人有比你賺得更多、累積更多財富的能力，儘管他們工作沒有你那麼努力

    b. 你總被迫根據數據而非直覺來合理化自己的決定

    c. 人們被計畫所迷惑或無法獨立思考

    d. 似乎每個人都為自己而活

11. 當你在社交媒體上時：

    a. 你很少用社交媒體或很少發文，認為這是浪費時間

    b. 關注能啟發你的網站

    c. 過度思考你的貼文，經常對他人品頭論足

    d. 找出每個人都在做什麼，對朋友的帖子按讚

12. 當說到新年新計畫時，你：

a. 不在乎這些計畫

b. 花時間做計畫並展現對新年度的決心

c. 很少操心這些。雖然你喜歡設定目標，但不明白為什麼要把目標訂在一個隨選日期上，比如1月1日

d. 在新年聚會上許個願望，因為其他人也都這樣做，你覺得有義務和同伴一起做

13.涉及財務決策時，你傾向基於哪項要素做決定：

a. 讓你感覺舒適和自信

b. 你的直覺和對這項決定的感覺

c. 你自己的研究、你欽佩的人的做法和你聽過的觀念

d. 其他人所做和所說的

14.在餐廳選擇喝的酒時：

a. 你更喜歡啤酒或便宜的葡萄酒；你很樂意讓別人來選擇，除非你知道他們要點一些昂貴的酒

b. 誰想喝紅酒呢？你更有可能會點雞尾酒、香檳或可愛的侍酒師所建議的任何酒類

c. 你知道餐廳想讓你選第二種酒（這有科學依據），所以要嘛選擇你喜歡的最便宜的酒，或你認得並喜歡的酒，不然就和侍酒師聊聊

d. 你很樂意跟隨其他人的意見，最好一起喝一瓶酒

15.你有壓力或心煩意亂時，理財風格是：

a. 多動動——不管是在工作時、健身房，還是在家裡

b. 在自己身上花錢，花在能讓心情變好的體驗或事情上

c. 過度思考，並且可能花費超支

d. 囤積資源或投身於拯救他人，即使這對自己不利

16. 關於你的財務狀況，你不願意承認的是：

a. 你很努力工作，但沒有其他人認為你應該擁有（或者你認為自己應該擁有）的資產

b. 你有多麼擔心錢（尤其債務）以及這會如何影響你的創造力

c. 你還不確定如何處理財務，或認為自己的財務狀況應該是什麼樣

d. 你把別人的需要放在自己的需要之前（你不想讓別人擔心）

17. 談到消費或投資時，你最可能受到哪個因素影響：

a. 你可以輕鬆消費或投資，而非依從某個人、播客、推特或其他媒體取得的簡短資訊

b. 你在社交媒體上崇拜的大師或最新的時尚品味大師

c. 你所敬佩的專業領域專家，他們的觀點、品味或敏感性

d. 你的家庭、伴侶、同伴和社群

18. 如果錢不是問題，你會選擇哪種機票價格：

a. 經濟艙，你沒理由花更多的錢買機票

b. 商務艙或頭等艙，當你去貴賓室點第一瓶香檳時，就會開始發布到社交媒體上

c. 商務艙，並用積分升級到頭等艙，因為你無法合理化額外的費用

d. 因為你要支付整個家庭或朋友群的費用，當然也希望他們都能一起體驗商務艙，所以你要買6張機票

接著，請把你對每個問題的答案加總起來。

a：　　　　　b：

c：　　　　　d：

哪一個選項分數最高，就是你的主要金錢類型。如果你的第二高分數高出剩下的兩個分數許多，它就是你的第二種金錢類型。四種類型分別是：

A. 工作者　B. 創造者

C. 洞察者　D. 關聯者

各種金錢類型的財務好習慣

　　無論你的金錢類型是哪一種，就是要培養一系列的習慣，這些習慣將會為你建立起至關重要的首要習慣：財務自制力或意志力。這些習慣能讓你享受當下，並關照到未來的自己。

　　接下來，開始建立適合你財務習慣的技巧和系統，這些將幫助你鍛鍊自制力、推遲你想要滿足自己的渴望，並使你更接近你想要過的生活。

　　如果你嘗試了一種財務習慣，但感覺不對或不舒服，就像一件讓你發癢的外套，而且你已經堅持了一段時間，此時不要完全放棄。

　　相反地，你應該透過嘗試另一種習慣來建立自己獨特的習慣。繼續嘗試和培養，直到你找到適合自己的習慣。

　　當你發現一個習慣（在你堅持下來之後），令你感覺很自然、正

常且可行時，不要就此止步。此時，你應該不斷養成一個又一個的習慣，直到形成了一套為自己量身訂做的習慣。說得更明確點，了解我們的財務類型並不意味著我們就不需要付出努力。同時這也不表示，我們不需要在財務上做些功課。但它確實能幫助我們理解自己應該努力做什麼，以及應該把時間和精力花在哪裡。根據我們獨特的金錢構成優勢和劣勢，我們可以知道應該尋找什麼樣的機會，避免遭遇什麼樣的挑戰。我們對自己的財務類型理解得越多，我們的習慣、系統策略就會越好，最終投資機會也會越好，整個財務狀況就會好轉。

A. 工作者的財務習慣

基本的習慣

對於工作者來說，問題是他們可能不知道什麼樣的銀行帳戶最適合自己，所以我至少會建議一個既定的步驟，我稱為「基本帳戶」，這包括：1個帳單帳戶、1個儲蓄帳戶和1個日常帳戶，在這些帳戶之間採用自動轉帳支付。

不過我認為很重要的是，一些工作者還使用了「娛樂帳戶」，以確保每個月或每季度自己都花掉了「娛樂帳戶」裡的錢，這樣他們就能享受辛勤工作的成果。這也有助於抑制工作者無意識消費的弱點，這是由於他們通常都不設清單或沒有時間。透過開立一個「娛樂帳戶」，人們可以在允許的範圍內無罪惡感地「超支消費」。

對於工作者來說，擁有一個系統可以將他們的儲蓄用於投資，而不是簡單地把現金存入銀行，這也是非常重要的。一個相當具有助益

的方法，就是為此建立規則，因為工作者通常喜歡有順序地思考，並且擅長遵守規則，而不論這些規則是他們自己還是別人設定的。一旦他們接受了這些規則，就會有紀律和毅力堅持到底。

　　例如，你可能擁有一個儲蓄帳戶，同時建立起一個規則，一旦餘額超過5,000美元，那麼4,000美元就必須轉移到另一個預訂的投資項目。或者你可以選擇一種投資（例如，指數股票型基金〔Exchange Traded Fund, ETF〕或指數基金），並且每個月自動將資金定期轉移到這項投資標的上。

B.創造者的財務習慣

基本的習慣

　　自動化對所有金錢類型都重要，但就像工作者一樣，對於創造者來說，確保最基本的工作都已完成尤其特別重要。這是因為創造者的眼光宏大，他們是理想主義的夢想家，往往更關心今天，而非關注未來的自己。

　　創造者應該擁有3個基本的銀行帳戶（帳單、儲蓄和日常生活），並在這些帳戶之間設定自動支付功能，但對於創造者來說，擁有一個至少相當於3個月開支的備援（或緊急）帳戶也很重要。這種現金備援對於創造者來說至關重要，他們往往是最不穩定的金錢類型，經常換工作，或者追逐創意和機會。擁有3個月的現金作為備援的習慣，能確保你在需要時擁有一張安全網。

　　這個帳戶應該和你的儲蓄分開，放在一個你不容易動用的帳戶

裡。我遇到過一些創造者，他們在由父母或信任的顧問控制的銀行帳戶中存入這筆錢，因為他們知道如果是讓自己持有這麼多現金，這就像請狐狸看守雞舍一般。

同樣地，與工作者金錢類型一樣，一般的財務習慣是將所有帳單設定為直接扣款和外包，這對創造者來說會是很好的金錢習慣，可以確保他們的財務基礎。

C. 洞察者的財務習慣

基本的習慣

當涉及到銀行帳戶之間的自動轉帳時，帳戶的數目和類型對每位洞察者來說都是獨一無二的。這是因為洞察者不喜歡同質性，不喜歡為了跟別人一樣而做某件事。他們更喜歡去理解一些東西，並根據自己的需要加以調整。

例如，一些洞察者可能只有基本銀行帳戶（日常、帳單和儲蓄帳戶），因為這對他們來說有意義，而其他洞察者可能還有娛樂帳戶、稅務帳戶、備援帳戶和其他5個以上的帳戶。重要的是洞察者能找出對他們有用的銀行帳戶並實際使用。

然而，洞察者可能面臨的危機在於，他們會認為整個財務基礎概念過於簡單，因此不適合他們。重要的是要記住，通常最完美的解決方案也是最簡單的，你至少要從3個基本帳戶開始，並設定好自動存入預訂的金額。

D.關聯者的財務習慣

基本的習慣

關聯者金錢類型的人通常最需要銀行帳戶，因為他們會把其他人的需要放在第一位。擁有一個自動化系統，並且在不同的銀行擁有多個帳戶，這是讓一名關聯者首先戴上自己的財務氧氣面罩的方式。

對關聯者來說，重要的銀行帳戶包括日常帳戶、儲蓄帳戶、帳單帳戶、備援帳戶（或緊急帳戶）和娛樂帳戶。

擁有一個只為自己而設的娛樂帳戶是非常重要的——這樣他們就不僅僅是在照顧別人，他們也能為自己花錢。而擁有一個備援帳戶，對於他們自己的汽車維修和孩子的汽車維修是同等重要的，因為他們總是想要援救他人。這樣一來，他們就不會動用積蓄了。但是，就像創造者金錢類型一樣，關聯者應該確保他們的備援帳戶不是與日常帳戶開在同一家銀行。

 投資適合性分析

一、您的年齡為：

□①66 歲以上　□②41 歲~65 歲　□③40 歲以下

二、投資經驗：

□①新手　□②有一些經驗　□③非常有經驗

三、以目前的財務狀況能否支付未來 3 年的日常生活：

□①很吃緊　□②還可以　□③很充裕

四、財務目標：

□①避免資產損失　□②資產穩定成長　□③資產迅速成長

五、本金損失承受度：

□①5% 以下虧損　□②6%～10% 虧損　□③11%～30% 虧損
□④31% 以上虧損

六、匯率風險承受度：

□①5% 以下虧損　□②6%～10% 虧損　□③11%～30% 虧損
□④31% 以上虧損

七、投資偏好：（可複選，以分數較高者計分）

□①存款　□②債券　□③股票、基金　□④期貨、選擇權或其它衍生性金融商品

加總分數：_____分

客戶適合性評估分數對照表

題號／分數	①	②	③	④
一	1	2	3	－
二	1	2	3	－
三	1	2	3	－
四	1	2	3	－
五	1	2	3	4
六	1	2	3	4
七	1	2	3	4

＊第七題可複選，以分數較高者計分。

財務目標暨投資風險屬性與商品之適合度說明：

未滿11分	保守型 RR1~RR2	投資態度較為保守，且無法承擔風險或可承擔投資風險較低，其投資組合僅適合提供穩定收益的投資標的，適合風險等級為 RR1~RR2 之投資標的。 對於不懂的理財工具一定要謹記，不要一昧拒絕機會，但也一定要先理解再投入。
11分~17分	穩健型 RR1~RR4	投資態度較為穩健，可承擔投資風險較低，其投資組合最好配置較多風險較低或穩定收益的投資標的，適合風險等級為 RR1~RR4 之投資標的。這也是最適合多數人的類型，穩定中求獲利。
18分以上	積極型 RR1~RR5	投資態度較積極，願意承擔較高投資風險以換取較大的報酬，其投資組合可配置較多風險等級較高的投資標的，適合風險等級為 RR1~RR5 之投資標的。積極型切記投資風險無所不在，不論多有信心都切記不要梭哈。

RFA 退休理財規劃顧問

RFA 催生台灣優質退休理財顧問
讓富足樂退零距離
精英集結為退休把脈，為民眾建構最適退休計畫

　　台灣面臨高齡化、少子化兩大衝擊，依國發會推估，台灣2025年邁入老年人口比例超過20%的超高齡社會，長壽時代到來，活得久成為一種必須及早因應的風險，加上年金改革浪潮，民眾非常需要提早做好退休理財規劃。中華民國退休基金協會自88年成立以來，扮演著台灣退休制度改革的重要智庫，RFA就是專為台灣退休市場實際需求設計的專業顧問認證，不僅擁有專業退休規劃能力，更具備更全方位退休理財與保險保障豐富知識，可為不同客戶量身訂做最適退休計畫，協助國人提早為未來退休富足的生活做好準備。

退休理財規劃師幫你量身訂做最適財務計畫

民眾將可在金融機構找到專門顧問討論、諮詢，他們就是退休理財規劃顧問RFA。RFA翻開台灣退休理財史上的嶄新篇章，但故事究竟是怎麼開始的？「為什麼台灣都沒領有專門證照的退休理財顧問？」這疑問困擾著中華民國退休基金協會理事長王儷玲許多年，一路提倡退休改革的她，總覺得還少一塊關鍵拼圖。

產學合作促成台灣首發RFA

中國信託、政大、退休基金協會三者分工，由退休基金協會和政大負責學理、制度、師資與訓練課程，結合中信的財務顧問實務經驗，共同研擬「退休理財規劃證照」的培訓與認證。令人好奇的是，究竟RFA、理專或金融界的人才指標CFP（國際認證高級理財規劃顧問），三者有何不同？「CFP制度畢竟是外國人創辦，對台灣來說，不夠本土化，」王儷玲表示，CFP制度引進台灣之後，雖然因地制宜調整課程與考題方向，但仍不夠貼合本土脈絡。她觀察，各家金融機構雖也會自行訓練，卻不夠全面。況且，理專因為對退休規劃的理解不足，經常發生將短期套利金融商品，推薦給要做退休規劃的客戶。或者，退休商品屬於中長期投資，不會經常交易、轉換標的，沒有交易就沒有手續費，讓理專沒有意願推薦退休理財方案。王儷玲轉而思考，為何不由熟諳本地制度及金融商品的專家，建構一套專屬台灣的退休規劃培訓與認證。

明星師資陣容，課程重實務導向

　　台灣首發的RFA培訓專案，延攬來三位明星師資，包括在退休政策領域居權威地位的王儷玲、政大風險管理與保險學系教授黃泓智與政大金融學系教授楊曉文。身兼政大風險與保險研究中心主任的黃泓智談及三人分工指出，王儷玲聚焦在國際與台灣退休制度、人口趨勢與未來挑戰，楊曉文負責退休商品與解決方案。他則著重於退休財務規劃與需求分析，包括投資資產配置。「我們希望RFA能幫助民眾解決問題，所以課程很實務導向」他舉例，像是勞保未來有破產疑慮，勞工該如何設算退休金缺口？面對長壽風險的挑戰，可有哪些解決方案？43小時的課程中，40小時為研習上課，最後三小時是總驗收，將進行退休個案分析實務。學員在了解制度缺口、商品工具、正確銷售觀念後，必須根據實務個案提出通盤規劃，這將由多位專業人士組成委員會，認定是否通過測驗。王儷玲估計，錄取率約在50%～80%。通過者，退休協會將頒發RFA證書，並附贈一枚象徵榮譽的徽章。

數位化結合RFA成就好命樂退人生

　　順應金融數位化趨勢，退休規劃第一步就是必須找出退休金缺口，才能對症下藥，為解決大多數民眾無法精準估算退休金缺口的問題，中華民國退休基金協會特別研發的「好命退休計算機」已於2021年10月底上線，民眾只要透過退協網站就能輕鬆地計算出軍、公、教、勞等不同職業別制度下（例如勞保、勞退、國民年金等）的退休

金給付金額，並精算每人的退休金缺口及每月應要儲蓄的金額。未來民眾如果不知道如何進行退休準備時，只要找專業的退休理財顧問RFA，或是透過好命退休計算機都可以幫你做好全方位退休理財與保障規劃，輕鬆做好退休規劃並挑選商品，成就好命樂退人生。

若違職業道德，認證恐遭吊銷

而相較於一般理專，RFA的職業操守更被嚴格地檢驗。就像醫師要有醫術，也要有醫德！」王儷玲舉例，醫師受訓過程會教導醫德及醫學倫理的崇高精神，退休理財規劃課程也會教授職業倫理、提醒RFA以客戶狀況為優先。這包括商品銷售須公正客觀，並做好利益揭露，不能因為佣金高就狂推商品，「拿證照之前，你必須發誓遵守職業道德；若有違背，我們有資格吊銷認證。」王儷玲說。向財務顧問諮詢退休規劃時，不妨看看名片是否印有RFA認證標章。如果有，儘管把難題丟出來，他們應該會更懂你的退休需求！

RFP 美國註冊財務策劃師

　　美國註冊財務策劃師協會（RFPI）於1983年在美國正式成立，迄今已超過30年！總部設於俄亥俄州，是目前全球財務策劃行業中享負盛名的專業團體之一。美國註冊財務策劃師證照簡稱RFP（Registered Financial Planners），是由美國註冊財務策劃師協會（RFPI）統一發證，除獲得多國認可的專業註冊財務策劃師資格之外，一地取證通行全球。

　　財務策劃是指透過運用科學化財務分析的程序，按個人的財務及投資活動進行合理的規劃與管理，以達致長期理財目標的專業個人理財服務。在海外，財務策劃服務已盛行多時。在歐美國家，財務策劃師早已被社會認可，與律師、會計師、精算師、保險經紀人士、稅務師、信託師等獨立的專業人士看齊。

　　目前世界各地透過參加協會所舉辦的認證考試而取得美國註冊財務策劃師（RFP）證照資格的人士多達十萬多人，現時協會會員遍佈世界各地二十多個國家和地區。過去數年，協會積極在大中華區推廣，目前在內地、香港及台灣已有超過20,000多名學員成功取得美國註冊財務策劃師證照資格。

　　RFP是個人理財行業的資格認證，金融行業與金融相關的行業都對具有RFP認證的個人理財策劃師有很大的需求，具有RFP資格認證

的人士可以作為個人理財或諮詢師，為所在機構的客戶提供個人理財方面的服務和諮詢。擁有RFP資格的人士普遍就業於於商業銀行、投資銀行、保險、證券、基金、債券外匯、期貨、信託公司、會計師事務所、律師事務所等業務的機構，也可從事投資及財富管理等業務。

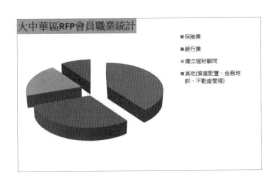

RFP（美國註冊財務策劃師）認證課程特色

★ 所有認證資格證書統一由美國總會以英文發照，一地認證全球通行。

★ 授課培訓及認證、考試內容均為中文，無語言障礙。

★ 金融專業背景學歷、相關證照可抵免部分課程時數。

★ 切合實際與專業，五個單元課程：「財務策劃導論」、「投資學」、「保險及退休策劃」、「稅務及遺產策劃」、「高級財務策劃」並融入最新時事與議題於課程中，深入淺出，強調個案研討，掌握財務策劃的理論與實務運作。

★ 內容實用豐富可為企業提供專業諮詢服務，客製化量身訂做內部培訓課程，切合企業所需。

★ **注重講師素質，RFP課程專任講師團隊陣容鼎盛，全皆為金融界實務高層或學術界頂尖教授，掌握和追蹤最新國際金融訊息，擴闊視野，提升競爭力，為客戶提供全面和專業的財務策劃服務。**

北美著名雜誌《讀者文摘》RFP列為全球極具聲譽的個人財務策劃專業機構：「The best credentials in the field（financial planning）are the RFP and the CFP designations.」

「CFP credentials indicate extensive education, RFP status indicates experience as well as expertise.」

── Reader's Digest Canada 2003

譯：「RFP資格認證代表經驗與專業技能

美國金融業監管局（Financial Industry Regulatory Authority 簡稱 FINRA）在其網站上將RFP資格列為值得投資者信賴的金融投資專業資格。

Http：//apps.finra.org/DataDirectory/1/prodesignations.aspx

過去三十多年來，協會一直致力推廣財務策劃這項專業，並將之引進到歐洲及亞太地區。現時協會會員遍佈世界各地，包括美國、加拿大、英國、法國、德國、瑞士、澳大利亞、紐西蘭、日本、新加坡、韓國、中國、香港、澳門、馬來西亞、南非、台灣、希臘、印度及菲律賓等二十多個國家和地區，積極展開課程推廣活動及招募會員。此外，一地取證，全球各會員國之間證照相互承認，亦使此證照

資格更具便利性與權威性。

　　隨著金融業的國際化，具備國際財務策劃的專業資格，特別是已取得RFP認證資格的人士，將必成為金融業的新寵兒。有志躋身於金融理財行業的人士，考取RFP資格必定是最好的發展階梯，亦是業界從業員自我增值的最佳選擇。

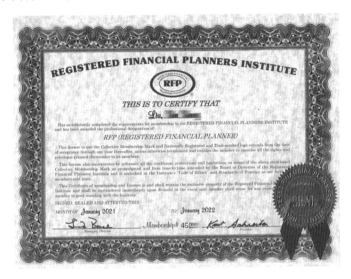

	CFA	FRM	CFP	RFP
課程時間	共需203小時	共需120小時	共需240小時	共需120小時
考試	英文	英文	中文	中文
認受性	全球認可，直接轉換成美國證券從業人員執照	全球持有FRM證照者有28,000人	無法通用全球各地授權機構間彼此互相抵免一部分科目	英文證書，通行全球，目前有26會員國
2014持證人數	全球人數有五萬多人	全球持有28,000人	全球人數有十萬多人	全球會員超過76,000人

以上CFP與RFP內涵培訓專業課程內容最為相近，都是強調全方位的財務規劃！

 分紅保單

取自保誠人壽分紅懶人包

投資市場越來越難預測，銀行活定存利率也越來越低，傳統儲蓄險的利率也一去不復回，在理財日趨險惡的環境之下，分紅保單逐漸照耀出光芒，成為一般理財族首選。兼顧風險和紅利，尤其適合保守和穩健的理財族。

投資範圍廣且國際化；採用平穩原則讓紅利穩健持久；法定分紅70%以上；並且由國際級專業團隊操作。

保誠人壽為國際大企業，在世界各地都有據點，每個據點也都有專業研究團隊，加上據點分布全球資訊無落差，讓投資獲利更令人期待。分紅保單本就適合保守穩健族，懶人投資法就是這個意思。由國際企業幫你理財，條款裡法條還規定至少分紅70%以上，擁有分紅保單，你不只可從保險帳戶獲得保險保障，更可透過專屬分紅帳戶長期累積的紅利，為未來各種夢想做好準備。

市場上很夯的「分紅保單」是什麼？

無論是人生創業第一桶金、兒女教育基金、退休生活……等等，分紅保單商品都可依照需求，規劃不同的分紅態樣，隨你靈活運用。

分紅保單

是兼具「**分擔風險**」與「**紅利共享**」兩個
特色的一種保單類型

分擔風險

可為你分擔人生中未知的風險
也可作為資金規劃運用

紅利共享

分紅保單的最大特色。
除了保險給付，讓保戶還可透
過專屬分紅帳戶獲得紅利分享

相對其他金融保險工具，「分紅保單」具有一定
的穩定度。你可以同時享有壽險保障及紅利，當
投資市場暴起暴落的時候，更不用擔心付出全部
付諸流水。

分紅保單
是誰在幫我投資？

分紅保單的分紅帳戶，由保險公
司專業團隊幫你經營投資，依不
同風險、進行不同的投資組合。

投資標的包含國內外債券、國內
外股票、基金、銀行存款等等…
以達到分散投資風險目的。

四大特色 **1** 2 3 4

分紅保單 分紅保單的投資標的包含股票、債券等配置可以分散風險,相對穩健!

四大特色 1 **2** 3 4

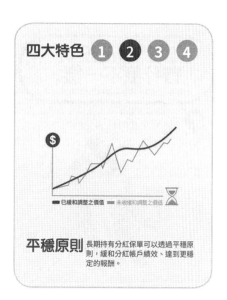

平穩原則 長期持有分紅保單可以透過平穩原則,緩和分紅帳戶績效、達到更穩定的報酬。

四大特色 1 2 **3** 4

約定比例 每張保單商品的約定紅利分配比例,明訂於保單條款中,且分配給客戶之比例,依法不得低於分紅帳戶當年度可分配紅利盈餘之70%。

四大特色 1 2 3 **4**

長期回報 享受專業團隊的投資操作,以獲得保單長期的投資回報。

跟我自己投資有什麼不一樣？

比起自己摸索，由專業團隊來做，好處更多

透過保險公司專業投資策略及投資組合，有助控管分紅保單之保戶承受的風險。

- 投資標的廣泛有效分散風險
- 專業評估資產配置與風險承擔
- 較佳的投資標的交易價格較低投資費用
- 監控市場變化並及時調整
- 可取得*特定優質投資標的*

*例如優質的私募基金

英國保誠集團

百年歷史的英國保誠集團，在無數個歷史戰亂的時刻，帶給人們最安心的力量。

分紅保單跟其他保單有什麼不一樣？

目前市場上有以下常見的保險商品：

分紅保單

就像西式套餐，有主餐（壽險保障）也可以享有甜點（分紅）

分紅保單

投資型保單

不分紅保單

投資型保單
尚未打開餐盤前，很難預期會吃到什麼樣的菜色。

不分紅保單與利變型保單
就像固定菜色的便當，要看老闆提供什麼樣的菜色。

　　保誠集團擁有超過170年的歷史，事業版圖擴及亞洲、美國及非洲，在倫敦、香港、新加坡及紐約4個證券交易所掛牌上市，服務全球超過2,000萬客戶。憑藉著穩健經營與嚴謹的財務紀律，由英國首屈一指的壽險及退休保險業務的領導品牌，逐步壯大為跨足基金、銀行、投資管理與產險業務，通過人壽和健康保險以及退休資產管理方案，幫助個人降低生活風險並協助處理財務方面的顧慮。除了為客戶提供保險和理財商品與服務，也為集團子公司所在地區提供社會和經濟利益、為員工提供工作機會和投資者提供經濟利益。

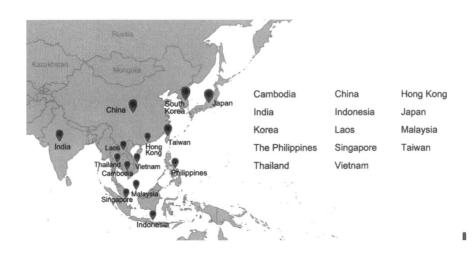

Cambodia	China	Hong Kong
India	Indonesia	Japan
Korea	Laos	Malaysia
The Philippines	Singapore	Taiwan
Thailand	Vietnam	

　　服務版圖遍佈亞洲，西元1923年，在印度加爾各答，保誠集團發展第一個海外營運處，很快地在亞洲拓展，包括馬來西亞、新加坡及香港。西元1994年，設立英國保誠集團亞洲區並積極在亞洲拓展業務。2012年，保誠在亞洲的資產管理業務創立新的品牌「瀚亞投信」。如今，保誠已成為亞洲領先的人壽保險公司和資產管理公司之一。保誠集團在亞洲保險業引領趨勢，保險業務擴及亞洲13個區域。瀚亞投信在亞洲資產管理公司也佔有一席之地，業務發展擴及亞洲11個區域（在美國及歐洲還有業務發展中心）。憑藉我們豐富的商品組合，多元銷售通路以及強大的戰略合作夥伴關係。本著以客為本的產品和服務以及可觀的品牌資產，造就保誠在亞洲的持續成長與難以撼動的地位。

作者及課程介紹

黃仁志　Darren

2022世界八大名師、御謙VIP菁英會創辦人

團隊資產管理規模超過15億、王牌培訓師

使命：幫助台灣300萬家庭實現財富自由及圓滿人生

特殊經歷

- 📍 2022第五屆保險行銷創世紀盛典大會講師
- 📍 復旦大學大磊山企業家領航班結業
- 📍 文化大學客座講師、扶輪社講師
- 📍 政治大學、台灣大學講座講師
- 📍 磊山保經財稅講堂專任講師、Tiktok財商直播主
- 📍 財商、團隊經營、直播短視頻培訓師
- 📍 總授課場次累積1,126場，授課時數3,542小時
- 📍 Money DJ、Pchome、Yahoo專聘財稅顧問
- 📍 中國哈爾濱平安保險大會講師
- 📍 中華磊山慈愛社理事

特殊榮耀

- 國內外專業財經證照 19 張
- CFP 認證理財顧問師
- RFP 美國註冊財務策劃師
- RFA 退休理財規劃顧問
- 連五屆 CIA 世界華人保險 500 強團隊長
- 連五屆 IDA 國際龍獎傑出主管獎
- MDRT 美國百萬圓桌會員
- 2013 人身保險優秀從業人員
- 2019 信望愛最佳通訊處特優
- 2020 首屆亞太傑出保險領導獎

媒體專訪

- Advisers 雜誌 235 期──好習慣達人
- 100 年保險博聞網──不做個人英雄，組織經營才是王道
- 101 年 Money 錢雜誌 52 期──保單案例健診
- 102 年今周刊──用小錢養出大保障
- 102 年蘋果日報、東森財經新聞── 7 年級生擁有 17 張證照
- 103 年與 IFPC 共同著作《藏富～七卷私房筆記》
- 105 年 Advisers342 期── 5 培訓重點，讓組職翻倍成長
- 106 年 RMI 現代保險 338 期──想節遺贈稅五大攻略一次上手
- 106 年鏡周刊──保險非免稅專題系列專訪
- 107 年鏡電視──保險專家贈與稅、遺產稅、所得稅解析
- 110 年聯合報橘世代退休基金協會──退休專業顧問代言人

 110年TVBS採訪──子女教育金多少錢才夠？

 111年needs RADIO採訪──【通膨巨浪！理財避險良方】

授課主題

★領袖商業思維、黑帶管理學、激發無限潛能

★演說之道、銷售100%秘技、財道、財商之道

★經營之道、經營管理、短視頻培訓營、業務領導力

★正向心理學、 影響力革命、個人品牌創新模式

邀課請聯繫此 Line

短視頻培訓營

來看看學員的片段

◉ 學員們創下單支影片破百萬流量的觀看數！

◉ 學員們創下單週自來客詢問數量上百人！

◉ 學員們創下單個月份粉絲人數激增千位以上！

◉ 學員們增加半年業績至少200%以上！

誰適合來學習這場課程：（小白也能輕鬆上手）

- ✅ 超級業務員、傳統公司行銷人、自媒體社群平台小編
- ✅ 新創公司的老闆、尋找轉職機會、渴望成為網紅
- ✅ 實體行業轉攻網路市場、想擁有被動收入、小資族創業
- ✅ 對自媒體有興趣者

黃老師官方 Line 群

彗播商學院 金牌實體課程課程大網

線上無限輪播課程

1. 網路行銷佈局SOP
2. 必備直播系統與工具教學
3. 增加人流的直播預告神器
4. 如何設定臉書機器人
5. 一頁式銷售頁製作
6. 讓錢順利入袋的金流申請步驟
7. 短視頻製作工具與祕技
8. 超吸睛的海報、語錄製作
9. 專屬LOGO製作

短視頻直播七堂密訓

1. 主播的自我定位與心態建設
2. 揭秘熱門爆款視頻的底層邏輯
3. 如何搭建一個能賺錢的帳號
4. 如何通過一部手機玩轉拍攝與剪輯
5. 如何成為一個直播銷講高手
6. 如何成為一個會賺錢的直播
7. 精英主播實戰訓練系統課程復盤

財道、財商之道

喚醒你的富人基因·翻轉你的平凡人生

1. 宇宙吸引力法則，學習如何轉換自我頻率，學習吸引力法則三大核心步驟
2. 財富能量，學會把能量為你所用，開創、維持高能量
3. 學習富人與窮人的五大關鍵區別，啟動自己的富人基因
4. 從不同角度來認識 ESBI 財富象限，建構全新目標，學會打造多條斜槓收入
5. 打造你的上帝視角，能力金字塔，拆解從無到有的能力層級
6. 成功方程式，教你自信三部曲，築夢的重要關鍵以及人人適用的成功方程式
7. NLP 神經語言學，讓你學會無限潛能的運作模式，引爆自己無限潛能
8. 投資必勝關鍵，帶你搞懂富人的投資秘密，讓你的投資立於不敗之地
9. 財富全貌，理解會讓財富空轉的財務風險，不只學創富更要學維富、傳富
10. 用最簡單的資產負債表、收入支出表學會財商運營邏輯，發掘富人財富真相

經營管理、經營之道

業界最全面,透過願景、策略、領導技巧及領導工具四大維度來解放你和團隊戰鬥力,大幅提升個人領導力,成為企業將才

🏆 **經營之道**:了解經營的本質,學會企業願景學和自我願景學

🏆 **經營之法**:<自動運營團隊>打造<企業將才>實現<老闆解放、企業終身>

🏆 **經營之術**:演說領導、文化重塑打造完美企業生態圈、品牌領導、學會打造主管影響力

🏆 **經營之器**:透過<成功方程式>,學會目標設定、透過<動力金字塔>開創無限動能、運用<組織經營管理十大心法>打造行業最強團隊、找出組織盲點和團隊翻轉契機、運用<能量表>來提升企業能量開創三倍佳績

課程教會你

1. 境界金字塔，鑑古知今，釐清人的境界，理解自己境界和該前進的方向理解帝王之道，打造出屬於自己的事業帝國

2. 能力金字塔、經營金字塔、慧眼金字塔
   理解領導的能力層次，剖析企業經營的道法術器，一窺企業經營的全貌

3. 經營之<道>，學習大企業經營的規律和原理，進而發展出你自己的經營之道

4. 動力金字塔，學習動力引爆點，瞬間引爆自己和團隊源源不絕的動能

5. 學會魅力演說把自己賣出去讓所有員工買單，發揮無比影響力

6. 品牌運營金字塔，透過老闆員工和客戶的三方關係，構築品牌商業力

7. 組織經營管理十大心法
   學習主管運營模式，如何建立核心、如何打造企業高效溝通、如何落地企業使命，如何培訓接班人才，透過十大心法，讓小主管變成大領導思維；讓小企業昇華成大企業

8. 新進人才的五大留才技法，讓人才願意死心塌地跟你一起打拼

9. 團隊文化組建，讓企業文化不再是口號，打造完美生態圈

10. 心態觀念十條，讓你完美打造鋼鐵心團隊

　　學會整套經營的道法術器，重塑團隊基因，個人和團隊績效至少翻三倍，讓個人領導力五級跳，成為團隊不可或缺的企業將才。

黃老師官方 Line 群

彗播商學院
★學員見證★

學員陳O穎

這兩天課程收穫滿滿，帳號的定位原來是第一步驟，接著得要學會養號，最後一定要有明確的定位，過往因為不了解所以容易半途而廢，但現在我相信可以藉由所學、短視頻來增加流量、粉絲、自來客，我馬上就要來錄製我的第一支短視頻啦。

學員柯O宇

真的很開心上了兩堂非常扎實的課程，我其實現在很興奮，腦袋中有非常多可應用視頻在事業上的想法，當然後續得趕快開始執行、變現。透過課程不只學習到乾貨，也認識到很多新朋友，做了許多交流，是一堂非常推薦給大家的課程，收穫滿滿。

學員何O玲

原先對彗播課程非常期待，果不其然這兩天的紮實教學，收穫滿滿，軟硬體整合，教授心法及技法，甚至在拍攝設備上需要注意的事項，以及軟體的實際操作，手把手的一步一步教學，非常感謝講師用心的教導，創立自媒體的品牌經營，放大未來的效益。

學員 Cherry

其實以前因為自己的沒自信造就自己變成鏡頭恐懼嚴重患者，所以一直不敢嘗試。來到這邊短短的時間，很開心有這個資源從頭開始學習裡面的心法與知識，至少讓我們在執行時不用擔心後面沒有人幫忙，是可以完全放飛自我地去做這件事情。相信自己去嘗試這件事，可以讓自己變得更有自信。

經營管理、經營之道

★學員見證★

學員郭O辰
魔法理財師

我是 O 辰，一名魔術師、剪輯師、兒童教育專家，今天很開心能參加這個領袖培育課程。常聽別人言士為知己者死，帶人要帶心，但往往沒有一套完整的心法系統去論述這些細節。很驚艷的是，我今天聽完仁志講師的領袖育成課程，一整天下來，由上而下，由外而內，由淺到深，收穫了非常多的精要和技法。無不給想從事組織發展的我打了一劑強心針，好比乾坤大挪移就擺在眼前，只差落實就能成神，令人有無比的信心。

我是 O 龍，今日學習領袖育成學院的組織經營管理十條，檢視自己過去培育夥伴的狀況，發現有許多要點沒落實好，謝謝講師給予正確觀念，很受用，以後可以常常拿出筆記來複習和自我檢視。

學員林O龍
業務總監

學員林O品
經理

我是一名咖啡師，也是一名店長，今天呢，受朋友推薦來上了一堂領袖育成的課程，我覺得非常的受用，為什麼呢？其實呢，要管理好員工，成為一個優秀的領導人，課程中有好幾點我覺得很棒，其中有一點叫做上通下達，層層負責，也就是說告訴你說這間公司在做什麼樣的事情，而你轄下的員工到底知不知道呢？所以，如果你也想要成為一個優秀的企業人，或者是成為一個好主管，一定要來上這堂課哦。

大家好，我是 Jeff，我本身是米其林星級餐廳的副理，很開心今天有機會可以參加到仁志講師的領袖育成課程，一天的課程，讓我收穫非常良多。以前在帶團隊的時候，常常會摸不清楚方向跟目標，但通過今天我知道團隊啊其實可以分為攻跟守，以及文化上的差別，更重要的是我們對夥伴來說，要又拉又放，帶領夥伴是相當重要的，我強烈建議大家可以一起來參加仁志老師的課。

學員陳O瑋
副理

重量級專業講師，聯手出擊
超強師資陣容不容小覷

★數位原生代的財富密碼
元宇宙NFT淘金玔

元宇宙‧NFT 商機無限崛起，您準備好了嗎
零基礎也能秒懂數位原生代的財富密碼
掌握元宇宙‧NFT 的千億商機

知名 YouTuber 老高說：「NFT 是孕育元宇宙的基礎，沒有它，就沒有元宇宙。所有你知道的知名企業品牌都投入元宇宙，NFT 也從原本一小群人關注的話題，成全球矚目的新趨勢！

 基礎知識建立 |  深入淺出教學 |  手把手實作演練

我們知無不言，言無不盡！帶您從零開始，以深入淺出的方法用最簡單的方式了解元宇宙、學習最熱門的 NFT，掌握前瞻趨勢，探索未來方向，一同打開虛擬世界大門，讓元宇宙應用發威，輕鬆擁抱 Web3.0 新時代！

魔法講盟

公眾演說
A⁺ to A⁺⁺
國際級講師培訓

收人 / 收錢 / 收心 / 收魂

培育弟子與學員們成為國際級講師，
在大、中、小型舞台上公眾演說，
一對多銷講實現理想！

面對瞬時萬變的未來，
您的競爭力在哪裡？
你想展現專業力、擴大影響力，
成為能影響別人生命的講師嗎？
學會以課導客，讓您的影響力、收入翻倍

我們將透過完整的「公眾演說
班」與「國際級講師培訓班」培訓您，
教您怎麼開口講，更教您如何上台不怯
場，讓您在短時間抓住公眾演說的撇步，好
的演說有公式可以套用，就算你是素人，也能站在
群眾面前自信滿滿地侃侃而談。透過完整的講師訓練系統培養
開課、授課、招生等管理能力，系統化課程與實務演練，把您當
成世界級講師來培訓，讓您完全脫胎換骨成為一名超級演說家，
晉級 A 咖中的 A 咖！

國際級講師 Speake

兩岸授課 Teachi

提供舞台 Stag

實戰指導 Coac

演說技巧 Techni

為您揭開成為紅牌講師的終極之秘！
不用再羨慕別人多金又受歡迎了！

從現在開始，替人生創造更多的斜槓，擁有不一樣的精彩

史上最強 寫書&出版實務班

全國最強 **4** 天培訓班，
見證人人出書的奇蹟。

素人崛起，從出書開始！
讓您借書揚名，建立個人品牌，
晉升專業人士，
帶來源源不絕的財富。

　　由出版界傳奇締造者、超級暢銷書作家王晴天及多位知名出版社社長聯合主持，親自傳授您寫書、出書、打造暢銷書佈局人生的不敗秘辛！教您如何企劃一本書、如何撰寫一本書、如何出版一本書、如何行銷一本書。

- 理論知識
- 實戰教學
- 個別指導諮詢
- 保證出書

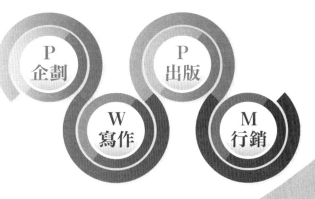

P 企劃
P 出版
W 寫作
M 行銷

當名片式微，
出書取代名片才是王道！！

《改變人生的首要方法
　～出一本書》▶▶▶

🎬 新絲路視頻5
改變人生的
10個方法
5-1寫一本書

財道聖經

作者／黃仁志

出版者／元宇宙(股)公司委託創見文化出版發行

總顧問／王寶玲

總編輯／歐綾纖

文字編輯／蔡靜怡　　　　　　　美術設計／蔡瑪麗

台灣出版中心／新北市中和區中山路2段366巷10號10樓

電話／（02）2248-7896　　　　　傳真／（02）2248-7758

ISBN／978-986-271-939-8

出版日期／2022年9月初刷

全球華文市場總代理／采舍國際有限公司

地址／新北市中和區中山路2段366巷10號3樓

電話／（02）8245-8786　　　　　傳真／（02）8245-8718

全系列書系特約展示門市

新絲路網路書店

地址／新北市中和區中山路2段366巷10號10樓

電話／（02）8245-9896

網址／www.silkbook.com

本書採減碳印製流程，碳足跡追蹤並使用優質中性紙（Acid & Alkali Free）通過綠色環保認證，最符環保需求。

國家圖書館出版品預行編目資料

財道聖經 / 黃仁志 著 -- 初版. -- 新北市：創見文化出版, 采舍國際有限公司發行, 2022,09 面；公分--（MAGIC POWER；21）

ISBN 978-986-271-939-8（平裝）

1.CST: 理財　2.CST：投資

563　　　　　　　　　　　111007702

COUPON 優惠券免費大方送！

創見文化，智慧的銳眼
www.book4u.com.tw　　www.silkbook.com